启蒙之梦

现代哲学的兴起

[英] 安东尼·戈特利布◎著
(Anthony Gottlieb)

肖聿◎译

THE DREAM OF ENLIGHTENMENT

The Rise of Modern Philosophy

中国人民大学出版社
·北京·

献给我的父亲，并纪念我的母亲

前言

愚昧王国

西方哲学迄今已有 2 500 年历史，但只出现过两个爆发期，每个时期有 150 年左右。第一个时期出现于苏格拉底（Socrats，公元前 469—前 399 年）、柏拉图（Plato，公元前 427—前 347 年）和亚里士多德（Aristotle，公元前 384—前 322 年）时代的雅典，从公元前 5 世纪中期绵延到公元前 4 世纪末。第二个时期出现于北欧，在欧洲宗教战争爆发和伽利略科学兴起之后。这个时期从 17 世纪 30 年代延伸到 18 世纪后半期的法国大革命前夜。在那些相对较新的年代里，笛卡尔（René Descartes，1596—1650 年）、霍布斯（Thomas Hobbes，1588—1679 年）、斯宾诺莎（Baruch de Spinoza，1632—1677 年）、洛克（John Locke，1632—1704 年）、莱布尼茨（Gottfried Wihelm Leibniz，1646—1716 年）、休谟（David Hume，1711—1776 年）、卢梭（Jean-Jacques Rousseau，1712—1778 年）和伏尔泰（Voltaire，1694—1778 年）——最著名的那些现代哲学家——留下了他们的标记。这些人都是“外行”：无一与任何大学有多少关系。他们探究新科学和宗教剧变的含义，这使他们对传统的学说和见解提出了质疑。科学的进步对我们对于自身的认识、对我们的上帝观有何影响？政府应当怎样对待宗教的多样性？究竟为什么建立政府？这些仍然是我们的问题。正因如此，笛卡尔、霍布斯等人的思想如今仍然被引用，被争论。

这些哲学家仍然在对我们说话，因此易使我们误解他们。人们不禁会以为他们讲着我们的语言、活在我们这个世界里。若要正确地理解他们，我们就必须重新追溯他们的生平。这就是本书想做的事。

18 世纪启蒙运动的种子在 17 世纪就播下了，当时有些人认为历史的发展方向反了。值得尊崇的人并不是柏拉图和亚里士多德，而是“我们”。弗朗西斯·培根（Francis Bacon，1561—1626 年）显然是使这种思想成型的第一人。但在培根的许多模仿者里，布莱斯·帕斯卡（Blaise Pascal，1623—1662 年）在他关于真空的论文里也许最清楚地表述了这种思想——近期的实验表明大自然并不厌恶真空，尽管古人这么说过*。

> 那些被我们称为古人的人，其实处处都是新的，完全相当于人类的婴儿；我们延续了他们被奉为其后数个世纪的经验的知识，因此，我们恰恰应当在我们自己身上，找到被我们尊崇的、他人身上的这种古代性。[1]

帕斯卡还指出：如果古希腊人同样敬畏地尊崇其前辈，就像其后时代的人尊崇古希腊人一样，则他们将始终不会获得他们赖以受尊崇的那些东西。

培根是受一切旧思想怀疑的新思想的有力宣传者。他认为，我们应当出去发现事实，不应把时间浪费在落满灰尘的书本上。这会使我们解开自然之谜，探索它们，让世界为人类变得更好。培根提倡认真、系统地观察，因此被英国皇家学会（成立之初被称为 The Royal Society of London）视为福神；英国皇家学会是欧洲第一批科学考察者俱乐部之一，成立于 1660 年。100 年后，培根被法国启蒙运动的“百科全书派”（Encyclopédie）誉为人类新发端的英雄，尽管这些崇拜者勉强地承认：培根本人的科学思想似乎被误导了。培根忽略了、误解了或没有看到一点，而如今我们把那一点视为培根所处的时代最

---

* 指亚里士多德“大自然厌恶真空”之说。全书脚注为译者注，以下不再一一说明。

引人注目的科学发展。他几乎没时间去研究伽利略（Galileo Galilei，1564—1642 年）和开普勒（Johannes Kepler，1571—1630 年）的学说，因为它们都与数学相关，令人心烦；他也没怎么思考过哥白尼（Nicolaus Copernicus，1473—1543 年），谈及哥白尼的天文学，他说“我坚信（它）大多都错了”[2]。尽管如此，培根着手完成的事情，用他的话说，仍然是“鸣钟召集其他智者”[3]。他做到了这一点。他谴责了延续了几个世纪的“学术退化”[4]。一些人更敏锐地感觉到了正在成为新时代主流的事物，都认为这个谴责是正确的：

> 经院学者……拥有敏锐、强大的智慧和大量闲暇，其阅读的种类很少有变，但他们的智慧却被锁在了寥寥几位作者（主要是亚里士多德及其后继者们）的斗室中，如同其身体被锁在了修道院和书院中。他们对历史知之甚少，对自然界或时间也知之甚少，根本没做成什么事情。其智慧的无尽骚动，使我们把时间耗在了那些被烦琐编织成的学问之网上，那些学问则保留在他们的著作中——学问的蛛网，其蛛丝与做工之精良虽然值得赞美，却毫无实际益处。

托马斯·霍布斯（他做过培根的短期助手）认为，中世纪的哲学风格（它对大学仍然大有影响）就是“愚昧王国”（the Kingdom of Darkness）[5] 的一部分。迷信和不宽容也盛行于这个隐喻的王国。找出逃离这个王国的办法是一大挑战。

§

17 世纪的一些人准备睥睨古人、睥睨教会权威、睥睨中世纪的科学和哲学，这是怎么发生的?《理性之梦：从古希腊到文艺复兴的哲学史》（*The Dream of Reason：A History of Philosophy from the Greeks to the Renaissance*）一书讨论了这个问题。（《理性之梦》的修订版将与本书同时出版。）而本系列的第三本书将继续讲述哲学家们的故事，从伊曼纽尔·康德（Immanuel Kant，1724—1804 年）开始，其最有影响的著作出版于 1781 年，即伏尔泰和卢梭去世后三年。西方哲学的一个新阶段从康德开始了。

一切哲学史都有选择性。在本书结尾，可以找到关于 17 世纪和 18 世纪的延伸阅读建议。

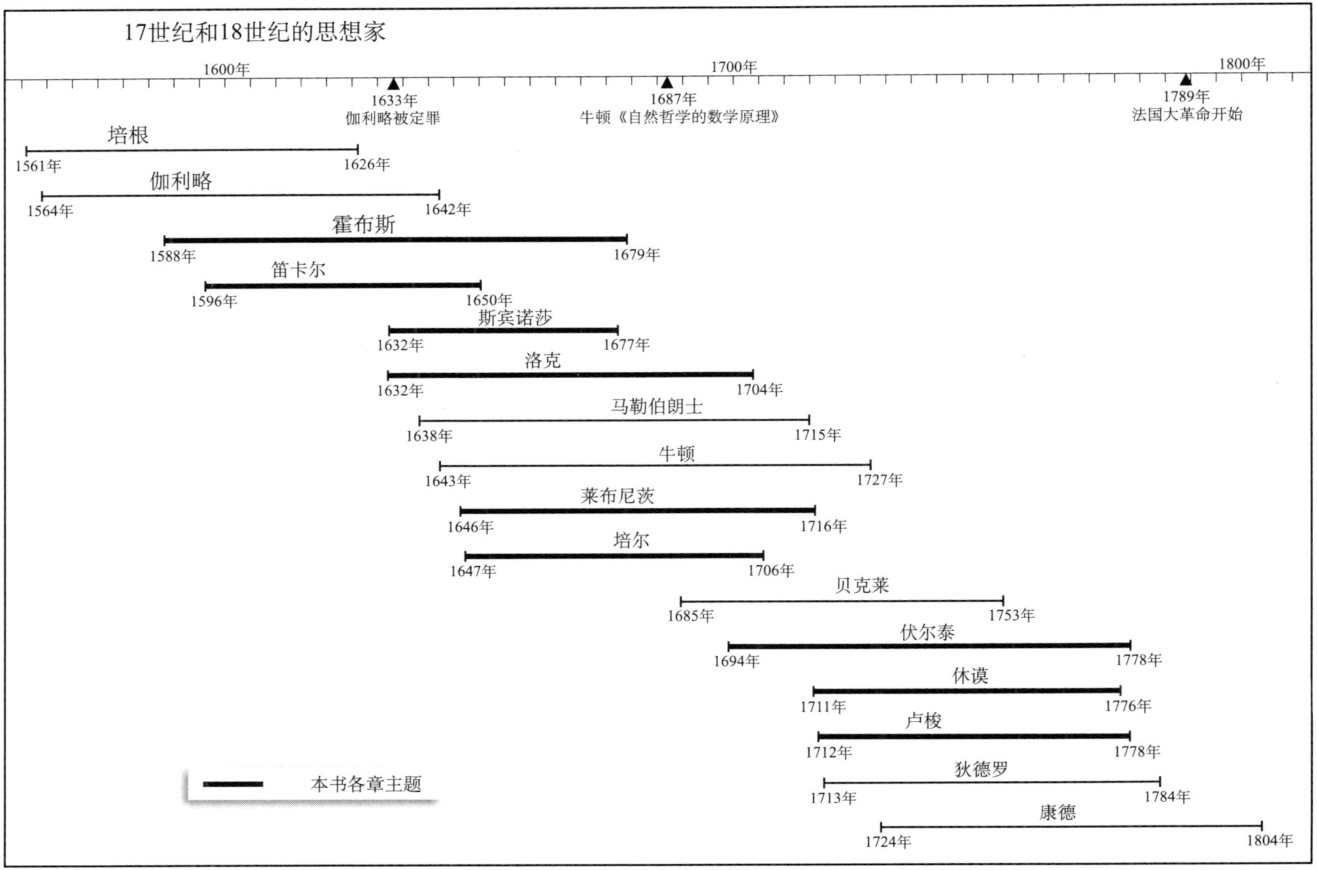
17世纪和18世纪的思想家
1600年
1700年
1800年
1633年
伽利略被定罪
1687年
牛顿《自然哲学的数学原理》
1789年
法国大革命开始
培根
1561年
1626年
伽利略
1564年
1642年
霍布斯
1588年
1679年
笛卡尔
1596年
1650年
斯宾诺莎
1632年
1677年
洛克
1632年
1704年
马勒伯朗士
1638年
1715年
牛顿
1643年
1727年
莱布尼茨
1646年
1716年
培尔
1647年
1706年
贝克莱
1685年
1753年
伏尔泰
1694年
1778年
休谟
1711年
1776年
卢梭
1712年
1778年
狄德罗
1713年
1784年
康德
1724年
1804年
本书各章主题

目　录

1

开始更新：笛卡尔

笛卡尔的学识出类拔萃，但使他闻名的，却是他自称怀疑其所知，而不是相信其所知。他问："我怎么才能确定我不是在做梦？我怎么才能确定没有某个狡诈的魔鬼正使我的头脑充满谎言呢？"弗朗西斯·培根有一句格言："自确信始，遂终于怀疑；自怀疑始，遂终于确信。"[1]按照这个精神，笛卡尔邀请他的读者们跟他一起去洗怀疑主义冷水浴——他本人已发现此举奇迹般地令人鼓舞：

> 我现在希望全心探求真理，因此我认为，我必须……将我能想象的最无可置疑的一切都看作绝对谬误而拒绝……因此，由于我们的感觉有时会欺骗我们，我决定假定一切都不能激起我们的想象。由于一些人推论时犯了错……由于我认为自己也像其他人一样容易犯错，我拒绝了一切不可靠的论证，尽管我曾将它们视为令人信服的证据。最后，鉴于我们清醒时的思想也会出现在我们入睡之后，而它们在我们睡眠中无一是真，我决定假定：进入我头脑的一切都只是我的梦的幻觉。[2]

但是，笛卡尔很快就发现了某种不可能是幻觉的东西——即使他在做梦，他也能知道那种东西是真的。他发现了他的第一个确定性：

> 我注意到，我如此将一切看作虚假时，正在思考的我必是一

物。鉴于“我思，故我在”为真，我便十分坚定地相信：怀疑论者一切最过分的假定都不能动摇它。我认为，我可以毫不犹豫地将它看作我正探索的哲学的第一原则。

“我思，故我在”（ego cogito，ergo sum）[3]——这是笛卡尔用拉丁语写出的话，成为哲学里最著名的口号，成为一条不同寻常的第一原则。它虽然看上去不容置疑，但还是过于简单，不能作为任何事情的基础。从它能引出多少有用的信息呢？我们将看到：笛卡尔从他自己的存在出发、进入一个全新知识体系的路线是一种间接的东西，并被普遍地误解了。但他坚信：有了“我思，故我在”这条原则，他已经找到了正确的起点。

他还坚信自己最终能完成这项工作，而这位著名的怀疑论者从未怀疑过的，就是他自己的重要性。他相信，他最终得出的那些原则“确凿有据，任何正确理解了它们的人，都绝无怀疑它们的机会”[4]；他还相信，那些原则具有极大的广泛性，足以为一切科学问题提供明确的答案。笛卡尔的宏大抱负甚至扩展到了（建立）“一种基于确实可靠的证明的医疗体系”[5]。他曾说，保健一直都是“我的研究的首要目的”[6]。他还相信他很快就能发现怎样延长人类的寿命。他显然认为，只要他活得足够长，再加上某些工匠为他造出的设备，他就能独自完成这项科学任务：

> 我斗胆说，我已在短期内发现了一种令我满意的方法，以克服哲学（笛卡尔认为哲学包括我们所说的“科学”）中常常讨论的一切主要困难。不仅如此，我还注意到了上帝在自然界建立的一些规律，他把这些规律的概念植入了我们的头脑。只要经过足够的思考，我们便不会怀疑：世上存在或发生的一切，都严格地遵守着那些规律。[7]

亚里士多德从未如此自信地表达自己。也许，是介于这两人之间的几个世纪的基督教信仰，才使笛卡尔如此自信。毕竟，若能明确地表述宗教问题的真理，那么，自然界问题的真理又算什么呢？对伽利略新科学的熟知，是笛卡尔的乐观主义的燃料。哲学的发展经过几个世纪的停滞之后，“机械论哲学”（mechanical philosophy）似乎是一个大大的跃进，真理似乎很快就会出现。我们这个时代的一些物理学家也产生了同样的兴奋感，他们预期（物理学的）最近的进展会在一种“终极理论”中达到顶点，那种理论将解释真正意义上的万物。[8] 1980 年，著名宇宙学家斯蒂芬·霍金（Stephen Hawking，1942—2018 年）写道，这种情况完全可能在其后 20 年内发生。[9]但事实证明这个说法有些草率，因为从 19 世纪末就经常出现类似的说法。1894 年，第一个获得诺贝尔物理学奖的美国人阿尔伯特·亚伯拉罕·迈克尔逊（Albert Abrahan Michelson，1852—1931 年）说，物理学的全部基本规律和事实都已被发现了。[10] 1928 年，诺贝尔奖的另一位得主马克斯·玻恩（Max Born，1882—1970 年）说，物理学将在大约 6 个月内研究殆尽。[11]我们现在可以看到，与这些乐观主义者相比，笛卡尔那些希望的理由更不充分。但我们几乎不能责备他没理解这一点。此外，还有一个特殊的理由使他相信自己的思想。那些思想丝毫未损地穿过了最深的怀疑之谷，也最先被投入了这种令人极度紧张的检验。那么，它们为什么没能成为正确的呢？

笛卡尔有资格以权威的身份谈论新科学，因为他就是新科学的主要创立者之一。现代应用数学大多基于他的一项发明，即解析几何学，它用代数学解决关于空间和运动的实际问题。在阐释数学何以能应用于整个科学领域方面，他比任何同代人做得都多。伽利略和开普勒是这个计划的先驱，但其努力是断断续续的。笛卡尔的工作更为全面。他谨慎地构筑了对自然界的统一描述——它会像亚里士多德的描述那样包罗一切，但其基础却是那条非亚里士多德式的“机械”原理，即以运动物体与其各个部分的运动和形状的联系，去解释物理现象。在物理学和宇宙学中，笛卡尔提出了一些理论，在一段时期内，那些理论是对艾萨克·牛顿（Isaac Newton，1643—1727 年）理论的严重挑战，也激发了牛顿的一些思想。牛顿去世几年后，伏尔泰写道："我不认为我们真敢以任何方式将（笛卡尔的）哲学与牛顿的哲学相提并论，前者是草图，后者是杰作。"伏尔泰又写道，尽管如此，"这个将我们置于通向真理之路上的人，也许像那个其后走到了此路终点的人一样值得关注"[12]。

笛卡尔的科学著作（除了数学方面的）都被取代了，而这就是他如今被作为抽象思想家而不是科学家被人们记住的部分理由。这种情况很可能模糊了一个事实：笛卡尔一生的大部分时间没有用于沉思他所说的"第一哲学"或"形而上学"的主题——例如心灵的本质、知识的局限和上帝的存在——而是用在了实验、解剖、观察和计算上。虽然笛卡尔享有如今的声誉，但他本人对形而上学的兴趣，却似乎一直不如对将代数用于几何学和钻研牛内脏的兴趣。1630 年前后，他住在阿姆斯特丹，每天都去肉铺，弄些屠宰后的畜体供解剖。他对彩虹的解释是实验科学的一个里程碑，而那个解释几乎是正确的。他独立地发现了（并首次发表了）折射定律，它在英语国家被称为"斯涅尔定律"（Snell's Law），这个定律解释了部分浸入水中的直棍为什么显得弯曲。他还进行了生理学、医学、气象学、地质学方面的探索，并对"机械论哲学"承诺说明的其他一切神秘现象进行了研究。正是笛卡尔最先详细地宣布：可以像研究机器那样研究人体的运作。他抓住了威廉·哈维（William Harvey，1578—1657 年）* 发现的血液循环，并概括了这个思想，还将它发展成了一种全面机械论的生理学。不过，他也对哈维进行了一些很不正确的批评，错误地描述了心脏的功能。

---

* 英国医生、解剖学家、生理学家，1628 年发现了人体血液循环。

对于机器和一切机械装置，笛卡尔都万分痴迷，甚至于有一则广为人知的流言：他经常随身带着一个真人大小的活动人偶，其外表跟他的非婚生女儿弗朗辛（Francine）几乎一模一样。这个流言暗示了恶魔般的聪明和濒于失当的疯狂，并在 18 世纪后半期流传开来。当时在法国，一些激进分子正为唯物论甚至无神论的一些极端理论辩护。笛卡尔的机械论科学和理性主义世界观，都被普遍认为是这些可怖产物的源泉，尽管笛卡尔本人想必很厌恶那些理论。与后来的一些人不同，他不认为人是机器，而认为只有人体才是机器。显然，他毫不怀疑天主教的基本教义。

§

1596 年 3 月 31 日，勒内·笛卡尔出生于卢瓦尔河谷（Loire valley）的一个当时名叫拉艾（La Haye）的村子。他总是隐匿自己，不愿引人注意——他的座右铭是“隐者最安逸”*（Bene vixit，bene qui latuit）——他一生都不愿公布他的出生日期，怕有人计算他的星象。笛卡尔的父亲希望他子承父业，从事法律事务，跻身官场，并有一桩好婚事。结果，笛卡尔却让他父亲的权贵野心破碎了，尽管其兄皮埃尔不负众望，并且其家族在 1668 年获得了最低一等的贵族身份。笛卡尔继承了母亲家族的一些田地，又卖掉了它们，以维持他“绅士学者”（gentleman scholar）** 的生活。他父亲说他是唯一让父亲失望的儿子，因为他“太可笑，把自己裹在了小牛皮（calfskin）里”[13] ***。

笛卡尔的母亲在他 14 岁时去世，他父亲委托亲戚抚养他。笛卡

* 此句出自古罗马诗人奥维德（Publius Ovidius Naso，公元前 43—公元 17 年）的诗集《哀怨集》（*Tristia*）卷三第四首。

** 根据后文，“绅士学者”指不拿任何报酬的学者。

*** 从公元 3 世纪到 13 世纪，欧洲人将小牛皮用于书写，再装订成书册［亦使用羊皮纸（vellum）］。故这句话是说一心钻研古典学术，埋头读书。

尔 10 岁时就被送进了成立不久的拉·弗莱彻耶稣会学院（Jesuit college of La Flèche）。1614 年，他离开了耶稣会学院，到普瓦捷大学学习法律，两年后毕业，回到家中。他后来做了什么，我们不得而知，但他在 1618 年开始了旅行。他后来说，那番旅行是为了“周游世界，尽量在世上演出的一切喜剧中做个观众，而不是做个演员”[14]。之后，他决定报名从军，在拿骚的莫里斯亲王（Prince Maurice of Nassau）麾下做个“绅士军人”（不领军饷的军人），驻扎在布雷达（Breda）* 城外的荷兰南北停战分界线上。笛卡尔十分心烦，便通过绘画、研究军事建筑和学习弗拉芒语使自己心安。多亏他在布雷达的大街上的一次看似偶然的相遇，他的知识分子生涯才开始成型。

1618 年 11 月 10 日，笛卡尔为了读懂贴在一个广告栏上的一道弗拉芒语数学难题，便请一个过路人为他把题目翻译成拉丁语，那个人是伊萨克·毕克曼（Issac Beeckman）。毕克曼比笛卡尔大 7 岁，刚拿到医学学位，以做工程师和制作蜡烛为生。他对一种科研方法很感兴趣：将数学应用于力学，用物理现象的微结构解释物理现象的规律性——这种科学研究方法在 17 世纪后半期的荷兰开始盛行。两人建立了密切的关系，而事实上，笛卡尔成了毕克曼的学徒，用他的数学技能（显然高于毕克曼）解决其师傅提出的难题。毕克曼是不是笛卡尔自称在 23 岁时（他遇见毕克曼的一年之后）获得的启示的催化剂之一，尚无法确定。笛卡尔经过一天兴奋的沉思（他在沉思中发现了“奇迹般的科学基础”[15]）后上床睡觉，做了几个生动的梦，他说那些梦改变了他的人生。这也许是神经崩溃，并非笛卡尔后来所说的智力突破。但无论是其中哪一种，短短几年之后，他似乎就开始了一种学习生活，其重点放在自然科学和数学上。

笛卡尔懂得自己作为革新者所面临的危险。他有理由担心：事实

---

* 荷兰城市。

将证明一些科学著作不会被教会和教育当局接受，尤其在他听说了伽利略的遭际后。伽利略因其论文被宗教裁判加上了诸多罪名，其中之一就是重复了哥白尼的“大错”，即“日心说”。教会仍然坚信太阳绕着地球运行，而不是相反。毕竟，《旧约·诗篇》说地球不能运动[16]，《旧约·创世记》说地球是先于太阳被创造的[17]*；以色列人之子进攻亚摩利人（Amorite）时，约书亚（Joshua）要求日月停止运动，说若日月依旧运动，他便无法打败亚摩利人。[18]笛卡尔知道地球确实在运动。他给老友马林·梅森（Marin Mersenne，1588—1648 年）** 写信说，这个观点若是错了，“我的哲学的全部基础也错了”[19]。1633 年，笛卡尔听说了伽利略被定罪的消息后，便取消了他第一部重要科学专著《论世界》（*The World*）原定的出版计划。笛卡尔居住在荷兰的新教所在地区——要么就是居住在法国，那里没有宗教裁判所——并深深同情伽利略。虽然那部专著几乎不会给他造成伤害，但笛卡尔还是敏锐地躲避着教会的申斥。从此，他的科学研究便差不多完结了。

伽利略审判案的一个教训是：宗教和科学不能彼此无视。笛卡尔的著作若想作为新亚里士多德的著作得到承认（他热切渴望如此），他就必须找出一种平息信教者怒气的方法。笛卡尔最愿看到的，是他的科学著作像在拉·弗莱彻耶稣会学院那样被用作教材。这就是他后来决定把这些著作纳入一个更广泛的哲学计划的背景下的主要理由之一。若他能证明他的科学基于无可辩驳的原则，而且能证明他能用它以一种新的、更好的方式确证宗教真理，他便几乎不必害怕了。这就是他 1637 年想做的事，当时，他出版了那部包含四篇短论的著作：三篇科学论文和一篇作为“绪论”的《方法论》（*Discourse on Method*）。在给一位友人的信中，他自豪地说，那些论文将证明他的科学

---

* 前者经文为“不得动摇”，后者为“使地永不动摇”。此据 1994 年中文版《新旧约全书》译文。

** 法国数学家、修道士，热心科学，在教会中为了捍卫科学事业做了很多有益的工作。

研究方法会获得成功——“堪比我发明的……关于视觉、盐、风、云、雪、雷和虹的演绎法……堪比其他人已找到的方法。”[20]作为“绪论”的《方法论》表明：如果没有例外，只要宗教与科学携手，它们都会有最好的发展。

选入这个文集中的科学论文，显然避开了一些最具争议的话题。论文包括笛卡尔的一篇创新性的几何学论文、一篇气象学论文，还有一篇光学论文，其主要内容是论述何种形状的透镜最能提高新近发明的望远镜的性能。《方法论》还有选择地概述了他的物理学总论，谨慎地略去了所有容易造成冒犯或误解的东西，例如哥白尼的太阳系理论，以及人体是机器的观念。但《方法论》的主要任务却是以智力自传的形式完成的，这篇论文始于力图尽可能多地怀疑，接着报告了笛卡尔对随后所谓真理的发现：

“我（笛卡尔）能怀疑我身体的存在，但不能怀疑我自己的存在，因此结论就是：我和我的身体不是同一个事物。我是一个能思考的心灵，不是一块物质，我对这个心灵及其思想的了解，超过了对任何物体的了解。我知道，我对某些事物的了解不如我对另一些事物的了解，因此我知道我不完美。”笛卡尔说，“我现在用‘完美’（perfection）对照我自己的不完美状态，‘完美’是一个值得关注的概念。我是怎样获得这个概念的？它不可能是我单凭自己碰巧想出来的，其实它只能是某个自身完美的存在（上帝）植入我头脑的。因此，上帝存在。”（笛卡尔也许会说，他也创造了第二个同样不能令人信服的对上帝存在的论证）

笛卡尔接着说：“我所知的关于上帝的一个事实，就是他不是骗子，因为欺骗就是不完美，而上帝是完美的。如此便可以认为，他不会骗我，也不会让我在尽力寻求真理时受到其他人的欺骗。因此，我放心地确信，当我试图理解这个世界时，只要我小心谨慎，便不会犯什么大错。以上帝的善意为保障，我现在完全有理由抛弃我开始探索真理时的那些怀疑了；换句话说，我能忽略一种可能性了，那就是对物质世界一无所知，因为我可能正在做梦，或者正被一个强大的魔鬼欺骗。”

《方法论》就这样展示了笛卡尔的那些凭证。它表明：他力求先极度谨慎、负责地怀疑他可能怀疑的一切，再宣布自己获得了知识。它表明：笛卡尔在其“机械论的”哲学中有明显的唯物主义兴趣，他认为自己的心灵是与身体分开的，因此心灵有望在他的身体死后继续存活。它表明：上帝存在——的确，它两次表明了这个观点。最重要的是，它证明了一点：你若想了解自然界，就必先了解上帝。正是神学使笛卡尔确信科学知识是可以获得的，因为他若未找到理由、相信存在一位仁慈的上帝，他便不能排除一种可能性，即这个世界大大地迷惑了他。若不能排除这种可能性，那么，无论是他还是其他任何人，便都几乎不能确定任何事情了。因此，连志在从事科学的人都必须承认：神学是一门更高级的学科。

没有理由怀疑这种真诚。的确，撰写《方法论》的部分目的就是宣传——向教会介绍笛卡尔及其工作，但又像是宣传众所周知的笛卡尔本人。不过，人们完全可能想知道：这种哲学论证到底真正揭示了多少他那些科学思想的基础。在《方法论》里，笛卡尔常常提到一种能使他获得新的、有用的科学知识的“方法”。遗憾的是，他所说的那种方法是什么，读者却并不清楚。在书中某处，他列出了 4 条基本规则，说那是他考察之后提出来的；但正如德国哲学家莱布尼茨后来指出的，这些规则太模糊，几乎是空洞的。第一条规则是：“若不确切地知道某个事物为真，我绝不承认它……使我的判断中除了如此清晰、明确地呈现给我头脑，使我绝不可能怀疑的东西，别无其他。”[21]第二条规则是：“将我检验的每一个难题都分为尽可能多的部分。”第三条规则是：“为指导我的思想有序发展，我应该从最简单、最易了解的对象入手，一点一点地前进……到达最复杂的知识。”第四条规则是："列举十分完整的例证，做出十分全面的评论，使我能确定毫无遗漏。"莱布尼茨认为，这些规则没有什么特别之处，理所当然。例如，我们若用它们指导烹饪完美的膳食，便很可能会得到如下忠告：

> 参照你绝对确知最佳之菜谱。
>
> 不可试图一次完成许多步骤。
>
> 确保按照正确次序完成它们。
>
> 莫忘任何配料。

关于笛卡尔的方法的特别之处，他自己也很难说出那究竟是什么。这 4 条规则，是从他的一本从没想要写完的书里摘选出来的。那本书即使在未完成状态下，也至少写出了 21 条"头脑思考的指导规则"。其中几条谈到了笛卡尔在数学里运用的技术，但没有一条能反映全书的特点。它们似乎并没揭示多少他的科学风格与他总体哲学之间的联系。不过，在《方法论》一书的其他地方，还是有一些线索反映了笛卡尔"机械论哲学"的信念，反映了他对上帝、心灵和确定性（certainty）的限度的思考。他说，一个根本性错误对人们的思考产生了不良影响，"他们从不把自己的思想上升到可被感知的事物之上"[22]。这就是笛卡尔的真正方法的标志，若它堪称"方法"的话。指导他全部论证的（包括他关于物理学的思想），就是他的那个决心，即避开他认为的种种感觉限制。他到底是怎么做的，这在他 1641 年的那部名作中渐渐呈现了出来。

§

> 我不会敦促任何人来读此书，除了那些能够并愿意与我一同认真沉思，将他们的头脑退出感觉、退出一切预想观点的人。[23]

这句话是笛卡尔在他的《沉思录》（*Meditations*）中写的。他把这本书作为 6 天沉思的日记发表。考虑到那些能够并愿意与他一同沉思的人可能发现自己不赞成他的观点，他把大量评论和反对意见收入了这本书（为了这本书，他的朋友梅森把那些材料整理成了草稿），再加上他的回答。那些评论来自：一位耶稣会修士；一位荷兰天主教神学家；托马斯·霍布斯；梅森本人；皮埃尔·伽桑狄（Pierre Gassendi，1592—1655 年）*，他是哲学—数学家，受古代怀疑论和伊壁鸠鲁（Epicurus，公元前 341—前 270 年）原子论的影响；还有安托万·阿尔诺（Antoine Arnauld，1612—1694 年）**，他日后成了法国最著名的哲学—神学家；还有其他各种人，包括一些无名氏。这个附录由充满激情的争辩构成，其篇幅是《沉思录》本身的 7 倍。关于这些争论的争论，其很多篇幅甚至更长。事实表明，《沉思录》成了人们讨论最多的现代早期哲学著作。

但是，它那些主题和定见，却惊人地古老。具体地说，它们是柏拉图的。笛卡尔敦促其读者首先关注那些“与物质彻底分开的、独立的智能对象”[24]，这无疑就是柏拉图对其心向往之的哲学家—国王们提出的忠告*** 的回声。笛卡尔就像柏拉图的真正追随者，反复强调我们必须让目光离开感官世界，通过观察我们自己的头脑去寻找真理。的确，他沉思开始时产生的一些极度怀疑之所以有用，不仅因为它们能使我们摆脱错误的定见，还因为它们提供了“一条最容易的路，能将思考从那些感觉引开”[25]。古代许多柏拉图主义者都寻找过这条路，而柏拉图主义者圣·奥古斯丁（St. Augustinus，354—430 年）****其实也像笛卡尔一样，踏上过这条路。

---

* 法国科学家、数学家、哲学家。他使伊壁鸠鲁主义复兴，以取代亚里士多德主义，宣传原子论思想，肯定感觉是知识的唯一来源。

** 法国神学家、逻辑学家、哲学家。

*** 此处指柏拉图的《理想国》。

**** 罗马帝国基督教思想家、早期基督教教父及哲学家，著有自传体作品《忏悔录》。

在圣·奥古斯丁的发表于公元4世纪末的《忏悔录》(*Confessions*)里，他检验了他自己头脑中的内容，想看看其中是否存在他能绝对确定的东西。他注意到（就他所知）他可能在做梦，但他不能怀疑自己的存在，“我若受骗了，我便存在!”内省也向他揭示了其他一些确定的知识，其中无一与感觉有丝毫关系。因此，奥古斯丁认为，这些知识的种子证明了上帝的存在，他把那些种子植入了我们的头脑。在他的至少6本书中，奥古斯丁引用了一个如今仍很有名的证据：一个人不可能怀疑自己的存在。

笛卡尔知道了他那个最著名的思想并非创新后，颇为不快。他是个骄傲的人，毫无根据地谴责以前的合作者们偷窃了他的思想，更辱骂那些被他视为对手的同代人。例如，他不承认大数学家皮埃尔·德·费马（Pierre de Fermat，1601—1665年）* 的著作，将它斥为“狗屎”[26]。笛卡尔知道，奥古斯丁根据一个事实，第一个谈到了他自己的存在，那个事实就是他在思考；但笛卡尔很快就加上了一句，即奥古斯丁谈到他自己的存在，其实既简单又自然，以至“任何作者都会遇到这种情况”[27] [的确，在奥古斯丁之前的至少两个世纪中，一些思想家如塞克斯都·恩皮里柯（Sextus Empiricus，150?—210?年）** 就想到了这一点[28]]。笛卡尔认为，真正的新颖之处是他（也只有他）已着手证明了心灵的本质，“我……表明了这个正在思考的‘我’是一种非物质实体，不包含任何实体要素”。

正如我们在他的《方法论》中所见，笛卡尔相信他的心灵或自我必定是非物质的，其理由如下：我不能怀疑我的存在，但能怀疑我有一个身体。因此，我就是与我身体分开的某种东西。遗憾的是，在笛卡尔宣布的这种新颖说法上，奥古斯丁也已再次领先，而其论证也与

---

* 法国数学家。

** 生活在亚历山大里亚、罗马或雅典的医生和哲学家，其著作是对古希腊和古罗马怀疑主义哲学的最完整描述。

笛卡尔相同，“我们已说过的清楚地表明，头脑……确定了其自身的存在。但头脑根本无法确定它是不是气、火、实体或某个实体的任何部分。因此，它都不是这些东西”[29]。

不过，笛卡尔的研究课题的本质仍然不同于奥古斯丁的研究课题，即使其文字有时相同。奥古斯丁的沉思是对上帝真实性的消极欣赏：他思考的是头脑如何受到了上帝的启迪，如何因此储存了人类真正需要的大量知识。相反，笛卡尔意在积极开发人类理性的天然力量，不但为了证明古老的真理，而且为了发现新的真理。笛卡尔虽然认为一切知识最终来自上帝——因为正是一位仁慈上帝的存在，我们一些基本信念的正确性才得以保证——但他知道，这并不意味着我们可以把一切都归于上帝。例如，我们必须准确地弄清一点：上帝那个保障计划包含了我们的哪些信念。因此，奥古斯丁是沉思上帝为我们做了多少，笛卡尔则意在表明我们能够和需要为自己做多少智力工作。因此，笛卡尔的考察就比奥古斯丁的更具探索性，也更为复杂。

笛卡尔的《沉思录》在讲述他那些发现的故事时，常常来回漫游，提出一些问题，却迟迟不答，直到后来突然有了某个相关思想时，才拾起那些线索。这种精心构思的非正式性增加了这部著作的魅力，但也可能使读者难以弄清一点：笛卡尔是怎样力图从论述他的存在扩大到论述一些重大问题的，例如，外在于他的事物的真实性，以及“机械论哲学”的真实性。

19 世纪初，黑格尔（G. W. F. Hegel）把“我思，故我在”这句话复杂化了。他抽掉它的内涵，用这个口号说明笛卡尔怎样提出了一种主观的世界观，其中的“我”是一切的基础。[30]对笛卡尔的这种解读得到广泛传播，尤其是在天主教信徒当中。例如，教皇约翰·保罗二世（John Paul Ⅱ）在 1994 年写道，对笛卡尔来说，“唯有与人相关的思想才有意义。这种思想的客观真理性，并不像人的意识中存在某种事物这个事实那么重要”[31]。在后来的一本书里，约翰·保罗二世进一步指出，笛卡尔掀起的哲学革命贬低了上帝，把人的头脑放在了上帝的位置上，“按照‘我思，故我在’的逻辑，上帝被贬成了人类意识中的一个元素”[32]。换句话说，笛卡尔发起了向一种世界观（其中的“我”是一切的基础）的转变，以及向一些自私的畸形规则的转变。

笛卡尔常对批评他的人发脾气。很难想象他（若活在今天）在心中会如何议论这位教皇，因为他已反复地阐释过他的存在（以及世界的存在）依赖于上帝，而不是相反。怀疑笛卡尔是激烈的主观论者的人，混淆了他的论证风格与论证的材料。他以自传的风格表述了他的哲学探询，并做了内省。但他的发现里绝无主观的东西：

> 我产生了怀疑，我是个不完整、不独立的事物，当我思考这些事实时，心中便对一种完整、独立的存在产生了清晰、明确的概念，换言之，那就是关于上帝的概念。我心中存在这个概念（或曰存在怀有这个概念的我），根据这个事实本身，我做出了明确的推论：上帝也存在，我全部存在的每一个瞬间都依赖于他……现在，根据对这位真实的上帝（智慧和科学的全部宝藏都藏在他身上）的沉思，我认为我可以看到一条了解其他事物的路了。[33]

笛卡尔写道，他自己存在的确定性是其哲学的“第一原则”，但事实表明，这仅仅意味着这是他准备承认的第一种确定性，并非基于这种确定性的其他任何事物。准确地说，笛卡尔并没从他自己的存在推导出任何结论。相反，他追问自己是如何具有这种确定性的，因此他才能以同样的方式去发现其他一些确定性。那种确定性的奥秘，完全在于它涉及“对我断言之事的清晰、明确的概念”[34]。最重要的是，笛卡尔接着引进了上帝。他通过各种哲学论证得出了一个令他满意的结论，即必定存在一位上帝。于是，他推论说，这位仁慈的上帝绝不会允许自己创造的生灵大大受骗，只要他们学会克制，将自己的信仰限制在被他们清楚、明确地知觉为真的事物上。因此，笛卡尔的知识体系就不是基于他自己的存在，而是基于上帝的存在。

在可靠地证明了上帝的存在之后，笛卡尔要做的便只是找出“智力清晰、明确地揭示的事物”的限度，并留在这个限度之内。[35]那么，关于物质，智力究竟揭示了多少呢？上帝的善足以保证某种物质的真实存在。笛卡尔说自己有一种强烈的倾向，即相信他的感官知觉是由外在于他的对象造成的，若并非如此，那就不得不把上帝看作一个大大的骗子。但笛卡尔提醒说，这些对象（的存在）“也许并不完全符合我对它们的感官了解，因为在很多情况下，感官了解都非常模糊和混乱”。尽管如此，“至少（外部对象）还是具备了我能清晰、明确地理解的一切特征”[36]。

事实表明，这些特征就是“数学的对象—材料构成的特征”。笛卡尔发现自己清楚地理解了空间中可度量的维度，理解了几何形体，理解了时间延续和运动；至于其余的一切，包括光、色彩、声音、气味、滋味、热、冷和其他可感知的性质，他只能以一种非常混乱和模糊的方式去思考。他看见了（或者说他因此相信）“重量和硬度，吸引之力或净化之力，以及我们体验到的实体的其他一切性质，都完全地包含在实体的运动（motion）中，也或包含在它的无运动（absence）中，包含在实体的局部构造和状态中”[37]。

因此，事实表明，此类被纳入了上帝那个保障计划的物理事实，恰恰就是“机械论哲学”中的那些特征。上帝的保障（我们不该受骗）仅仅适用于我们能清晰明确地形成的一些概念；笛卡尔认为，就物体而言，这意味着那些特征仅仅包括所谓“初级性质”（primary qualities）的概念，例如形状、大小、位置和运动状态，伽利略和古希腊原子论者认为它们是自然中唯一的客观性质。因此，笛卡尔从他的物理学中摒除了所有令人怀疑的、主观的“次级性质”（secondary qualities），例如颜色，因为颜色只是感觉所创，他认为应该用数学的方法解释颜色。他宣布，像力学一样，他的物理学其实大多集中在“形状、大小和运动”上，而这就是“它最堪称嘉许的特征”，他在致普莱皮乌斯(Plempius）的信中谈及弗罗芒都斯*时说道，因为这意味着它使用的“无一不是数学的、可靠的推理论证”[38]。

笛卡尔宣布，这种研究自然的机械论方法的另一个长处就是其实用性。他还说：“无论我从我的哲学原则得出了什么结论，每当我将它们运用于恰当的材料，都确实有效……哲学的这个部分……产生了有用的实际结果，因此，其中任何错误都会造成经济损失。”这项课题在笛卡尔手中使头脑离开了感觉，因此造成了非柏拉图式的明确转变。普罗丁诺（Plotinus，204—270 年）和其他柏拉图主义者曾否定感觉的可靠性，旨在鼓励从精神上脱离物质世界。而现在，笛卡尔却以同样的论证告诉人们怎样挣到更多的钱。他质疑了那些“混乱而模糊的”感觉证据，以倡导一种源于数学的物理学。除了其他特点之外，那种物理学还将是想象性的和技术性的，因此会产生能够获利的结果。

笛卡尔在考察了他关于事物的概念中什么可能是清晰、明确的之后，得出结论说，那种东西的本质是可以“扩展的”（extended)，换句话说，是可以占据三维空间的。的确，他进一步认为物质与空间构成了同一个物体，而各种重要的真理都直接来自这一事实。例如，他由此得出的结论是，根本不存在绝对为空的空间，因为物质与空间若是同一的，那就不可能存在没有物质的空间。于是，笛卡尔推论说，宇宙的一切就是由微小粒子构成的无边海洋。他认为，那些由不可见的微粒构成的、不停旋转的“旋涡”（whirlpools 或 vortices)，引发了重力现象和磁力现象。这些物质微粒是无限小的。笛卡尔认为这个观点显而易见，就像“空间无限可分”——从理论上说，任何长度和广

---

* 莱伯图斯·弗罗芒都斯（Libertus Fromondus，英文名 Libert Froidmont，1587—1653 年)，法国天主教神学家，教授哲学，发表过物理学和数学方面的论文。笛卡尔将他视为权威导师，将自己的论文寄给他，但弗罗芒都斯并不赞同其中的观点。

度（面积）都可以被一次次地一分为二，直至无限（ad infinitum）——的观点一样。因此，他推论说，物质也是无限可分的。这一切都意味着，他不得不赞成古代的两位原子论者——德谟克利特（Dēmocritus，约公元前460—前370年）和伊壁鸠鲁的观点。这两位原子论者认为，万物最终都是由一个个微粒构成的，在宇宙中，这些“原子”（atoms）束之间存在着大量的“空虚空间”（empty space），或曰“虚空”（void）。笛卡尔虽然赞成他们的机械论宇宙观（他们的物理学其实是笛卡尔物理学的先祖），但还是抓住机会表达了不同的见解，把他们的思想描述为“与我毫不相关的空洞理论”[39]。

能使自己与古希腊原子论者保持安全的距离，这让笛卡尔很高兴，因为那些人只把心灵看作另一种形式的物质（并大都假定神是不存在的），不与他们为伍乃是谨慎之举。笛卡尔认为，心灵与物质之别是造物的根本区别。物质的本质是“扩展”，或曰存在于空间；心灵的本质则是某种截然不同的东西。笛卡尔猜想，从理论上说，可能存在一个心地歹毒的魔鬼夺去了他的全部特性，只剩下了一个。他接着说：“但我终于还是发现了它；唯有这个特性与我不可分割。”[40]他能清晰、明确地想象自己能没有身体的存在，但不能想象自己能没有思想的存在。他能清晰、明确地把物质想象为没有思想的存在，但不能把物质想象为不可扩展的（不像身体那样占据空间）。笛卡尔做出结论说：“我在本质上是一种‘思考的事物’，而物质（或曰身体）在本质上则是一种能扩展的事物。”他补充说，“确实”——

> 我……有……一个与我联系得非常紧密的身体。尽管如此，一方面，就我只是思考的、非扩展的事物而言，我对自己有清晰、明确的认识；另一方面，就身体只是扩展的、非思考的事物而言，我对身体也有清晰、明确的认识。因此可说，我与我的身体确实有所区别；没有身体，我也能存在。[41]

§

到了《沉思录》的末尾，笛卡尔已经确定了大量的事物。他闭目不看物质世界，而集中注意在他的内心剧场演出的那些思想，于是发现了上帝无可置疑的真实性，发现了展现在他面前的心灵和物质。在这场表演里，感觉徒劳地在场外徘徊。正是这些感觉，给了他关于具体物体的信息；尽管如此，他也许还是会说，告诉他这些信息究竟有多少可信性，给了他关于心灵和物质的本质的“确凿”知识的，最重要的仍然是他对他那些“清晰、明确”的思想的思考。他的全部思考其实就是一种影子戏（shadow play）。笛卡尔若是恪守他那些原则，并像他说的那样，严格地质疑每一个假设，他就绝不会得出如此的结论。

一切都取决于笛卡尔对存在和上帝本质的证明。没有那些证明，他就不能具备确凿的知识。不过，他的神学论证却有些脆弱，其中的每一个观点都建立在他无权承认的原则基础上。例如，笛卡尔在书中一处断言，“在每个瞬间保留任何事物的存续所需的力量和行动，应等于创造该事物（倘若该事物尚未存在）所需的力量和行动”[42]。这句格言是他论证上帝存在的关键一步，因为笛卡尔声称它是被理性的天然之光“证明了的”。但是，就连所有与他同代的哲学家都在其中发现了很多的真理，更不用说在他之后的那些哲学家了。

要说明笛卡尔的那座大厦建在了沙子上，我们不必详细引述笛卡尔那些可疑的证据，只要想想他关于自己不可能被上帝误导的说法即可。他写道，上帝“不可能是骗子，因为自然的理性已经表明，一切虚假和欺骗都要依靠某种缺陷”[43]。但正如笛卡尔的朋友梅森指出的，根据《圣经》，上帝以前就骗过人（如法老），因此，这个问题就不那么简单了。20 世纪初的一位哲学家麦克塔格特（J. E. McTaggart），巧妙地指出了笛卡尔关于上帝不可能欺骗的论证的瑕疵：

> 上帝……无疑会将欺骗视为恶。但除了怀疑之外，宇宙间还有很多恶，并且，我们若满足于存在一位上帝，就必须把这种恶看作在某些方面与善相容。既然如此，进一步的误导为什么就不能是神启呢？[44]

麦克塔格特接着问道：人们怎样才能确信，欺骗他们相信某些东西，有时就不是上帝能为他们做的最好事情呢？它“本身可能很坏，但又像防止某种更大的恶的手段一样好”。上帝有时也许会欺骗我们，以考验我们的信念，或是在提醒我们：我们是多么软弱和易犯错误。毕竟，上帝以一些神秘的行为方式闻名。笛卡尔若打算认真思考那种奇异的可能性，即他只是梦见了他认为自己知道的大多数东西，他为什么甚至从未想到过另一种可能性，即上帝可能想要误导他呢？

还有一些问题。即使我们忽略一个事实，即上帝的保障甚至值不了笛卡尔书写它的那张纸，笛卡尔又怎能保证任何具体的思想都清晰、明确地获得了上帝的保障呢？他显然没有任何可靠的方法来确定这一点，因为他所说的清晰思想，有些根本就不清晰。此外，他的许多基本原则都被其他思想家否定了，而这个事实意味着：一个人的“清晰、明确”的思想，对另一个人来说就是模糊的误解。

因此，笛卡尔的研究课题就反过来为难了他自己。他不但没有战胜当时的神学家，反而永远削弱了他用自己的哲学战胜那些神学家的尝试。他的《方法论》和《沉思录》中最薄弱的部分，就是他对上帝存在的证明和他的“上帝不会欺骗我们”的观点。我们若像笛卡尔一样希望自己是那么具有批判精神和怀疑精神，便可以看到：他终归没能证明上帝的存在，没能证明物体的存在，也没能证明“机械论哲学”的正确性。他的成功在于，他提出了一些他日后无法减轻的质疑。

笛卡尔提出他的强烈疑问，其实是把每一个人都投入了他自己意念的监狱，并自信关于一位不骗人的上帝的证明能消除他的怀疑。但这项解救的使命失败了，他一个人被留在了对周围世界一无所知的状态中——毕竟这就是笛卡尔之后的许多哲学家见到的状况，而大量的努力都用在了补救这种状况上。少数人赞成笛卡尔从神学角度回答知识的问题，许多人却一直沉迷于他阐明问题的方式，他们跟着笛卡尔走进了这个监狱，后来却不相信他能带着他们走出去，这也是可以理解的。

笛卡尔关于做梦的那些不得不说的话，表明了他巧妙地重构古希腊哲学陈旧的怀疑论问题的技巧。柏拉图说，苏格拉底曾问怎样才能区分睡觉和清醒。[45]笛卡尔也提出了这个问题，但又提出了另一个问题，它在精神上更接近古代一些怀疑论者提出的难题，那些人自认为是皮浪（Pyrrho，约公元前 365—前 275 年）的信徒。这些皮浪主义者*问道："我们是否该认为我们醒时的视像比我们睡中的视像更准确？即使我醒着，我的感觉也可能与任何真实事物毫无关联。"古代的怀疑论哲学家[46]并不急于深究这一点；它只是众多互不相关的可能性中的一种而已，他们恶作剧般地把它藏了起来。笛卡尔却一直在追究它：

> 清醒时我产生的每一种感觉经验，我也可以认为它们是我睡眠中有时产生的感觉经验；我不相信我入睡后似乎见到的东西来自我身外的事物，因此我不知道我为什么应该更相信我清醒时认为自己见到的事物。[47]

他的观点是，无论人是睡是醒，其主观经验和外部世界之间——心中的意念和外部现实之间——都存在一条鸿沟。人入睡后似乎觉得自己看见了（例如）一棵树，这个事实表明：观看和仅仅看似观看是两码

---

* 即怀疑论者。

事。因此，即使人醒着，他也只是似乎观看到了树。

如此一来，笛卡尔就在头脑里的形象和“位于身外的事物”之间画出了一条线。这条线的一边是意识的私密世界，其中有形象、思想、感觉、情感以及“人心中的一切，我们立即就会知道它们的存在”[48]；这条线的另一边是遥远的物质世界。人的思想就是一个私人花园的围墙，这个观念是笛卡尔给哲学留下的重要遗产。大多是因为他，后来的思想家们（尤其是17世纪和18世纪的）才创作出了关于内心“意念”及其与外部对象的关系的大量论著。

同样大多是因为笛卡尔，头脑与身体的关系日后才成了一个敏感的问题。他对内部世界和外部世界的划分引出了一个问题：人如何能同时生活在这两个世界里？笛卡尔相信自己死后没有身体也能活，但没有否认他活着时有身体会让他更具存在感。他告诉我们：“我在我的身体中，并非像水手在船上那样，而是……与我的身体非常紧密地结合在一起，其实就是混合在一起。”[49]这种混合的证据一清二楚。他的精神状态会影响他的身体（例如，在他有意识地移动身体某个部分的时候）；他的身体也会影响他的精神状态（例如，在某个东西伤害了他、使他感到疼痛的时候）。问题在于，内心意念与外部身体的这种互相影响究竟是怎么产生的。

头脑（或曰心灵）居于身体内的说法更像20世纪的一位哲学家吉尔伯特·赖尔（Gilbert Ryle，1900—1976年）* 那个著名表述，即“机器里的魔鬼”[50]。批评这个思想（它常被视为二元论）的人，如今常常怀疑那个魔鬼，但在笛卡尔的时代，更使人迷惑的却是机器，而不是魔鬼。他们想知道，一种性质上类似于钟表或机械玩具的自动装置，是如何有了意识甚至被意识纠缠的？笛卡尔的回答是：人（但不

---

* 英国哲学家，他在《心的概念》（*The Concept of Mind*）一书中质疑了笛卡尔二元论。

是玩偶）和动物都有心灵，其心灵能通过大脑中的一种特殊结构，与其身体机制沟通。那个魔鬼见到机器时，魔鬼对机器说话，机器也对魔鬼说话，这种情况发生在大脑的松果腺（pineal gland）里。

根据笛卡尔的生理学理论，神经系统是一个传递“动物精神”（animal spirits）[51]的管道网络，是一道由微小的、快速运动的微粒（它们来自血液，在大脑中被净化）构成的气态流。这些“动物精神”（它们虽说被称作“精神”，但完全是物质的）把信息带入和带出松果腺。例如，我看见某个人或感到疼痛时，我眼中或我身体有关部分中的“动物精神”便会受到影响，向松果腺发出一个信息。我想移动我的一只手或想说话时，松果腺则把信息传回相关的肌肉。笛卡尔把“动物精神”使肌肉听从松果腺命令而运动的方式，比作一系列抽水装置：

> 你也许见过皇家花园里的人造泉眼和喷泉，单单使泉水从其源头流入水池的力量，便足以推动各种机器，甚至能使它们成为某种工具或说出某些词句，这取决于输水管的各种排列。[52]

笛卡尔相信连接身体与心灵的正是松果腺，因为他认为，在大脑中，松果腺是两个脑半球唯一不能复制的结构。他推论说，必定有一个地方，来自眼睛的成对形象能在那里融合成一个单一形象，而松果腺似乎就是这样一个地方。

关于松果腺的功能，迄今依然有许多秘密。一切有头盖骨的脊椎动物都有松果腺，它分泌一种激素，名叫“褪黑素”（melatonin）*，以对黑暗做出回应，有类似于某种生物钟的作用，也能调节性激素。但谁都不知道它究竟如何运作。即使在笛卡尔所处的时代，也很少有人同意他对松果腺的描述，这不是因为他们的生理学知识比笛卡尔

* 褪黑素是松果腺产生的一种激素，来自血清素，能刺激两栖动物和爬行动物表皮颜色的变化。

多，而是因为他们完全可能对一个想法感到困惑：心灵领域与物质领域之间可能存在物理的连接，这种连接也许出现在松果腺里，也许出现在其他地方。笛卡尔的一位读者迫使他说清这个问题，此人就是波希米亚的伊丽莎白公主，她是弗雷德里克选帝侯（Elector Frederick）的女儿，笛卡尔年轻时曾做过反对这位选帝侯的“绅士军人”。在写给这位公主的一封长信里，笛卡尔尽力解释了大脑中的这种神秘的身心连接。但他对这个问题的解释却从未使公主满意。

近来一位学者[53]指出，笛卡尔将心灵描述为一种非物质实体，这至多只是一种临时的理论，旨在支持灵魂不朽的天主教信条，而他也许对自己的二元论并不完全满意。这似乎并不是说笛卡尔怀疑灵魂不朽，而是说他也许并不完全相信：思维活动必须依靠一种非物质实体，而不必依靠一种物质实体。笛卡尔的二元论当然不像人们通常所想的那样。在 1994 年的畅销书《笛卡尔之谬：情感、理性与人脑》（*Descartes'Error：Emotion，Reason，and the Human Brain*）里，神经科学家安东尼奥·达马西奥（Antonio Damasio）说，笛卡尔相信身体与心灵之间存在鸿沟。[54]这其实与笛卡尔的思想截然相反。笛卡尔认为，我们会“从内心体验到某些……事物，我们既不能把它们单独归于头脑，也不能把它们单独归于身体”。这些（经验）来自“我们头脑与身体的密切的秘密连接”[55]。在他一些最有名的著作里，笛卡尔的确强调了物质（占据空间）与思想（不占据空间）之别，但他也认为，在人身上，思想和身体之间的连接是神秘的、解不开的，就像他尽力向伊丽莎白公主解释的那样。他无法解释身心如何连接，但确信身心相连。

笛卡尔强调“我们的心智与物质世界之间”存在“鸿沟”，这个普遍流传的神话一直在被环保人士奇想般地利用——包括美国前副总统阿尔·戈尔（Al Gore）[56]和英国王储查尔斯王子（Prince Charles）[57]——他们责备笛卡尔，说他提出了“我们被从地球分离，被赋予了一种资格，即仅仅把地球视为各种资源的无生命集合，我们可以随意对其加以开发利用”的学说。这个说法，把人类与自然界其他部分的关系的漫长历史过分简单化了。怀有利用无生命材料的欲望的，并不只有确信笛卡尔论著中强调的二元论的人，这对人类的生存和发展是一件幸事。

笛卡尔的最后著作《论灵魂的激情》(*The Passion of the Soul*)，最初是写给伊丽莎白公主的一篇论文，谈论了身心的混合以及相关问题。这本书的最后版本，讨论了从知觉生理学到羞耻、无耻和厌恶的本质等很多问题，书末为一个古老的斯多葛学派（Stoic）信条辩护，即“智慧的首要用途在于教我们做自己激情的主人，用技巧控制它们，将它们造成的恶变得可以容忍，甚至变为一种欢乐之源”[58]。但笛卡尔以后的思想家们认为，这本书并没成功地解释一个魔鬼如何能居住和工作在机器里，无论那魔鬼是否愉快。

斯多葛学派的道德观念，长期吸引着笛卡尔。在他出版的第一部重要著作——《方法论》中，他写道，他的格言之一就是“力求总是做我自己的主人，而不是做财富的主人，改变我的欲望，而不是改变世界的秩序”[59]。他模仿伊壁鸠鲁说：“除了我们的思想，任何东西都不完全为我们的力量所控。”但必须说，在以斯多葛主义者的良好方式做自己激情的主人方面，笛卡尔似乎做得很差。他的书信充满了恣肆的愤怒，例如，他写道，他发现法国数学家“十分粗鲁、可笑、卑鄙”[60]；他还发现荷兰乌得勒支大学（Utrecht University）的校长“愚蠢”“恶毒”“不称职”[61]。

笛卡尔颇具学究气的斯多葛主义说教，引起了另一位贵族读者——瑞典克里斯蒂娜女王（Queen Christina）的关注，笛卡尔把写就的《方法论》献给了她。据说，女王外出打猎时经常阅读这本书。克里斯蒂娜请笛卡尔到斯德哥尔摩给她上哲学课，他便在 1649 年去了那里。但瑞典宫廷的严苛生活却根本不适合笛卡尔，那简直就像瑞典人杀了他。

笛卡尔早上一向起得晚。他甚至在上小学时就被免于出早操，被允许在床上独自沉思（这也许是因为他体质虚弱）。他养成了一个终生的习惯：躺在床上沉思。有几次沉思时，他似乎体验到了一种做梦的状态，在其中，他首先不能确定自己是在做梦还是醒着。但在斯德哥尔摩，他却无法放纵他那些怠惰的习惯了。在瑞典 60 年来最寒冷的冬天里，他发现自己不得不清晨 5 点光着头站在克里斯蒂娜的书房里，给女王上课，如此方能适应女王繁忙的日程。对这个完全不习惯早起的人来说，这个变化使他非常痛苦。他得了肺炎，于 1650 年 2 月 11 日在斯德哥尔摩去世，时年 53 岁。4 年以后，女王退位，皈依了天主教。她写道，这是因为受到了笛卡尔哲学的鼓励，但此举并未减少教会对笛卡尔著作的疑虑。

笛卡尔葬于瑞典，简单的墓碑是木质的，很易腐烂。17 年以后，他的遗骸被挖了出来，经过了 6 个月的旅程被带回了法国。遗骸中没有他的右手食指，法国驻瑞典大使经批准保存了那根手指；他的头骨被挖了出来，由瑞典卫队的一名军官移交给了法国。在法国，他的遗体又被挖出安葬过三次，最后葬于（巴黎）圣日耳曼德佩区（Saint-Germain-des-Près）一个从前的本笃会修道院。埃菲尔铁塔附近夏悠宫（Palais de Chaillot）里的人类博物馆（Musée de l'Homme）宣布藏有笛卡尔的头骨，但此说证据不足。看来，这位著名二元论者的头颅仍然下落不明。

§

笛卡尔第一部传记的作者[62]说，笛卡尔去世后的几年间，其弟子数量之多已无法确切计算，就像天上的繁星无法计算一样。完全有可能如此，但笛卡尔的反对者之多也令人印象深刻。对于一个质疑一切并开始了更新的人，人们褒贬不一，这几乎不算出乎意料。笛卡尔的著作在

17 世纪下半叶遭到了天主教会和法国大学的谴责。具有传统思想的学界人士，不赞成笛卡尔对亚里士多德和亚里士多德哲学概念的践踏。宗教裁判所反驳说（就像对伽利略做过的那样），“机械论”哲学不符合圣餐变体论（transubstantiation）* 之教义，并为笛卡尔没有使头脑充分独立于身体之外而焦虑。这第二个焦虑或许表明：17 世纪的宗教裁判所比某些较晚的哲学普及者更理解笛卡尔的思想。1663 年，笛卡尔的几部著作被列为禁书，其他一些名著也是如此。早期的禁书目录包括阿贝拉德（Pierre Abelard，1079—1142 年）**、伊拉斯谟（Desiderius Erasmus，1466—1536 年）、路德（Martin Luther，1483—1546 年）、加尔文（Jean Calvin，1509—1564 年）、培根、帕斯卡和蒙田（Michel Eyquem de Montaigne，1533—1592 年）的著作，后期又加上了很多著作，包括司汤达（Stendhal，1783—1842 年）、巴尔扎克（Honoré de Balzac，1799—1850 年）和福楼拜（Gustave Flaubert，1821—1880 年）的小说。

1720 年，即笛卡尔去世后 70 年，他的一些著作被列入了巴黎大学的课程目录，因此，笛卡尔部分地实现了他的抱负。但是，笛卡尔的那些著作并不像他一向深深渴望的那样，替代了亚里士多德的著作，而是与亚里士多德的著作一道被学生学习。

笛卡尔曾寄希望于有教养的不信教男女的判断力，而并不仅仅是想战胜神父和学究。正因如此，他才用法文而不是拉丁文写出了《方法论》——他也出版了法文版的《沉思录》。这项策略很有效。在他的思想被索邦神学院（Sorbonne）*** 的人充分理解之前很久，很多人

---

* 圣餐变体论：基督教圣事理论之一。耶稣在最后的晚餐上祝圣饼和酒时说，“这是我的身体”“这是我的血”。按照天主教教义，圣餐礼上的饼和红酒转变为耶稣的肉和血，原来的饼和酒只剩下五官所能感觉到的外形。

** 法国哲学家、神学家。1115 年起，他在巴黎圣母院主教学校任教，后因与少女爱洛依丝（Héloïse，1100? —1164 年）秘密恋爱并结婚而遭到阉割。这两人的情书日后成了文学经典。

*** 巴黎大学的前身。

就在巴黎的沙龙里以极大的兴趣讨论他的思想了。文学界和宫廷听到了笛卡尔著作的诵读，听到了关于尼古拉斯·马勒伯朗士（Nicolas Malebranche，1638—1715年）* 的谈论；马勒伯朗士是一位敏锐的思想家，因醉心于笛卡尔1664年的一本著作，从教会史研究和《圣经》评论转向了科学和哲学研究。一些贵族女子沙龙（例如塞维涅夫人** 的沙龙）也"屈从"了讨论科学、讨论来自"新哲学"的大众话题的时尚。这些笛卡尔式的女子为莫里哀（Molière）的喜剧《女学究》（*The Learned Ladies*）提供了主题，此剧1672年写于巴黎。这部剧里有对理智与感觉互相对抗的大量善意嘲讽，还基于笛卡尔的哲学术语开了一个隐晦的玩笑。剧中的女子们似乎很熟悉笛卡尔的哲学理论，对它们没有多少争论：

> 阿芒德：我爱他的旋涡。***
>
> 菲拉敏塔：还有他那些正在坠落的世界。[63]

在17世纪，笛卡尔的著作遇到了来自教会和教育当局的抵制，但是，看重他的科学家们也很喜欢他的"旋涡"。笛卡尔的物理学理论一直占据着舞台，直到18世纪初被牛顿的物理学理论取代。17世纪60年代，牛顿本人多少还是正统的笛卡尔主义者，而人们有时说，没有笛卡尔的起始工作，即推翻亚里士多德的理论体系、把一种"机械论的"物理学置于其应有的位置，牛顿后来的工作便是不可想象的。笛卡尔发起的革命，在从天文学到心理学等众多科学领域继续进行，保守的大学教授们则紧张地旁观着。

与此同时，笛卡尔的一些更纯粹的哲学思想也出了名，其出名方

---

* 法国神父，笛卡尔学派哲学家，法兰西科学院院士。

** 塞维涅夫人（Madame de Sévigné，1626—1696年）：法国散文家，生于巴黎贵族家庭，童年失去父母，1644年与塞维涅侯爵结婚。1652年，侯爵在决斗中丧命，她带着女儿和儿子生活。其《书信集》收入了她在女儿弗朗索瓦兹婚后20年间写给女儿的信。

*** 笛卡尔认为，宇宙的一切就是由不可见的微粒构成的、不停旋转的"旋涡"海洋。

式有时连他自己都会感到意外。政治改革家们宣布：要用笛卡尔质疑法和对“清晰、明确的思想”的重视，去驱散未经检验的偏见，击败反对他们相信的事业的观点。17 世纪 60 年代，女权就是那些事业之一——尽管笛卡尔本人对女权没有兴趣。他用更多的精力研究知识的普遍性质，而不是研究启蒙思想造成的任何社会结果。他本应更感谢一本被广泛阅读的论著，书名是《逻辑学，或思维的艺术》（*Logic, or the Art of Thinking*），出版于 1662 年，此书深受笛卡尔关于头脑的观点的影响。此书开篇的声明表述了笛卡尔在《方法论》和《沉思录》里的研究课题的本质：“由于不借助我们心中的意念，我们便不能获得我们身外世界的任何知识。我们对自己意念的反思，便可能是逻辑学最重要的部分，因为那些反思是其他一切的基础。”[64]

这本《逻辑学，或思维的艺术》，其作者是安托万·阿尔诺和另一位哲学—神学家皮埃尔·妮科尔（Pierre Nicole，1625—1695 年）*，该书是亚里士多德之后关于这个问题的最重要论著，其影响一直延续到了 19 世纪后半期。这本书旨在为推理论证的艺术提供完整指导，在这个过程中，它确认了笛卡尔关于知识的一些最明确的观点。它赞成一切确定性都依赖于智力的内省的观点。它赞成这种内省能揭示各种不证自明的真相的观点，并将“我思，故我在”引为一例。它还赞成：在这些真相中，可能会找到心理真实和物理真实的基本事实。这本书也像笛卡尔一样贬低感觉经验，推崇理性；它依靠的是笛卡尔的“清晰、明确的思想”这块试金石；它还重申了笛卡尔的一个观点：头脑比身体和物质世界的其他部分知道得更多。

马勒伯朗士也赞成笛卡尔主义者的这些观点，但给它们加上了大量的神学内容。在他的《探索真理》（*The Search After Truth*，出版于 1674—1675 年间）一书中，他强调，灵与肉的联合是理性的神圣

---

* 法国神学家、哲学家。

火花与物质的污秽领域的不恰当结合。他写道，“我们必须不断抵御肉体对心灵的影响”[65]，因为——

> 一个人根据其感觉判断一切事物，在一切事物面前都跟随其激情的冲动，只能认识其感觉到的东西，只会喜欢讨他喜欢的东西，这是头脑可能出现的最不幸的状态。在这种状态下，他无限地远离了真、远离了他的善。但是，当一个人只根据其头脑的纯粹意念判断事物时，当他小心地避开了造物的嘈杂混乱时，当他进入了他自己的角色时，他便只会听见他那位至高无上的主的声音，而他的感觉和激情都沉默了，因此他便不可能犯错误。[66]

马勒伯朗士给笛卡尔的哲学巧妙地注入了一剂宗教狂热的烈药，其烈度已超过了笛卡尔本人认为必须容忍的程度。在对肉体生活可鄙之处的描述中，马勒伯朗士咆哮般地反驳了柏拉图主义中的神秘成分（参见《理性之梦》*），而笛卡尔已经大大发展了那种成分。马勒伯朗士认为理性与上帝（“那位至高无上的主”）密不可分，但笛卡尔从未明确地表达过这个观点。像圣·奥古斯丁一样，马勒伯朗士也把理性的内省描述为仿佛聆听上帝对我们低声耳语，“头脑的注意，其实只是它皈依和回归上帝，上帝是我们唯一的主，唯有他教给我们一切真理”[67]。

在马勒伯朗士设想的宇宙里，上帝做的事情比这多得多。马勒伯朗士相信，上帝与物质世界的关联，比笛卡尔一直极力了解的更密切。马勒伯朗士认为，每一个事件其实都是上帝造就的；“只有一个真正的原因，因为只有一位真正的上帝”[68]。笛卡尔说过，物质本身并无活动力，其力量来自上帝；但马勒伯朗士等人更进一步，以此推论说，（例如）当一个台球撞另一个台球时，使第二个台球运动的并不

---

* 《理性之梦》：全名《理性之梦：从古希腊到文艺复兴的哲学史》，本书作者著。

是第一个台球，而是上帝。按照这个理论，第一个台球的撞击不是第二个台球运动的原因，只是上帝以某种方式推动它运动的“偶因”(occasion)。

这个奇异假设的最引人注意之处，就是它似乎回答了身心如何能互动这个问题。它说身心绝非真的互动，只是看似互动而已。除了与上帝互动外，任何事物都不能与其他事物互动。正是上帝使事物在心灵和肉体中发生，其方式就是使两个事物看似互相影响。例如，一个别针刺我的手时，正是上帝造成了我头脑中的疼痛感。因此，身心既各自独立运作，又步调一致——正如另一位持有异议的笛卡尔主义者所言，身心就像两座同步的但互不相连的钟。[69]这个思想，旨在比正统的笛卡尔主义者更清楚地说明一点，即身体作用于头脑且头脑也作用于身体。

这个理论后来被称作“偶因论”(occasionalism)，因为别针之“刺”被说成了我疼痛的“偶因”而不是“原因”(cause)。在笛卡尔主义那座新建的教堂里，“偶因论”是流布最广的异端邪说，但不久便销声匿迹了。对笛卡尔思维方法的另一种背离更有影响，并仍然伴随着我们。这种对笛卡尔主义的修改，更多是针对其理论重点，而不是针对其基本信条。笛卡尔本人把他对“第一原则”(或称形而上学)话题的讨论，仅仅看作探索世界这项事业的序幕。有关知识、确定性、头脑和身体的那些问题，仅仅是整体哲学的一小部分，因为哲学包括了我们如今视为科学的一切。但在马勒伯朗士和其他许多人看来，这些形而上学的问题似乎是哲学中最重要的部分。

这会使笛卡尔吃惊和失望，他原以为在他论述了这些问题以后，这些问题已经没剩多少可谈的了。例如，他陈述了他最终回应怀疑论挑战的理由，说这可以使“每一个人都不必独自完成这项工作，或不必花时间与这些事情纠缠”[70]。笛卡尔提醒弗朗兹·伯曼(Frans Berman，一位大学生，1648年采访过笛卡尔)说：

> 一个人不该将这么多努力用于《沉思录》和形而上学的问题，或用于在注释之类的文字中精心阐释它们。一个人更不该去做别人要做的事情，不该比作者更深入地挖掘这些问题：对于这些问题，作者的研究已经够深入了。领会了它们的一般意义，然后记住结论，便足够了。否则，它们就会把人们的头脑拖到离物理的、可见的事物过远的地方，使人们的头脑不适于研究那些事物。不过，人们追求的最有价值的东西正是这些物理研究，因为它们能给人生带来丰富的收益。[71]

换言之，他传达了类似当今一些反对哲学的科学家传达的信息，他们嘲笑哲学家，说哲学家应当去研究最新的物理学或生物学，做些真正的工作。笛卡尔对伊丽莎白公主也提出了同样的建议，但公主通常都不听从。到 17 世纪末，笛卡尔的《沉思录》和类似著述的话题所吸引的人，比他的科学工作吸引的人多得多，其部分原因是笛卡尔《沉思录》解决的问题其实并没有他想象中的那么多。他若真能回答他提出的所有这些极佳的问题，其后的哲学家们就不必亲自处理这项工作了。其另一部分原因是，与牛顿等人的科学思想相比，笛卡尔的科学思想很快就黯然失色了。随着科学家笛卡尔渐渐失色，哲学家笛卡尔的光芒越来越亮了。

这并不是说，所有的思想家（或者说很多的思想家）都赞成笛卡尔的每一个哲学观点。伏尔泰在 1728 年评论笛卡尔时宣布：笛卡尔的物理学过时了，他的知识观、心灵观也都过时了。伏尔泰认为，约翰·洛克已揭露了笛卡尔旧哲学中的错误，并独立地建立了一种新哲学，就像牛顿建立了新物理学一样。伏尔泰说，笛卡尔写出了心灵的奇幻小说，洛克则“质朴地写出了心灵的历史”[72]。伏尔泰对洛克成就的评价有几分夸大；但这个评价似乎表明：伏尔泰喜欢英国人的思维方式超过了喜欢法国人的思维方式——这个偏好似乎是伏尔泰在 1726

年逃到英国以后形成的，此前他与一位恃强凌弱、生性残暴的法国贵族发生过口角。我们必须承认：笛卡尔对世界的影响仍然超过了伏尔泰。重要的哲学家无不踏着笛卡尔的足迹前行，即使他们不完全赞成笛卡尔的思想。到18世纪，对任何一种自认为现代的哲学来说，笛卡尔，尤其是他《沉思录》中的那些话题，都是普遍承认的起点。连伏尔泰心中的英雄——洛克（他也像当时任何人一样远离了笛卡尔的观点）都说，阅读笛卡尔的著作使他产生了他最初的“哲学研究兴趣”[73]*。

在关于笛卡尔和洛克对立观点的简要描述中，伏尔泰强调了一个问题，历史学名家们后来把那个问题视为现代哲学的中心。伏尔泰描绘的画面有部分歪曲，但某种与之类似的东西却进入了许多图集：

> 我们的笛卡尔，天生就能发现古人之错，却用他自己之错替代了古人之错，因受到使最伟大的人们盲目地系统化头脑的激励，便以为自己已证明了心灵与思想是同一种东西，正如他认为物质与空间是同一种东西那样。他断言：“我们无时不在思考。当心灵进入身体时，它已被赋予了全部形而上学的观念，了解了上帝、空间、无限，并具备了一切抽象概念。心灵其实就是充满了不幸且被遗忘在娘胎中的学问。”[74]

此外，洛克“已毁掉了先天的观念……证明了我们的一切观念都经由感觉产生。”[75]

笛卡尔的确持有一种奇特的观点，即我们永远都不会停止思考。他不知道如何避免他这个论题导出的结论，即“唯有思想与我不可分割”。但在伏尔泰看来，笛卡尔那种想象的理论却是一种有害的夸张

---

* 此话是达玛丽斯引用的洛克之言。达玛丽斯·卡德沃思（Damaris Cudworth）：英国女作家，早期女权主义者，1685年与弗朗西斯·马沙姆爵士（Sir Francis Masham）结婚后被称为马沙姆夫人（Lady Masham），从20多岁起与约翰·洛克通信。

之言；那种理论就是，我们天生就具备大量的知识，可我们很快就把它们忘掉了，后来重新发现了它们。伏尔泰认为，笛卡尔断言：

> 我的胚胎形成几个星期之后，我就是个（自以为）最聪明的人了，已经知道了我出生时忘掉的 1 000 件事情；并且不知何故，我在娘胎中就有了知识，而我刚一需要知识，它就逃走了，此后我再不曾完全地重新获得过它。

笛卡尔在世时，这种说法曾被用来反对他本人。他愤怒地反驳了它，嘲笑了“笛卡尔相信儿童在娘胎中就有知识”的说法。他的确认为我们具备某种“娘胎中的知识”——换言之，我们具备一些概念和一些真理，它们不知为什么被植入了我们心中——但在大多数情况下，他这个观点的意思却只是：我们具有一种“使我们获得（关于各种事物的）知识的天然力量”。他义正词严地反驳说：“我从未写出、甚至从未认为这样一些观念是真实的。”[76]先天的知识只是一种可能性。

尽管如此，伏尔泰把笛卡尔关于先天思想（innate ideas）的言论与洛克的理论（我们的知识原料是经验提供的）尖锐对立起来的做法，还是具有重要的意义。笛卡尔对先天思想的最显豁定义是，“我们靠自身的智能，不靠任何感觉经验……了解的东西”[77]*。例如，我们想到三角形各内角之和一定总是 180 度，或想到上帝不会有任何不完美之处。根据笛卡尔的理论，这些思想都属于“先天的”思想：我们生来并不具备这些思想，因为我们自身的这种智力尚未发展，但它们的确“完全来自我内心的思考之力”[78]。洛克认为，笛卡尔哲学的一个关键问题是，笛卡尔断言了很多东西，但除了说它们来自这种内心机能外，别无正当的理由。

笛卡尔经常谈到理性的“天然之光”（natural light）和各种“不

---

* 这是笛卡尔在给沃修斯的信中提到的。吉斯伯图斯·沃修斯（Gisbertus Voetius，1589—1676 年）：法国神学家。

证自明的”（self-evident）真理。他关于上帝存在、上帝不可能欺骗我们的证据，都基于靠这种“天然之光”了解的一些所谓不证自明的前提。他物理学的一些基本原理（如物质无限可分、不存在空虚的空间），据说也是由天然的理性揭示的。笛卡尔当然不相信理性揭示了物理世界的全部故事。正如我们所知，笛卡尔是一位敏锐的试验者和观察者，喜欢解剖牲畜。他在得出了他那些基本原理之后，便意识到必须用经验去验证这些原理的细节。但他认为，这些基本原理本身来自“我们心灵中固有的某些真理的种子”，无须任何进一步地确证。

因此，笛卡尔想要解决的问题太多了。就他的那些基本原理（物理学的和总体哲学的）而言，他过于仓促地假定了一点：被他看作必定为真的一切，其实就是真的。犯过这个错误的，当然远非只有笛卡尔。科学史和哲学史里充满了一些工作，它们日后被判定为基于一些应当被质疑的假定。这是不可避免的，因为人们往往难以看出应当更严格地审查一个理论的哪些部分，直到有人对那些部分做出可行的替换。即使是欧几里得（Euclid，约公元前 330—前 275 年）几何学的某些部分，如今也被质疑，甚至被否定——但谁都不曾责备欧几里得，说他想要解决的问题太多。无人责备欧几里得没看到自己已放弃了自己的一些假设，而选取了另一些几何学的方法，因为这些替代性的几何学直到 19 世纪才有了发展。

但是，笛卡尔没有欧几里得的借口。他的全部理论，其实都受到过这个或那个同代人的批判。笛卡尔至少为读者呈现了对头脑、心灵、上帝、物质和空间的另样描述，他的《沉思录》中附加的长篇“异议”（Objections）就是如此。因此，除了笛卡尔的骄傲，除了他对自己非凡灿烂的“理性之光”（light of reason）的笃信，便几乎没有什么能阻止笛卡尔理解一点了：他自己也许并没有全部的答案。

笛卡尔在科学的各个分支（甚至包括医学）中寻求“切实的验证”，自信地演绎出了关于上帝、心灵和物质的证据，这表明了数学对他头脑的过分影响。就他这样的数学天才而言，这也许可以理解。相反，洛克则提倡以更谨慎的、实验的方法解决哲学问题。事实表明，洛克与笛卡尔的这个差别的意义至关重要。伏尔泰认为，这个差别解释了这两人在心灵等问题上的观点何以有许多不同。后来的历史学家们走得更远。据说，现代哲学的全部战斗都源自这个争论，即不容置疑的理性与易于犯错的经验的对立。

康德在他 1781 年出版的《纯粹理性批判》（*Critique of Pure Reason*）里对比了两个对立的哲学学派，即“经验论者”（empiricist）和“精神论者”（noologist，此词来自表示智能的希腊语单词 nous）。[79] 被看作属于前一个学派的两位佼佼者的亚里士多德和洛克，重视经验在知识构成中的角色。被看作属于后一个学派的两位佼佼者的柏拉图和莱布尼茨，则重视理性在知识构成中的角色。把哲学家分为对立的小群，这个做法源自公元前 3 世纪希腊医学的两个对立派别。一派提出了关于人体内部运作的一些雄心勃勃的理论；另一派旨在不依靠任何理论，将其疗法建立在以往一切行之有效的方法之上。著名医学作者盖伦（Claudius Galenus，约 129—200 年）说：“（医生）仅仅依靠经验的……称为经验主义者……依靠理性的称为理性主义者。”[80] 康德抓住了这些名称，并把它们作为他概述近代哲学的最佳方式。从笛卡尔到至少康德的哲学，就是经验主义者与理性主义者之间的斗争——或者说，人们当时就是这样宣布的，并常常仍然如此宣布。

康德的一位崇拜者[81] 写于 19 世纪中期的一部哲学史厚书给这个神话赋予了现代形式。此书传播了两种很有影响的思想：第一，笛卡尔使知识问题成为哲学的基本问题。第二，有两个三人队（team）各自解决这个问题，一队包括经验主义者约翰·洛克、乔治·贝克莱（George Berkeley，1685—1753 年）* 和大卫·休谟，另一队包括理性

---

* 爱尔兰基督教主教，近代经验主义哲学家、神学家。

主义者莱布尼茨、斯宾诺莎和笛卡尔本人。这 6 人如今仍被看作这些队的成员，尽管人们有时也承认，这种整齐分队的划分法也许会使这些“选手”本人感到困惑。例如，贝克莱就认为自己首先是洛克的对手，而不是队友。“知识论成了笛卡尔所处时代哲学的核心问题，并持续了一段时间”这个说法，变成了一个在 20 世纪尤其盛行的主题，因为 20 世纪的哲学家乐于把自己视为先驱，认为自己终于发现了更值得注意的哲学问题，即语言。*

20 世纪下半叶一部大有影响的哲学著作宣称：“笛卡尔提出了‘我们有何知识、何以证明我们具备这种知识’的问题，这个问题是一切哲学的起点；虽然各学派见解相左，但在其后的两个多世纪中，这个问题仍然一直被看作出发点。”[82]这位作者又说：“当然，如今一切都变了，因为路德维希·维特根斯坦（Ludwig Wittgenstein，1889—1951 年）和戈特洛布·弗雷格（Gottlob Frege，1848—1925 年）发动了一场新革命。他们建立了语言哲学，或称意义理论（theory of meaning），把它作为哲学的基础。从此，‘我们有何知识’这个问题便被置于一旁，从笛卡尔将它们抬高于一时的位置，再次被移到了次要的位置上。”

两个多世纪中，知识问题真的是哲学的核心吗？当时的哲学家大多不这样认为，而他们本该知道这个情况。霍布斯的著作当然没有证明这个神话；如今，霍布斯主要因其政治思想而被人们记住，本书会在下一章再讨论他。斯宾诺莎和莱布尼茨的著作也没有证明这个神话。洛克、休谟的著作多少更适合这幅传统的图画。但正如我们将看到的，他们的大量佳作都没有特别关注知识。至于笛卡尔本人，他也许会对一个问题感到困惑，即知识理论是不是哲学的核心。当然，他

* 此指西方近代哲学的“语言转向”（linguistic turn）运动，由英国哲学家伯特兰·罗素（Bertrand Russell，1872—1970 年）发起。罗素认为，哲学应当超越本体论和认识论的视野，转向研究更便于沟通主、客观世界的语言学。

本人很适合于做出大量努力，提出疑问，然后证明我们认为自己知道的东西为真；他在这个过程中已解决了（或者自认为解决了）所有这些问题，因此哲学家们可以自由地前行，去研究一些更重要的事务，例如怎样延长人生。

笛卡尔应对怀疑论的古老挑战，这确实无意中给哲学指明了一个新方向，或者说，提醒人们想起了哲学的一个旧方向，因为“我们的信念是否能被证明为真，若能如此，又是怎样证明的”这个问题，在古希腊时代也是人们热烈讨论的问题。但是，哲学家们总是同时走向不同的方向；而 17 世纪和 18 世纪哲学里的怀疑论，也不是那个时代的全部故事。何况，怀疑论的影响并不单单是通过笛卡尔的著作才能被感觉到的。怀疑论也不只是影响了笛卡尔愿意讨论的那些话题。可以说，斯宾诺莎关于上帝和自然的革命性观点，就反映了他对传统宗教的怀疑态度。这是哲学的一个重大发展，但几乎与笛卡尔无关。这当然也与知识的一般问题毫不相干——据说笛卡尔使“知识”这种一般问题成为哲学的核心主题。而这种怀疑论的难题使斯宾诺莎心烦。

总之，经验主义者和理性主义者之间的这个区别十分模糊、含混。更使 17 世纪一些所谓的理性主义者感兴趣的是经验性科学，而不是那些与他们对立的“经验主义者”；莱布尼茨和笛卡尔对这些科学的了解，大大超过了洛克或休谟。霍布斯（他在传统上被归为经验主义者）其实站在了莱布尼茨一边，并通过贬低经验在科学知识中的作用来反对休谟（参见本书第 7 章）。

像霍布斯一样，培根也被历史学家放进了经验主义者的阵营，但他本人却嘲笑“哲学里的经验派分支”（empirical branch），说它制造了“比理性主义的教条更畸形、更怪诞的教条，因为它建立在……少量经验的狭窄的、毫无教益的基础上”[83]。培根认为，其实有三种哲学家：蚂蚁，蜘蛛和蜜蜂。经验主义者像蚂蚁，他们“只是积累和使用；理性主义者像蜘蛛，用自己的丝织网；蜜蜂的方法介于这两者之间：它从花园和田野采来花蜜作为材料，但有能力转换和消化那些材料……”[84]培根提倡蜜蜂的方法：应当把经验智能和理性智能的最佳部分结合起来。笛卡尔、霍布斯、洛克、斯宾诺莎、莱布尼茨和休谟都有志于成为蜜蜂，尽管他们无一表达过这个志向。

对哲学家不同队伍的传统划分，模糊了这些人共同的兴趣和态度。他们都不满意大学烦琐哲学的方法，都敏锐地思考新科学提出的问题。他们也不同程度地怀着一种共同兴趣，那就是人的内心意念与其身外物质世界的关系。在发展这类新议程的每一项（尤其是最后一项）时，笛卡尔的成就都将发挥格外重要的作用。

2

马姆斯伯里的怪人：霍布斯

1646 年，托马斯·霍布斯是未来的英王查理二世（King Charles Ⅱ）在巴黎的数学老师，他们两人都为躲避英国内战来到了巴黎。据说，这位年轻王子发现他这位老师是“他认识的最古怪的家伙”[1]。这是霍布斯被提到的最令人讨厌的地方之一。一本小册子的作者把霍布斯称为“马姆斯伯里（Malmesbury）* 的怪人”[2]，这个怪人成了英国最遭诋毁的思想家，他 1679 年去世，在那之后大约一个世纪当中，他的国家里几乎无人为他辩护。他比笛卡尔早出生 8 年，却比笛卡尔晚去世将近 30 年。

他的名声在欧洲大陆稍好一些，但即使在欧洲大陆，对他的评价通常也是有好有坏。伏尔泰认为，霍布斯虽然深刻，但很古怪。[3]在英国，有些人说，1666 年的伦敦大火以及前一年黑死病（淋巴腺鼠疫）的爆发——丹尼尔·笛福（Daniel Defoe，1660—1731 年）所说的“大疫年”（“Plague Year”）——都是上帝对英国的惩罚，因为英国容忍了（霍布斯）这个亵渎上帝的畜生。伦敦大火一星期之后，英国议会的一个委员会开始审查“具有无神论、渎神和亵渎上帝言论的书籍”，包括霍布斯出版于 1651 年的最著名的论著《利维坦》（*Levia-*

---

* 英国西南威尔特郡（Wiltshire）古镇。

than)。[4]有人告诉霍布斯，一些主教想让他死。

霍布斯何以树了这么多的敌人？他的著作中有大量令人震怒的言论，这与他的政治学说（它们要晚得多）大为不同。其著作中有反对亚里士多德和经院主义的长文，措辞激烈，针对大学，这使很多大学学者反对他。其著作中有对神学家的攻击，霍布斯说那些人自称比凡人更了解上帝。其著作中还有一种心理描述，人们普遍认为那种描述暗示了人在心底里是自私的，并把那种描述看作有害的学说，因为它是对创造了人的上帝的侮辱，似乎还支持了不道德的行为。笛卡尔写道，霍布斯的道德原则“极为恶劣并十分危险，因为他假定人人都邪恶，或者说，他为作恶提供了理由”[5]。

霍布斯也激怒了神职人员。他还认为，教会往往自称享有大量的权力，这很危险。他指出，宗教的争论最终应由各国君主裁定。正因如此，他才批判了天主教，说它是跨国的宗教，教皇自称其权威高于一切国王。霍布斯还认为，一些清教徒也损害了宗教的稳定性，他们以两种方式之一或全部两种方式造成了损害：一种是给普通信教者过多的自由，这使那些人很容易生出一些危险的信念，成为叛教者；另一种是建立神职制度（其样本为苏格兰长老会制度），它对立于任命主教的有序的等级制度，因此破坏了国家的权威。其实，霍布斯的父亲就是一位神父：脾气暴躁，半个文盲，喜欢打牌酗酒。霍布斯年轻时，其父就被逐出了教会，后来在教堂墓地痛打了另一位神父之后，就从北威尔特郡教区消失了。

但总的来说，也许正是由于霍布斯的唯物主义思想及其后果，他才被逐出了教会。像笛卡尔和其他热衷以伽利略为先锋的“新哲学”的人们一样，霍布斯也将自然视为机器。但他比其他哲学家更进一步地发展了这个思想，认为万物绝对都是物质的，“宇宙是物质的，换言之，宇宙是个物体；它具有可以量化的维度，即长度、宽度及深度……因为宇宙的每一部分都是物体，不是物体的东西便不是构成宇宙的部分，因此就不存在，也就不存在于任何地方”[6]。其结论就是，不存在笛卡尔相信的那种非物质的头脑或精神。霍布斯认为，人的肉体死亡（至少是暂时死亡）后，其肉体唯有在审判日复活，来生才能开始。这个思想有时被称为“灵魂必死论”（mortalism）*，在犹太思想史上历史悠久，但在基督教中属于少数派的观点。14 世纪的教皇约翰 22 世（Pope John XXⅡ，1244—1334 年）** 本来赞成这个思想，直到他的红衣主教团说服他放弃了它。霍布斯的“灵魂必死论”，也许就是“其实他不相信来生”这个流传已久的谣传的来源。有人认为，信奉天主教的小说家格雷厄姆·格林（Graham Greene，1904—1991 年）*** 之所以于 1974 年说霍布斯“否认了以超自然方式惩恶奖善的一切可能性”[7]，其依据可能就是天主教的宣传。这不是事实。在复活之日，霍布斯所说的上帝会有大量机会分配人们死后应得的奖惩，尽管是迟来的奖惩。

霍布斯质疑鬼和女巫的故事，在一些争论当中，他这种怀疑思想本身就被看作反宗教的证据，或至少证明了他对宗教问题缺少尊重。否认存在女巫这种东西，几乎同成为女巫一样恶劣。另一些启蒙思想家也像霍布斯一样，鄙视超自然的生灵在英国乡下悄悄游荡的故事。但对女巫的信仰却是霍布斯所处时代的一种强大的力量，这也许是因为那是个动荡的时代。从 15 世纪到 18 世纪，英国三分之一以上的人口都因为巫术被处以死刑。17 世纪 40 年代中期的行刑者是马修·霍

---

* “灵魂必死论”又称“基督教灵魂必死论”（Christianmortalism），认为人的灵魂并不永生不死，而是在肉体死亡与复活之间的时段中没有知觉力。它最早见于公元 3 世纪阿拉伯地区一个基督教教派的教义，被称为“身心同死论”，认为身死灵魂亦死，直到末日审判（the Day of Judgment）才同被召回（复活）。

** 法国人，本名雅克·杜埃则（Jacques Duèze），1316 年 8 月起担任教皇，直到去世。

*** 英国小说家，天主教徒，著有《权力与荣耀》（*The Power and the Glory*）等小说。

普金斯（Matthew Hopkins，1620—1647 年）* 及其盟友，他自称“寻巫大将”（Witch-finder General），当时的霍布斯正在总结他唯物主义哲学的结论。

从他的唯物主义哲学出发，霍布斯不可避免地得出了关于神学的结论：唯有物质才存在，因此连上帝本身也必定是一种物质存在。这的确使霍布斯在几乎每个人（除了他自己）眼中都成了“无神论者”；对其他大多数人来说，一位物质的上帝其实根本就不算上帝。对物质的上帝的信仰，是基督教历史上最罕见的异端邪说之一。基督教会的一位拉丁神父德尔图良（Tertullian）认为，《圣经》里绝无与这个观念的矛盾之处。霍布斯在将它表述得合乎教会口味的徒劳尝试中，也是这样说的。早期的教会会议从没排除过这个观念，但至少从 13 世纪（若非更早）到 19 世纪，它就一直遭到所有虔诚的基督徒的憎恶。19 世纪，美国产生了信奉这个观念的新宗教——摩门教（Mormonism）。摩门教徒认为，《圣经》说人是按照上帝的形象被创造出来的，这些描述十分重要。他们自己的经文宣布：天父上帝（但不是圣灵）“具有人的那种真实的骨和肉”[8]。霍布斯并没走这么远，他理论中的上帝由某种物质构成，而那种物质太过缥缈，不能被人的感觉器官感知，这也是罗马伊壁鸠鲁派哲学家、诗人卢克莱修（Lucretius，约公元前 99—约前 55 年）** 的观点。

霍布斯的哲学创新之一是一种复活了的唯物主义，它力图更新德谟克利特、伊壁鸠鲁的古希腊版唯物主义。他的另一哲学创新是以全新的方式看待政府。霍布斯政治哲学的方法与乌托邦空想截然对立。他没像柏拉图在《理想国》里那样描述一个模范的社会，而是从想象一个无法律世界的恐怖入手，在那个世界里，人们只能为保护自己而

---

* 英国猎巫者，1644 年至 1647 年活动于英格兰东部三郡，自称“寻巫大将”，其父詹姆斯（James Hopkins）为清教徒，任萨福克郡教区牧师。

** 罗马哲学家、诗人，著有长诗《物性论》（*De Rerum Natura*）。

斗，根本没有“使人人敬畏的公共权力”。正如他那句著名论断所言，其结果就是“不断的恐惧、危险和暴死；人生是孤独、贫穷、肮脏、野蛮和短命的”[9]。霍布斯指出，为避免这个结果，人们必须都同意服从一个权威，最好是一位君主，而不是任何一个集群；他们必须授予这位君主广大的权力。任何不符合这个要求的做法，都会导致极为可怕的后果。这种权威应当是绝对的，换句话说，它必须独享政治权力，因为君权若由（例如）立法机构、执法机构、司法机构分享（就像英美那些传统智者后来规定的那样），就会遭到削弱，君主国就不能避免混乱。由于霍布斯靠他的世故老练形成了他的国家理论，由于他强调了被统治者的一致赞同、强调了法律规则，他最终才被看成了现代政治哲学的先锋。

在他的《利维坦》里，霍布斯把苏格兰国王詹姆斯六世（James Ⅵ）* 描述为“我们最有智慧的国王”[10]。1603 年，当詹姆斯六世登上英格兰和苏格兰王位时，霍布斯还是牛津大学的学生。詹姆斯六世写过几本论政府的书，其中一本以对其长子亨利王子提出忠告的语气写成，詹姆斯六世希望亨利继承他的王位。詹姆斯六世写道，上帝已“使你成了一位小上帝，坐在他的王座上，治理众人”[11]。正如詹姆斯六世在另一本书里所写，一位国王戴上了王冠，他就成了其臣民之父，承担着关怀臣民的父亲般的责任。国王其实是对其臣民做出了一个承诺，即“对他们正直、忠实地履行上帝赋予他的职责”[12]。但是，只有上帝才能判断这个承诺是否兑现了。邪恶的国王有时也被派来作为上帝对邪恶之众的惩罚，而无论他多么邪恶，人们反抗他或废弃他总是不对的。

霍布斯赞成这种政府观的某些方面。他赞成国王享有上帝赋予的特权，以保护其臣民、增进臣民的福祉，并赞成臣民无论在什么情况

---

* 苏格兰国王詹姆斯六世也是英王詹姆斯一世（James I，1566—1625 年）。

下都不该不服从国王。但他也试图用特定的术语为这种绝对王权辩护，换言之，就是表明服从王权何以既符合臣民的利益，又符合上帝的希望。正如他在《利维坦》末尾所言，他的政治哲学的目的是“在人们眼前确立保护与服从的相互关系，其中，人性的状况和神圣的律条……都要求不容违背地遵从”[13]。为了确立那些结合了对君主的无条件服从的神圣律条，霍布斯其实还是在很多话题上最终诉诸《圣经》的权威。虽然确立人性也要求诉诸权威，但他的哲学论证并没诉诸任何神学观点。正因如此，人们才说霍布斯的成就是松开了政治与宗教的联系，或至少试图如此。20 世纪初，美国哲学家约翰·杜威（John Dewey，1859—1952 年）写道，人们一致认为，霍布斯所处时代的政治学是“神学的分支”[14]，“霍布斯伟大工作的目的，就是让道德和政治一劳永逸地摆脱从属于神学的地位”[15]。

对杜威的这个赞美，我们还应当补充两个限定。其一，提供对政治的一种纯世俗认识，这并不是霍布斯的目的。虽然他认为神学家和神职人员往往对治国之术产生不良影响，但我们也没有理由假定霍布斯想把上帝本身彻底挤出治国之术。霍布斯对政府的阐述没有否定国王统治的神圣权力，只是并未仅仅止步于此。其二，对西方思想而言，一种基于反思人性状况的政治理论思想，无疑是一种新的思想。因为古希腊、古罗马的政治思想也是世俗的思想，所以，霍布斯的“伟大工作”其实是在基督教的欧洲提倡了一种部分非神学的（partly non-theological）政治学，而不是第一次发明了这样一种东西。他的政治理论与一种非常古老的思想十分相似，那种思想就是：政府制度源于（或可被论证为源于）某种社会契约。不过，霍布斯还是认为，这种思想一文不值，臣民的行为不会像他们与国王之间存在的任何形式的契约所规定的那样（国王享有强制执行该契约的特权）。霍布斯所说的契约仅仅束缚公民，公民同意他们应当共同服从一位君主，但那个契约并不束缚君主本人（我们在本书第 4 章讨论洛克时，将考察各种社会契约论的本质)。

霍布斯经历了英国的几次内战，也经历了欧洲大陆的几次宗教战争。是这些恐怖的时光促使他提出了一种比疾病本身还恶劣的对策吗？很多人都这样认为。法国启蒙运动《百科全书》(*Encyclopédie*)主编丹尼斯·狄德罗(Denis Diderot，1713—1784年)在18世纪60年代写道，霍布斯把他那个时代格外危险的环境误当成了一种普遍现象。因此，霍布斯对人性采取了一种过于严酷的观点，并提供了一种过于猛烈的药剂以医治人性。[16]这也是休·特雷弗-罗珀[Hugh Trevor-Roper，即后来的戴克男爵(Lord Dacre)]某种技巧精湛的辱骂的要旨，他是英国历史学家，于2003年去世。戴克把《利维坦》简要地概括为："公理，恐惧；方法，逻辑；结论，专制。"[17]

霍布斯可能已经知道了这个三部曲的第一部：他承认自己生性胆怯。他在一首自传诗里写道，他母亲怀他时，被西班牙无敌舰队正向英国开来的谣传吓得早产。这使霍布斯讽刺说，她"生了一对双胞胎，一个是我，一个是恐惧"[18]。不过，尽管霍布斯有这个特质，我们仍然必须说，他在心智方面很英勇，惯于用他的笔发泄愤怒。被宗教冲突大大震撼，以至于认为政府先于一切的目标似乎就是和平，政府应当不惜一切代价保护和平，持有这种观点的，绝不只有霍布斯一位思想家。霍布斯小时候，贾斯特斯·利普修斯*(Justus Lipsius，1547—1606年，可被认为是比利时的一位古典学者、政治理论家)就得出了类似的结论，因为"数百万人"都在宗教战争中"被毁灭并每天都在死去"[19]。

对把逻辑学作为方法这条指控，霍布斯一定会认罪，因为每一位哲学家都认为他的结论是通过严格的推理得出的。虽然任何合理的论

---

* 弗莱芒(今比利时)语言学家、哲学家、人道主义者，耶拿大学、莱顿大学、勒芬大学教授。

据都不会严格到得不出正确结论，但不佳的论据仍然不能令人信服，因为其作者过于努力地追求整洁。而有时使霍布斯迷路的，与其说是他本人对逻辑的热爱，不如说是他对一种特殊形式的整洁（欧几里得几何学）的热爱。欧几里得的数学成就（例如使用简单的定理和严格的定义）使霍布斯眼花缭乱，他想以同样的方式对待政治学。这是霍布斯频频遭到误解的主要原因。一旦使自己确信某个定义很重要、能使他推导出想要的结论，霍布斯便会使用它，不管其他人会如何看待他对术语的使用。

例如，在他印行的第一部政治著作《论公民》（*De Cive*）中，霍布斯就“统治者总是对的”这个看似令人震惊的论题做出了如下的论辩：

> 鉴于以上论证（第 7、9、12 条），在一国之内获得了君主权力的人，并不受与任何人之间的协议的束缚，因此，他们绝不可能对公民做出错事。这是因为，根据本书第三章第三条给出的定义，错（wrong）完全是对协议的破坏，因此，在不存在协议的地方便不可能存在错。[20]

150 年以后，伊曼纽尔·康德发现此类词句“十分可怕”，这几乎不会使人感到意外。霍布斯的许多同代人也这样看。正如康德所言，这段话似乎在暗示，一位君主“可以（对公民）随心所欲”[21]。德莱顿一部戏剧*里的暴君马克西穆斯（Maximus）夸口说，像他那样的统治者是不受谴责的，因为“世人可能有罪，但其皇帝无辜”[22]。马克西穆斯是霍布斯在 17 世纪 60 年代最声名狼藉时第一个被搬上舞台的暴君。

但这不是霍布斯的意思。他提出的观点是纯技术性的，它使一些

---

* 德莱顿（John Dryden，1631—1700 年）：英国作家、桂冠诗人。这部戏剧是他的诗体悲剧《暴君之爱，或高贵的殉道者》（*Tyrannick Love, or The Royal Martyr*），首演于 1669 年，讲述了圣·凯瑟琳（Saint Catherine of Alexandria）因拒绝罗马皇帝、暴君马克西穆斯的性侵而遭到迫害的故事。

人糊涂，而在道德上却并非令人不能容忍。根据霍布斯对“错”这个词的用法，我们的确可以说一个统治者“犯了错”。例如，统治者的行动若“经常伤害广大民众”，在这种情况下，统治者就“破坏了自然的法律，破坏了上帝的法律”[23]。但按照霍布斯对“错”的解释，任何这样的“错”都是对上帝犯下的，而不是对公民犯下的，因为统治者破坏的是上帝的法律，不是公民的法律——哪怕受害的是公民。他没有明确地说出这一点，因而总是被普遍地误解。同样，他也写出了“在自然状态下，人人都可以拥有一切，可以去做一切”的话[24]，而此话被理解为：杀人、盗窃或其他任何事情其实都没错。其实，他的意思是：若尚无任何法律，任何事情都不违法。

霍布斯写道，你若探求真理，至关重要的就是界定你使用的术语，否则你便会发现自己“为单词所纠缠，就像被困在涂了粘鸟胶的小树林中，越是挣扎，被粘得越牢”[25]。遗憾的是，他似乎过分忽视了粘住他读者的危险，正如他的主要对手之一指出的：

> 在驳倒别人方面，霍布斯先生做得十分巧妙，其办法是，给别人的单词加上新的意义，再由他自己解释该词，使其意义不同于别人使用该词时的意义。因此，你若有机会说出 chalk（粉笔）这个词，他便会告诉你，他用 chalk 这个词表示 cheese（奶酪）；然后，他只要能证明你所说的 chalk 不是真正的奶酪，便认为自己已经大获全胜了。[26] *

对休·特雷弗-罗珀暗示的“霍布斯其实是在提倡专制主义”的说法，又该如何解释呢？这当然不是这个怪人的想法。霍布斯是在抱怨握有绝对权力的君主往往暴君般地滥用权力。他的回答，并不是想

---

* 语出沃利斯。约翰·沃利斯（John Wallis，1616—1703 年）：英国数学家，曾担任英国议会和皇家法院的首席密码破译专家，以对无穷小的计算闻名，发明了表示无穷大（∞）的数学符号。

表明如此滥用权力毫无价值或其实无关紧要，而是想表明绝不会发生滥用权力的情况。在理论上，握有无限王权的君主也许会随意抢夺、监禁和杀死其臣民。但是，霍布斯相当蹩脚地问道："他为什么要那么干?"[27]因为若不"违反自然的法律，误解上帝"，使自己的灵魂去冒"万劫不复"（eternal death）之险，他就不能那么干。[28]何况，"他完全没有理由损害其公民，因为这对他毫无益处"[29]。这个推论并不巧妙。它几乎就像令人开心的幼稚之言。听到它来自一位那么熟悉历史（古代史和现代史）的人，实在出人意料。历史上的众多暴君，都证明霍布斯的这个观点错了。

霍布斯也做出了更好的回答：即使君主未被赋予绝对权力，而只被赋予了足以履行其职能之权，滥用权力之险也是存在的，因为"他有足够的力量保护所有的人，也有足够的力量压迫每一个人"。换言之，即使政府不是由一个暴君领导，它也有实行专制的必要条件。霍布斯指出，世上不存在完美的政治制度，"没有某种不便（inconvenience），就不可能成就人类事务"[30]。这是公平之见；但是，受一个握有无限权力的暴君的压迫，受一种无限制压迫制度的压迫，的确是一种大大的不便。政治制度的明智建筑师一定会采取措施，减少发生这种可能后果的风险。可以采取的一种有效方式，是将权力分配给多个机构，这能使各机构相互制约对方的过度权力。正如孟德斯鸠（Montesquieu，1689—1755年）后来在他大有影响的《论法的精神》（*The Spirit of the Laws*）一书中所言："人们常常看到，任何有权者都会滥用权力……因此，单独一人不能滥用权力，人们必须采取措施，用权力控制权力。"[31]霍布斯会反对这种将分权作为医治各国内战的药方的观点。但这似乎并不适用于他自己的国家，因为英国从1689年实行君主立宪制度开始，国内就一直处于和平状态。*

* 此指英国1689年由《权利法案》（*The Bill of Rights*）确立的君主立宪制。

20 世纪的一些作者曾谴责霍布斯，说他在 20 世纪 30 年代极权主义（totalitarianism）被发明之前很久就鼓吹过极权主义。极权主义国家的典型代表是法西斯头子墨索里尼掌控的意大利，它“并不像自由主义（liberal doctrine）所说的那样仅仅贯彻法律和秩序”[32]，而是“控制一切”[33]，监视“人们精神和智力生活的一切表现”[34]。从 20 世纪 40 年代起，这类傲慢的国家行为被普遍看作法西斯主义实行的一种暴政。不过，霍布斯似乎还是赞成墨索里尼所谓的“自由主义”精神，因为他经常从维护和平安定的角度，为很多侵犯个人自由的做法辩护。霍布斯认为，好的君主会保护公民安乐生活所需的那些自由，并注意不用过多的法律使公民陷入圈套。霍布斯从未暗示过国家应当控制各种艺术和娱乐，就像真正的极权主义统治通常寻求的那样。霍布斯虽然想让君主监管教会，但这项措施旨在削弱狂热宗派和干政的神职人员的势力，而不是强行贯彻任何特定的意识形态。

霍布斯认为，君主的工作是贯彻上帝的法律，鼓励“人类的改进”，因此，他认为国家的治理应当扩大到国家安全事务的范围以外。[35]例如，应当禁止酗酒、重婚、乱伦、同性恋和“与女子淫乱”，也应当禁止“食物和衣服的过度消费”——霍布斯似乎认为这些行为会损害一国的财富。[36]不过，若把对性行为、酗酒、采用不良消费观的严格规范视为极权统治的标志，那么，每一个政权便都是极权主义的了。赋予君主全无约束的权力，虽然霍布斯提出的这个策略一定会使我们更加难以抵抗一个希特勒的产生，但建立一个控制一切的极权主义国家，绝非霍布斯的思想。他提出的那些策略虽然极易被贴上现代标签，但那些标签通常都难以粘牢。

这条规则的一个补充是公民的平等。霍布斯是某种平等主义者。他批判了“这个人的血统比另一人的高贵”的粗鄙信念，批判了亚里士多德的一个思想——霍布斯将它表述为“一些人天生就该去统治，另一些人天生就该去侍奉”[37]。霍布斯指出，即使存在这种天生差别，对自己实际上应被划为哪一类人，人们还是意见不一，因此，“天生不平等”的观念就会导致争论：

> 只要人们不当地认为，他们自己得到的荣誉应多于他们给予别人的荣誉，那就无法想象他们如何能和平地生活；我们设想其解决办法就是，为了和平，大自然颁布了一条法律：每个人都应承认其他每个人与他平等。

这远非其他很多人所想的大自然颁布的法律。例如，在霍布斯去世约一个世纪之后的法国大革命前夕，巴黎议会宣布了保护贵族特权的法律，“在宇宙的这个计划中无限而永恒的智慧，确定了力量和特性的不平等分配，这必然造成人们国民等级上的不平等”[38]。

霍布斯的工作生涯，几乎都是当贵族的私人教师、秘书以及陪同，那些贵族大多都是显赫的卡文迪什家族（Cavendish family）的成员。因此，一些人便认为他主张平等主义是不知感恩、厚颜无耻。政治家克拉伦登伯爵*（First Earl of Clarendon，其两个孙女后来都做了王后）就抱怨霍布斯“对贵族极为歹毒，而他一向都靠贵族给他的面包活命”。克拉伦登把霍布斯比作激进的“平等派”（Levellers）**，因为霍布斯不赞成人可以因出身而享有治理众人的特权，不赞成“在一切合理的政府中，在担任体面的、值得信任的职务方面，总是富有的、有显赫父母的人及其后裔享有优先权或某种资格，即便其美德尚未退化”[39]。

但是，霍布斯没想抹平财富和地位间的所有差别。他反对的是由祖先的权利造成的差别这一观念。[40]他的观点可能是，荣誉是可以接受的，只要它们是靠努力挣得并被认为是公平地分配的。至于经济上的

---

* 英国1661年授予政治家爱德华·海德（Edward Hyde，1609—1674年）的贵族爵位。

** 英国内战时期（1642—1651年）的政治运动派别，主张大众统治、扩大选举权、法律面前人人平等和宗教宽容。

不平等，由于霍布斯认为财产安全和公民“靠勤奋工作获益”的能力应当得到君主的保护[41]，我们便有理由推断出一点：霍布斯认为，富有没有丝毫过错。但他也同情赤贫者的境况：他主张无工作能力的人应当得到国家的扶持，而不是依靠私人慈善。

虽然霍布斯力图把放荡行为判为不合法，但他的声誉会使人以为他鼓励放荡行为。有几个故事，讲的是几个悔改的罪人为他们的堕落而责备霍布斯。比如1669年，剑桥大学的青年教师丹尼尔·斯卡吉尔（Daniel Scargill）被解聘了。他在大学教堂里念了一篇卑鄙的悔过书：

> 我为成了一名霍布斯主义者和无神论者而得意……我赞成那些原则和观点，过着十分放荡的生活，随意诅咒，纵酒无度，目空一切，自吹自擂，诱使他人堕落……我实在太邪恶了![42]

斯卡吉尔是否犯过比编造悔过书以争取复职更严重的罪行，我们也许不得而知，但一些真正的罪人也唱着同样的调调。罗切斯特二世伯爵约翰·威尔莫特（John Wilmot，the second Earl of Rochester，1647—1680年）* 的生活格外放纵荒淫，除了经常与别人大吵和众多艳遇（他在其异常露骨的抒情诗里赞美它们）外，他还曾声称自己不间断地喝了五年酒。他曾因诱拐一位女继承人（后来与她结了婚）而被关进伦敦塔一段时间；还有一个时期，他冒充妇科医生，并渔获了比他用传统办法引诱的更多的女人。他33岁时死于不断发作的性病和酒精中毒的累积影响。威尔莫特临死前与他以前的生活断绝了关系，悔过并信奉了宗教。根据在他葬礼上宣讲的布道词，威尔莫特曾对他母亲的私人牧师说：“那种荒谬、愚蠢的哲学……已故的霍布斯先生还有其他人宣传了它，已经把他毁了。”[43] **

---

* 英国贵族，诗人，英王查理二世的朝臣，死于梅毒。

** “已经把他毁了”一句里的“他”是指威尔莫特，因引号中的话是此书中那个牧师转述的威尔莫特之言。

当然，这只是监狱的牧师们喜欢听到的东西。霍布斯不仅被看作无神论者，还被看作他那个时代的无神论者之首。人们普遍认为，无神论者必定没有道德，必定要播下罪恶的种子。在霍布斯去世后的几年当中，知识界流传着一个谣言：皮埃尔·培尔（Pierre Bayle，1647—1706年）暗示说，不信教者变得正派和有道德，已有了可能[44]（见本书第5章）。其实，霍布斯并没有鼓吹一个无神的社会，反而完全有可能赞成一个传统观点，即无神社会将是灾难性的。但很多人都认为霍布斯的著作是无宗教的，很危险，所以是不道德的；因此，他们听见一个濒死的放荡者说出了这个看法后，便大为满意。连自认为很虔诚、很有操守的卡萨诺瓦（Casanova，1725—1798年）* 都警告过一位年轻女子，不让她阅读霍布斯那些有害的书。[45]

一位神父兼植物学家说："用红酒和饰品填满你自己……压制穷困、正直的人，连寡妇都别放过。"[46] ** 这就是与霍布斯的无神论相一致的座右铭。此人是植物专家，但也许并没怎么研究过霍布斯。同样，我们也没有理由认为威尔莫特认真地阅读过霍布斯的著作，这位诗人把他的放荡生活归咎于一位上了年纪的哲学家。相反，我们倒是能断定一个故事是真的：塞缪尔·约翰逊（Samuel Johnson，1709—1784年）*** 在他的《诗人列传》（*Lives of the Poets*）中讲到，威尔莫特"很早就有放纵倾向"，他渐渐熟悉了查理二世的宫廷，"令人遗憾地沉迷于放荡行为，与恶人为伴，其操行因此而败坏，其礼貌因此而堕落"[47]。

§

总之，不仅霍布斯最坏的敌人伪称自己沉迷于他的学说提倡的那

---

* 意大利冒险家，有名的好色之徒，写有记述其风流史的自传。

** 沙罗克之言。罗伯特·沙罗克（Robert Sharrock，1630—1684年）是英国温彻斯特区副主教、植物学家。

*** 英国作家、诗人、文学评论家、词典编纂家，其《诗人列传》写于1779—1781年。

些所谓邪恶之事，就连一位主教都毫无根据地宣称：这位哲学家也像笛卡尔一样，有一个非婚生女儿。到了老年，霍布斯蒙上了无比妄自尊大的恶名，有人说他认为自己对科学和数学做出了重要贡献。连他传记中的一些其他要素本身，也会被看作他有几分古怪的性情的例子而令人吃惊。例如，他有在床上独自唱歌的习惯，因为他相信这能使他长寿。他在床上做的不同寻常之事不只是唱歌：他还经常放纵对几何学的激情，在床单上和自己腿上画三角形。像他的很多逸事一样，这些奇特的事实也都来自他的密友和崇拜者约翰·奥布里（John Aubrey，1626—1697 年）* ——一位历史学家和古文物研究家。在奥布里写的 426 篇简明传记（被普遍称为《传略集》）中，有关霍布斯的那篇最为简明。

霍布斯大约 14 岁时，他的一位有钱的叔叔资助他上了牛津大学。多亏当地的一位小学校长，霍布斯当时已精通了拉丁语和希腊语。在大学里，霍布斯对地图很感兴趣，但“对逻辑学不怎么上心”[48]，尽管他说自己还是成功地掌握了这门学问。他渐渐认为亚里士多德（他的思想在课程中占有突出位置）是“历史上最差的教师”[49]。尽管如此，他显然还是给自己的一些老师留下了深刻的印象，因为他 1608 年离开大学时，经他那个学院的院长推荐，谋得了一个职位，即威廉·卡文迪什（William Cavendish）的私人教师和陪同，此人后来成了德文郡二世伯爵（Second Earl of Devonshire）。从此，霍布斯开始了贵族家庭随从的生涯，这使他有了闲适，使他见识了众多图书馆、知识界和英国的政治生活，也使他能去欧洲大陆旅行。

17 世纪 20 年代，他与卡文迪什家族的联系，使他参与了在弗吉尼亚和百慕大经营的几个殖民地公司的生意，并为弗朗西斯·培根当过秘书和翻译；培根学识渊博，是上议院大法官和科学研究的泰斗。

---

* 英国古文物专家、自然哲学家、作家。

不过，霍布斯接触培根时，尚未对科学事务表现出太多兴趣，也似乎尚未发展出自己的哲学思想。17 世纪 20 年代以及之前，他的工作是文史方面的，还涉及一点政治。

他的第一本书出版于 1629 年（当时他 40 岁），是修昔底德（Thucydides，约公元前 460—前 400/前 396 年）《伯罗奔尼撒战争史》（*The History of the Peloponnesian War*）的译本。伯罗奔尼撒战争发生于公元前 431 年至公元前 404 年，参战的是雅典人、斯巴达人及其盟军。霍布斯在这本译著的简要序言里认为，修昔底德赞成一种政府，即“有民主制之名，行君主制之实”[50]，就像古雅典的伯里克利（Pericles，约公元前 495—前 429 年）政府那样。修昔底德不喜欢民主制，因为民主制会使人们成为“煽动民众者”（demagogues）的牺牲品，那些人会使民众陷入意见分歧的混乱。但修昔底德也不喜欢“少数人”的统治——换言之，他不喜欢贵族的政府——因为少数人往往分裂成过多的派别，而这将导致骚乱。

后来，在一首用拉丁文写的自传诗里，霍布斯说到了修昔底德（用一位译者的笨拙语言表达如下*）[51]：

> ……说民主制是一种愚蠢的事情。
> 单一国王比共和制更加聪明。

因此，按照霍布斯的理解，这位古代历史学家的政治学和他自己的政治学相似。霍布斯也注意到，在古代雅典，凡给人们良好建议者都不受欢迎，而这就是他对不知感激的英国社会的感觉。他命运的另一个预示，见于他写的关于阿那克萨哥拉（Anaxagoras，约公元前 500—前 428 年）的文字。阿那克萨哥拉是一位前苏格拉底（Presocratic）哲学家，据说修昔底德就是他的弟子，“（他的）观点的语调

---

① 原拉丁文诗英译第二行为了押韵而写成了倒装句“Than a Republic wiser is one King”，本书译者认为不佳，故说是“一位译者的笨拙语言”（ungainly words of a translator）。

不能为俗众所理解，因此他被看作无神论者……尽管他根本不是”[52]。

次年，霍布斯得到了一个启示；或者说，在给奥布里讲的一个故事里，霍布斯把它说得像个启示。那是 1630 年，霍布斯在日内瓦，正陪着诺丁汉郡一个地主的儿子在欧洲大陆旅行。霍布斯偶然发现了几何学，据说是第一次。在一位绅士的书房里，他发现了一本《几何原本》（*Euclid's Elements*），打开的书页上是第一卷的第 47 个命题：

> 他读了那个命题。“按照几何学”，他说，“这不可能！”于是他读了这个命题的证明，它使他回看另一个命题，他读了那个命题。那个命题又使他回看另一个命题，他也读了……（如此等等）……最后，他依靠证明相信了那条真理。这使他爱上了几何学。[53]

约两个半世纪以后，伯特兰·罗素描述了一次类似的“丘比特的闪电”（bolt from Cupid）*，“我 11 岁开始学习欧几里得几何学，我的老师是我哥哥。这是我人生中的重要事件之一，像初恋一样令我眩晕。真没想到世上竟有如此美妙的东西”[54]。罗素很可能不知道给奥布里讲的那个故事，所以很可能并不是在仿效那个故事。与罗素不同，霍布斯接触几何学的时间确实相当晚。但是，1630 年他突然迷上几何学的惊人故事，一定是多少经过了修饰的。《几何原本》第一卷第 47 个命题是毕达哥拉斯定理——载有欧几里得几何学中这一最著名的定理的一页也许是被故意打开的。虽然这个说法似乎可信，但一个新手居然一看就能理解这个定理的复杂证明，这并不可信。何况还有旁证表明：霍布斯在那次去日内瓦以前就读过一些欧几里得的著作。[55]

但是，霍布斯无疑赋予了几何学独一无二的重要性。他在《利维坦》中说，几何学是“一切自然科学之母”，因为“大自然通过运动

---

* 这是德国重金属乐队“黑暗之蛊”（Darkseed）的一首描写初恋的歌曲的名字，它在此句中比喻意外惊喜和顿悟。

运作，没有关于线段和图形的比例和性质的知识，便无法知道其运作的方式和程度”[56]。这是伽利略在1623年提出的观点。伽利略说，自然这部书“是用数学语言写成的”。这段名言又具体地指出，这门语言的符号“就是三角形、圆形和其他几何形体，没有它们，人类连这门语言的一个单词都理解不了”[57]。

霍布斯认为，几何学理应得到最高荣誉，因为它把技术的礼物（也是文明的礼物）赠给了人类：

> 无论观察星星、绘制地图、计算时间、远程航海给人类生活带来了什么益处，无论大楼的美是什么，无论防御工事多么坚固，无论机器多么绝妙，总之，无论现代世界与野蛮昔日的区别是什么，它们几乎都是几何学的礼物——因为我们归功于物理学的东西，物理学将它们归功于几何学。[58]

霍布斯对几何学的迷醉十分长久，乃至四分之一个世纪之后，他在一场久拖不决的战斗中犯了错误，损害了他科学家的声誉。在1656年之后的20多年中，他一直在和牛津大学的一位数学家进行骂战，内容涉及古代几何学的一组问题，他误以为自己已经解决了或者接近解决了它们。后来，这段不愉快的情节被恰当地描述为“令人厌恶，粗野和冗长”[59]。

霍布斯去了日内瓦，并据说从那个书房里得到了启示。他回到英国以后，于1631年返回了卡文迪什家族；这时，他的伽利略哲学开始成型。17世纪30年代中期，他结识了笛卡尔在巴黎的朋友梅森和伽桑狄，并于1636年去佛罗伦萨见了伽利略本人。霍布斯写道，伽利略“是第一个向我们打开自然哲学宇宙大门的人，自然哲学是关于运动本质的知识”[60]。关于这次旅行，霍布斯在他的自传诗中写道：

> 对物质和运动，我亲自悉心钻研，
> 在意大利，我如此使用我的时间。[61]

甚至人类的幸福（或不幸）也能用“运动的物质”的思想来说明：“我们活在这个地球上，这里根本没有‘永久宁静的思想’这种东西，因为生命本身就是运动，我们绝不可能没有欲望，绝不可能没有恐惧。”[62]上帝在天堂为正义之士储备了更好的东西，但下界全是搏斗和冲突，我们头脑内外都是如此。

到17世纪30年代末期，霍布斯已经形成了构建其哲学体系的计划，那个体系从运动的物理学开始，再到心理学和语言分析，结束于政治学。他的第一本科学著作力图根据大脑和身体的自然运动，对头脑的运作做出数学的阐述。后来，他在《利维坦》中对此做了总结：

> 感觉（它确实存在于我们体内）中……只有**运动**，而运动是由外物造成的……**眼睛**能看见**光与色**，**耳朵**能听到**声音**，**鼻孔**能嗅到**气味**，如此等等；因此，如果同一个物体的运动从**眼**、**耳**和其他器官延伸到了**心灵**（heart），那么，真正的影响不是别的，而只是**运动**（或称**努力**，endeavour），运动存在于**喜爱**（appetite）或**厌恶**（aversion）之中，或者说，这种影响来自外物的运动……其表现（或曰运动感）便被我们称为头脑的**喜悦**或**烦恼**（delight or trouble of mind）。[63]

霍布斯把推理论证描述为一种“计算”（computation）的形式[64]，这使莱布尼茨十分兴奋，也让一些人以为，霍布斯预示了将人脑看作计算机的现代流行观念，只是他这个观念是有限的而已。霍布斯的意思是，推理不知为什么涉及思想的加减——他没有发展这个初步的想法。他特别为自己对光学和视知觉的研究成果感到骄傲，这些研究成果直到数十年以后才发表。有人认为，霍布斯如果更早地公布了这项研究成果，他就会像笛卡尔那样，因推进了“机械论哲学”而获得更多声誉。

霍布斯和笛卡尔都不大承认对方是哲学家。他们之间的一个根本性争论涉及机械论解释的局限性。霍布斯认为，这个方法没有局限性。而我们已看到，笛卡尔认为，机械论的解释突然止步于思考的自我，而思考的自我不在物理学的研究范围之内。霍布斯是应邀评论笛卡尔《沉思录》的思想家之一。笛卡尔公开回应了霍布斯的批评，其措辞令人恼火，态度轻蔑。而他私下的评论更是不留情面："他最近提出的一些意见……也像我见到的他的其他意见一样恶劣。"[65]至于笛卡尔，霍布斯认为，笛卡尔是伟大的几何学家，但"他的头脑不适合研究哲学"[66]。

霍布斯深信，机械论哲学的方法不但可以用来解释头脑，而且可以用来解释政治：

> 研究自动机（如钟表或其他十分复杂的机器）时，你若不把它拆分开，便不能知道每一个部分、每一个齿轮的功能……因此，当考察一个国家的权力及其公民的责任时，欲正确地理解人性，你便需将国家拆分开来，不是真的拆分，而是将国家看作拆分的。[67]

霍布斯认为，在某些方面，人性的种种运作就像无生命体的活动一样，也是可以预测、始终如一的。例如：

> 每一个人都想得到有利于己的东西，都想规避不利于己的东西，而在想要规避的自然不幸中，最大的不幸就是死亡；死亡是真正的自然必然性（necessity of nature），如同一块石头，必然下落。[68]

理解了这种自然必然性，就可能知道何种政府运作得最好——因为"造就和维持一个国家的技能就是运用某些规则（rules），就像在数学和几何学里那样"[69]。道德哲学家和政治哲学家只要听从自然哲学家和数学家的指导，就可解决政治学的主要问题之一，即避免内战：

> 若像确切了解图形的维度那样，确切了解了人类的行为模式，人类就会享有极大的平安与和平，乃至（除了人口增长引起的争夺生存空间的冲突）从此似乎不再会有战争。[70]

霍布斯对人口增长的随意评论并不典型。这是他著作中为数不多的有关评论之一，这说明他还没有完全认识到物质条件是国内冲突的潜在原因。他往往把内战写成误解了政治信念的结果，而他关于好政府的评论看起来都过分抽象。他总是说，爆发内战，是因为人们不理解他们为什么绝不可对抗保护他们的君主的权威；只要人们正确理解了人性，便会和平地生活。

霍布斯说：科学地理解人性，就能结束大多数内战。从某个方面说，这个观点甚至比笛卡尔预言在他有生之年科学将消除一切疾病的说法还要过分。笛卡尔并没走得太远，也没说必要的医学知识均已具备。他只是说，医学发展得极快，人类很快就会发现所有的疗法。相反，霍布斯认为自己已经了解了确保和平所需的一切，人们只需了解人性的确切图画并依此行事即可。

现在，我们要更仔细地审视这幅图画，把它与通常被认为是与之对立的卢梭的人性观做个比较。

§

霍布斯描述的“纯自然环境中”的悲惨生活，迄今都对立于据称是让-雅克·卢梭在一个世纪之后说的“高尚的野蛮人”（noble savage）的文雅生活方式。* 因此，美国一位人类学家［他曾在居住在委内瑞拉亚马孙雨林附近的亚诺玛莫（Yanomamo）印第安人群体当中生活］才在2013年写道，他们对彼此村庄的暴力袭击，也许就是

---

* 卢梭在其著作中从未使用过“高尚的野蛮人”这个短语，故此处作者才说“据称”（is said to believed）如此。参见本章下文的有关内容。

“在自然状态下生活的一个典型事例，那里不存在国家的政治机构”[71] * ，这说明了霍布斯的观点是正确的。据这位作者说，相反，卢梭却把纯自然环境中的人类想象为“极乐的、无暴力的、利他的和无竞争的”，并“通常都彼此‘以善相待’”[72]。我们将看到，这种描述多少有些误解了霍布斯，且完全误解了卢梭。

按照类似的思路，心理学家史蒂文·平克（Steven Pinker）** 在他的一本有关近期暴力史的书中说，在“无国家的”社会中，战争和死亡的危险永远存在，就像霍布斯认为的那样。[73]为了支持这个观点，平克援引了少量来自史前墓地的考古学证据。它们表明：那时，暴力带来的死亡率高于如今很多发达国家的死亡率。他还援引了对尚存的狩猎—采集社会和其他一些孤立人群的最近的研究结果，人们认为，那些人的生活方式类似于五千多年前我们祖先的生活方式，当时，国家政府尚未出现。平克写道：“几个世纪以来，像霍布斯和卢梭这样的社会理论家们坐在扶手椅子里，推测‘自然状态’下的生活是什么样子。如今我们能做得更好。”[74]

诚然，如今坐在扶手椅子里的思想家能见到的研究结果，自然多于 17 世纪和 18 世纪的作家通过旅行者讲的故事和古代文本所能得到的。卢梭的那些推测可能就是狂放的幻想。伏尔泰有一本卢梭写的关于原始人的书。他在那本书的页边空白处写下了一些表示质疑的笔记，例如“你怎么知道的！”以及“你怎么夸大了一切！”[75]（孟德斯鸠比卢梭更具创造性：他仅仅以一个流浪的有智力智障的男孩的事例为证据，证明他提出的“原始人十分胆小”的理论。那个男孩是在德国

---

* 语出夏格农。拿破仑·阿尔丰索·夏格农（Napoleon Alphonseau Chagnon）是美国人类学家、密苏里大学人类学教授。从 20 世纪 60 年代中期到 90 年代后期，他曾生活在亚诺玛莫印第安人的部落中，进行人类学田野考察。亚诺玛莫部落有大约 3.5 万人，他们散居在委内瑞拉和巴西交界处亚马孙雨林一带的 200～250 个村落里。

** 美国认知科学家、心理学家、科普作家，1954 年生于加拿大。

的一个森林中被发现的。[76]）不仅如此，在扶手椅子里再多坐一会儿，读一读霍布斯和卢梭的书，还会表明：亚马孙雨林或史前墓地这些托词，大多都和这些哲学家描述的人类行为无关。我们将看到，这种托词不能表明卢梭错了、霍布斯对了。

我们先看看卢梭，本书后面的部分将再次讨论他关于文明的混合祝福的观点。他从没使用过看似可被合理地译为“高尚的野蛮人”的术语，也没在他第一次描述的“自然状态”中将人类理想化。其实，他大多是采用了霍布斯的观点，即现代社会诞生之前的人类喜欢争吵，有时残忍嗜血，其行为大多出于自卫本能。卢梭的用词并不总是前后一致，他对“état de nature”* 这个短语的使用也很随意、很混乱。[77]他的爱好和平的“高尚的野蛮人”的神话究竟是什么意思，我们并不十分清楚，但不难想见：匆匆地阅读他的《论人类不平等的起源和基础》（*Discourse on the Origin of Inequality*），会使这个神话的含义更加模糊。

卢梭的确认为经济和技术的某些发展使人类付出了很大代价，在某些方面造成了人类安康（well-being）的退步。但卢梭的观点却不同于关于人类“黄金时代”的古希腊神话，虽然这两者常被混为一谈。对这个神话最古老的文字描述见于赫西奥德（Hesiod）的著作，他把人类第一批“黄金种族”描述为“心中无忧无虑地活着，远离艰辛劳作和悲伤”，尽情欢乐、和平居住的人。[78]正如罗马诗人奥维德后来指出的，在这个时期，没有惩罚的威胁，没有法律，人们自然而然，诚实守信，做应做之事。按照这个故事，在黄金时代之后的白银时代和青铜时代，人们变得越来越残忍，最终到达了“铁器”时代，那时，“各种罪恶尽数爆发”[79]。人类历史之初存在一个田园诗般的时期，那时的人们简单、快乐、善良，这个观念似乎使后来的欧洲人对

---

* 法语，意为“自然状态”。

“新世界”（New World）* 和其他一些新开发之地的居民做出了伤感的描述。1853 年，在一篇题为“高尚的野蛮人”[80] 的讽刺文章里，狄更斯（Charles Dickens，1812—1870 年）嘲讽了对北美印第安人、布须曼人和祖鲁人的这种浪漫化描述。他说这些人其实都唯利是图、嗜杀成性、愚蠢、滑稽，注定要毁灭。狄更斯这篇长文的讽刺性标题，似乎使“高尚的野蛮人”这个短语第一次得到了广泛传播（这个短语也许第一次出现在两个世纪以前的一本描写旅行的书里。[81] ** 那本书说，居住在加拿大的“野蛮人”是“真正的贵族”，因为他们人人忙于打猎——在欧洲，打猎是贵族的消遣活动）。

“野蛮人”的生活方式可能并不比欧洲人的恶劣，甚至可能在某些方面优于欧洲人。蒙田的一篇文章是早期提到这一点的文字之一；其中，他思考了他读到的有关“新世界”居民的记述，也揣摩了他 1562 年在鲁昂陪同法国国王时见到的三个巴西食人族人。蒙田认为，总的来说，说他们是“野蛮人”，完全是因为“他们几乎不具备人的思维，依然十分接近他们原初的自然状态”。他们吃掉战争中被杀之敌的做法使蒙田感到悲哀：“当我们正确地判断他们的做法错误时，我们却对我们自己的行为视而不见。”因为欧洲人“在各种野蛮行为方面都超过了他们”[82]。例如，欧洲人活活烧死异教徒。蒙田注意到，其中一个食人族人在看到法国“有些人享有各种舒适的生活，趾高气扬”，而另一些人“却在那些人门前乞讨”时，大为震惊。[83] 这种不平等就是所谓的文明生活的一个方面，而卢梭也据此指出，文明生活并不那么高等。

卢梭认为，当土地第一次被圈占时——当一些土地被当作了私有财产时——尤其是当农业和冶金业的发展使某些人有更多机会积累起

---

* 指美洲新大陆。

** 马克·列萨波（Marc Lescarbot，1570—1641 年），法国作家、诗人、律师，其著作《新法国》（*Nova Fancia*）（1609 年）全名《新法国史》（*Histoire de la Nouvelle-France*），记述了北美法国殖民地的历史。

多于别人的货物的时候，事情就出了大错。其结果就是一场疾患，而我们似乎无法从中康复。卢梭说：“在强者的权利与最先占有者的权利之间，一场永久的冲突爆发了，它只能以战斗和杀戮告终。初生的社会让位于最恐怖的战争状态……”[84]按照卢梭的设想，人性发展过程中的这种不幸状态，是人们走向使自己服从国家权威的四个可辨识阶段中的最后一个。由于尚无真正的政府，这一较晚阶段中的生活仍然算是霍布斯所说的“自然状态”。但它不能表示卢梭认为的人的自然状态。霍布斯认为，“每个人对每个人的战争”是尝试没有公共权威之益的生活的必然结果。与此不同，卢梭所说的“恐怖的战争状态”是“社会造成的多种激情”带来的结果——是经济发展带来的结果，而这是历史上的一个不幸事件。[85]

卢梭并不认为，在农耕、金属工具和财富积累出现并毁掉了一切之前，人一直都是善良和蔼、爱好和平的。他确实相信，我们最早的近似人类的祖先身体更健康，其快乐在某些方面超过了我们有过的一切快乐，这些生灵一般都不会打架争斗；尽管如此，他还是没有把他们理想化，也没有希望我们回到那种生活方式中。这两种误解都源自没有区分各种不同的阶段（卢梭认为那些阶段先于现代社会）——这种情况很容易发生，因为连卢梭自己有时也徘徊在它们之间，并未标出他要走的路。

卢梭所说的第一个阶段是纯动物性的阶段，其中每一个人都十分孤独、十分愚蠢，与其他动物只有一个区别，即具备自我改进的能力。那些人活在当前的瞬间，只有最少量的前瞻与记忆，因此他们大多不会为恐惧和懊悔所困扰。一般来说，他们天性善良，按照卢梭的说法，他们“见到同类生灵吃苦，会产生天生的反感”[86]。尽管如此，我们还是不能把他们描述为善良的生灵，因为他们并不知道自己在做什么。他们不参与战争并非因为他们是有原则的和平主义者或者善良的道德家，而完全是因为他们没感到需要跟任何同类打交道。他们根本不与别人联合，也许并没把其他任何人看作个体。卢梭确实认为，这样的生灵甚至认不出他（或她）自己的后代，那些后代被认为是零星的、不留心的偶然产物。无怪伏尔泰想知道卢梭怎么会宣称自己知道这一切。

伏尔泰给卢梭写信，温和地取笑他说，“当一个人读你的书时，他一定很想走完你说的所有四个阶段”[87]。他说得很对，因为按照卢梭的说法，人在最初的自然状态中连直立行走都不会。卢梭注意到了人们的体型、身高、肤色和体毛密度各不相同，便提出：东亚猩猩和非洲猿猴也许是人类的成员，只是碰巧不具备自我改进的能力。换言之，猩猩与人的唯一区别是前者的发展潜力较少，而体毛较多。[88]

在卢梭所说的第二阶段里，人开始改进自己。他们制造了一些工具，包括武器，开始觉得自己比其他没能造出工具的动物高级不少。他们聚为一群，设法发明了语言、建造了草舍。一些初级的私人财产渐渐出现了，家庭开始形成。卢梭认为，即使在这个早期阶段，人们也会爆发一些争吵。在下一个阶段，家庭聚集在了村中，人们打猎、捕鱼、采集食物。他们自发地跳舞唱歌，一起自娱自乐，这种更加社会化的生活不仅带来了更多乐趣，也带来了虚荣、轻蔑、羞耻和嫉妒。虽说第三个阶段远远不算完美，但卢梭还是认为这个阶段“一定是最幸福的时代……也是对人类最有益的时代”[89]。他认为，在他那个时代的探险家和殖民者发现的原始人中，有一些人达到了这个阶段，但并非全都如此。卢梭很喜欢赞许地把它比作文明发展的几个相继时期，因为它尚未被人们的贪婪、虚伪和不健康的生活方式污染。卢梭对现代性的批判有时隐含着当代的性质，这使人有一点儿希望他大力提倡瑜伽。但是，他绝没有幻想这个更自然的阶段充满了阳光和微笑。除了每个家族的族长对人们的约束，根本没有政府，甚至早在农业把事情变得更糟之前，骄傲和嫉妒就对人们产生了极其恶劣的影响，“复仇成了可怕的行为，人们越来越嗜杀、越来越残忍。这恰恰是我们所知的许多野蛮人达到的阶段……”[90]这就是卢梭设想的爱好和平的、往往彼此善待的“野蛮人”。

卢梭这些“推测”（这是他的说法）[91]的目的，是让人们把自己看作“自然造就的”[92]，其方法就是阐明人性的自然本质也许已被“环境和进步”稀释了。他承认，需要用某些“实验”[93]来证实他的思想，但似乎又认为，他提出的那些要点已足以服人，并压倒了细节上的错误。

霍布斯的目标与此不同。他虽然谈论“自然状态”和“纯自然环境”，却对区分人的原本特点和人在社会发展各阶段中获得的特点不太感兴趣。霍布斯常用“自然状态”表示不受任何文明权威约束的状态，而这种状态下便不是只有不受控制的“野蛮人”。一切国家的君主也都处在一种自然状态中，因为他们只服从上帝，不服从地球上的任何政府；可以说，内战剧痛中的一国公民也处于一种自然状态。霍布斯想让他的读者相信，人类往往难以驾驭，或至少是亟需管理。他援引了历史和人类学，以支持他的观点，但无论是考察现代社会，还是考察较古老的或欠发达的社会，结果都呈现出了令人遗憾的现实。

霍布斯证明这一点的第一个尝试，出现在1640年流传的一份手稿里。由于“剥夺一个人的生命几乎不用费力”[94]，杀人就轻而易举，即使虚弱的人杀死强壮的人，也是如此，例如偷袭他或毒死他。由于人们会骄傲或虚荣，“希望处处占先，高居同伴之上”，并会为了自己想要的东西互相竞争，人类“彼此惧怕”便毫不奇怪了。[95]问题不在于人人都特别想犯罪或使用暴力，而在于有一些人想要如此，你永远都不知道下一次的威胁来自哪里。霍布斯在后来的一本著作中如此表述了这个观点：“即使坏人少于好人，但由于我们辨认不出坏人，我们也就必须怀疑每一个人。”[96]人人都已知道了这一点，或至少已把这一点当作事实并以此做出行动，“上床睡觉时，人们锁上房门；出去旅行时，人们带上武器……”[97]霍布斯指出，狗都意识到了这个问题，因为它们白天会对陌生人叫，夜间会对所有人叫。[98]

我们为了保卫自己和我们的财产，有时必须先发制人，因此就没有权威去维护和平，其结果将是“每个人对每个人的战争”[99]。这会发展到多么恶劣的程度？霍布斯说到战争状态不一定意味着持续不断的骚乱时，通常都比较谨慎。事实上，按照他对“战争”一词的理解，战争的本质“并不是持续不断的实际战斗，而是知道已有了战争的部署，任何时候都没有和平的保障”[100]。换言之，战争是暴力的持续威胁，不一定是流血冲突本身，而流血冲突往往被描述为战争状态。他把战争喻为“险恶的气候”，它可能不是真正的倾盆大雨，“而是连日来的一种将有暴雨的趋势”——英国人尤其熟悉这样的气候状况。

因此，严格来说，霍布斯“无政府时可能出现的生活状态”的理论，并不伴随着任何具体的暴力，而只是伴随着暴力的威胁。不过，他这段最著名言论的末尾还是暗示了一点：流血冲突将十分严重，以致很多人甚至大多数人都会年纪轻轻就死去。

> 而当人们活着时，除了用他们自己的力量和他们自己的发明装备自己，别无安全保障……那就根本没有勤劳（industry）的位置，因为靠勤劳获得的结果并不确定。其结果就是，地球上将根本没有文化，没有航海，也不可能有靠海运进口的商品，没有宽敞的大楼……没有地理知识，没有计时，没有艺术，没有文学，没有社会，而最恶劣的是持续的恐惧和暴死的危险，人的生活将是孤独、穷困、肮脏、残忍和短命的。

在这段话里，霍布斯失去了大部分自制力，给他的布丁加了过多的鸡蛋*。他没提出任何有说服力的证据以使人们相信：如果没有一个公共权威，犯罪和内战就会恶劣到或者直接造成大量的死亡，或者使一切经济发展都成为不可能。

---

* 原文是“over-egging his pudding”，这是英国俗语，意为过分努力改善某个事物，反而毁了它。

为了支持自己的观点，霍布斯写道，“美洲许多地方的野蛮人”除了在家族内部，根本没有政府，因此他们“正如我们以前所说，如今以粗野的方式生活”[101]。但这是对他手中证据的相当带有选择性的使用。对美洲土著的一些叙述，的确描写了暴力混乱和无政府状态，但也有一些文字描写了没有政府却也没有混乱的土著。还有一些文章报道了美洲“野蛮人”的确有某些形式的政府，但这并没能使他们爱好和平。其中一篇被广泛阅读的报道说，他们虽然被“小型君主或者说国王统治着”，但仍然经常互相残杀。[102]

对狩猎—采集部落和没有“集中的权威、常备军和官僚制度”的游牧部落最近的调查，得出了这样的结论——他们“惊人和睦地生活在一起……并无明显的暴力倾向”[103]。究竟有多少战斗才算明显的暴力倾向，当然尚有争论的余地，但有一点是事实，那就是：在现代国家的条件下，这些人会更加和平地生活。毫不奇怪，殖民驻军本想镇压力量较弱的土著居民，却往往会减少日常流血事件的数量——尽管通常只是在证明了他们自己的残暴超过了土著人之后。

对不同意霍布斯所提出的人类学观点的人，霍布斯做了回应：

> 但是，（有人会说）根本就没有“每个人对每个人的战争”。什么？该隐（Cain）杀死自己的弟弟亚伯（Abel）不是出于嫉妒*——这不是大大的误导吗？大到了以为当时若有一种能行使复仇的公共权力，该隐就不敢做出这种事。[104]

这是对《圣经》里该隐和亚伯的故事不同寻常的使用，即使那个故事是真的，也几乎不能证明霍布斯的观点。该隐杀弟，是因为兄弟二人都向上帝献了供物，上帝接受了亚伯的，但拒绝了该隐的。该隐知道上帝的力量比他大、上帝不赞成凶杀，否则他就不会首先献祭，

---

* 该隐和亚伯是亚当和夏娃之子。该隐因见耶和华看中了弟弟亚伯的供物，心生嫉妒，在田间杀死了亚伯。事见《旧约·创世记》第4章第4～8节。

或者不会设法隐瞒他杀人的事实。* 可想而知，上帝很快就发现了该隐杀弟，惩罚了他。因此，在已经存在一个能惩罚凶杀的权威的情况下，该隐还是杀了人。还有一个因素激励了这次凶杀：它被该隐看作他那位全能君主令人盛怒的任性决定。所以，这个故事的政治道德似乎与霍布斯所想的截然相反。

霍布斯常被指责为把人描述成本质上是邪恶的。从表面看，他受到这样的批评是很奇怪的，因为各类基督徒都承认他们相信人性恶。对英国教会的成员来说，原罪（original sin）的教义已纳入了 1563 年《三十九条信纲》中的第 9 条：

> 原罪……是每一个人错误与败坏的本性，亚当后裔生来既有；因此，人远离原初的正义，本性趋向邪恶……[105]

霍布斯的过错，据说是以某种方式说错了亚当后裔的缺点。他描绘的那幅人性图当然并不特别针对基督徒，因为耶稣并未被赋予拯救不幸人类的至高权力。不过，霍布斯的确提供了回归原初正义的希望；其实，这完全是为了使我们感到惊惧，以使我们知道在“每个人对每个人的战争”的鬼影里，如何才能找到拯救。霍布斯认为，人也许怀着与同类争斗的强烈冲动，但也渴望和平；这是因为人天生就寻求保存自己的生命，而理性是上帝所赐，能使人懂得：在战争状态下，人不可能保住自己的生命。

> 他……愿意生活在这种状态中，但这种状态与他对立，因为每一个人都必定天生渴望自己生活平安，而这种状态却与之相反……因此，理性便要求每一个人为了自己的利益去寻求和平，只要还有获得和平的希望。[106]

---

* 首先献祭：该隐是种地的，他先以“地里的出产为供物”献给耶和华（见《创世记》第 4 章第 3 节），所以此句说的“献祭”（sacrifice）指的是谷物。第 4 章第 9 节说到了该隐向耶和华隐瞒杀弟的事实。

因此，霍布斯为人熟知的形象仅仅代表了他的一个方面。人们记住了他，是因为他提出了警告：没有强大的政府，人的生活将是孤独、穷困、肮脏、残忍和短命的。但他也认为，我们的理性和自我保存的欲望会促使我们去寻求和平，从而使生活快乐、文明和长久。

§

霍布斯极为赞同每个人天生就“渴望自己生活平安”这个观点，以至于把我们的许多感情和行动都解释为多少是以自我为中心的，即使它们看起来并非如此。例如，他把“怜悯”（pity）定义为“想象或虚构我们将在未来遇到的灾难，怜悯来自对别人目前灾难的感觉”[107]。这是不是说，我们怜悯别人，其实是在自怜——想到别人的不幸终归也会落到我们头上，我们的情感便会上升为不悦呢？霍布斯的确像是认为，不知何故，我们的情感力量来自想到了或感到了我们自己。这值得质疑。他的理论似乎意味着，我们若断定某种灾难绝不会落到我们头上，我们便不会怜悯灾难的受害者。但这似乎不符合事实。霍布斯也许会回答说，即使清醒地计算到某种不幸十有八九不会落到我们头上，我们也无法彻底消除一个想法：灾难有可能落到我们头上，我们无法确知这个事实，而这个事实莫名其妙地造就了怜悯之感。我们很难理解这样的理论怎样能被反驳，但也很难想象它怎样能被证实。

我们可以公平地说，霍布斯的叙述是以自我为中心的，因为它想把怜悯解释为我们莫名其妙地对我们自己的关心。但应当指出，他是对同情心提出一种解释，而不是否认同情心的存在，也不是暗示我们不该有同情心。约翰·奥布里讲过一个有趣的故事，故事说的是霍布斯在伦敦大街上遇见了一个贫穷、体弱的老乞丐。霍布斯用“怜悯和同情的”目光看着他，给了此人 6 便士。这时，一位牧师与霍布斯有一段对话：

> 站在一旁的……一位牧师问："若不是基督的命令，您会这样做么？"他说："会。"牧师问："为什么？"他回答道："因为我见到这老者的惨况感到痛苦；现在，怜悯他吧（my almes*），给他些救济，这能让我心安。"[108]

这位牧师的询问，也许是想让霍布斯承认一个能瓦解"人是自私的"理论的观点，人们普遍认为那个理论是霍布斯提出的。若是如此，这个尝试是否成功了，我们不得而知。我们有把握从他的回答得出的唯一结论是：他有同情心，喜欢减轻别人的痛苦。

不过，他显然也喜欢从关心我们自己的角度，去解释我们的行为和情感，而这会使人们想知道他为什么如此。究竟是什么让他愿意相信"一切社会……皆为自爱（love of self）之产物，而不是友爱（love of friends）之产物"[109]，"心灵的全部欢乐和快乐都在于能将自己与别人善意地相比并高度自尊"[110]？霍布斯的愤世嫉俗甚至延伸到了笑：笑不是别的，只是一种突生的优越感。[111]其部分原因是，他渴望把心理学建立在科学的基础上，这使他做出了如此不讨喜的、过分简单化的概括。简单化在科学中是优点：笑和我们的其他一切快乐若都能追溯到唯一的原因，那就是越简单越好。"每一个人都想得到有利于己的东西，都想规避不利于己的东西"，这是一种强大的力量，被霍布斯比喻为重力；霍布斯认为，这种力量似乎为我们的心理提供了最经济、最有效的解释。因此，它就成了人类行为的机械原理的恰当基石，霍布斯一直想提供这样的基石。所以，头脑的运作就被如此巧妙地解释为一台机器内的一系列推力和拉力的运作，那台机器的首要目的就是关心自己。

在 17 世纪的最后几十年中，许多批评家都与霍布斯相反，对人

---

* almes：中古英语，来自拉丁语单词 eleēmosyna，原意为"怜悯"，转义为"施舍"，其用法见《新约·马太福音》第 6 章第 4 节。

性做出了比较令人愉悦的解释。他们把人的行为动机描述为主要出于同情（fellow-feeling），而非出于私利（self-interest）。这些作者引用了成年人、儿童、野生动物、家养动物甚至昆虫中的慷慨、无私的行为，以描绘生物界的一幅图景，它比霍布斯著作描绘的图景更友善。其中一些故事十分伤感，会使小蒂姆（Tiny Tim）和小内尔（Little Nell）的创造者*退缩。若霍布斯所处时代的英国有现代的报纸，我们便可以想象：这些感伤的道德家会对一些报道格外感兴趣，例如消防员拯救小猫咪，而霍布斯会冷酷地转身去阅读犯罪的报道。[112]

到了18世纪，苏格兰哲学家大卫·休谟做出结论说，这两派都被误导了。他指出，争论"主导人性的"是友善还是自爱，这不会有任何结果，因为这个问题太模糊不清了。[113]一个人的自私和无私究竟要达到什么程度，才是被自私和无私"主导"（prevail）的？休谟的观点，恰恰可以解释最近一些作者根据生物学得出的结论，即人性完全是自私的或部分是自私的。例如，动物学家理查德·道金斯（Richard Dawkins）在《自私的基因》（*The Selfish Gene*）一书中写道：

> 请注意：你若像我这样，想建立一个社会，其中人人都为了共同的利益慷慨无私地合作，生物本性便不会给你什么帮助。我们要设法教育人们慷慨无私，因为我们天生自私。[114]

休谟写道，人人都会同意，世上存在某种"纯洁的微粒，与狼和蛇的成分一起，被揉入了我们的身体"，因此，为什么认为我们心底一定只有其中之一呢？犯罪报道和提升道德的故事都是真实的，但都不能让人们产生清楚的感觉，其中哪一个都没有比另一个揭示了更深

---

* 此指英国小说家狄更斯。小蒂姆是其小说《圣诞欢歌》（*A Christmas Carol*）中的穷人家男孩，因病瘸了腿；小内尔是其小说《老古玩店》（*The Old Curiosity Shop*）中的少女，与外祖父在乡间行乞，终因病夭折。

刻的真理。此外，人们的自私程度也大不相同，而这个有趣的事实却被一个理论弄得模糊了，那个理论就是：人人其实都每时每刻地寻求满足自我。[115]

休谟认为，私利不是对人类心理的一种简单解释，而是一种复杂解释。他把霍布斯的那类理论恰当地比喻为一种思想："一个人无论感到了什么，或以为自己对别人产生了什么友爱，任何激情都是（或可能是）无关利害的。"[116]按照这个思路，连真诚的友情或善意也都是自爱的一种形式，因为"我们自己并不知道，我们只寻求满足自己"。但是，休谟指出，我们从我们的善意行为或友情获得的满足，对其最经济的解释方法就是承认一个简单的事实：我们有时也因为别人的安康而感到快乐。回想一下那个老乞丐的故事。霍布斯说他给了那乞丐6便士心情就转好了，因为他减轻了那乞丐的痛苦，同时也减轻了他自己的不适。但是，他若只关心满足自己，为什么自己会先感到不适呢？霍布斯也许会回答说，他一想到自己也会陷入贫困就感到痛苦，但这是一种不必要的复杂解释。

霍布斯认为，从某种意义上说，人的心理是自私的，但他的道德哲学却嘱咐我们不可自私。他说，存在着一些"永恒不变的"、要求我们善待别人的道德原则。霍布斯把21条这样的原则收入了《利维坦》。为了让不能详细研究它们的人理解它们，霍布斯把这些原则的要点巧妙地概括为"己所不欲，勿施于人"[117]。这是一句格言，被称为"黄金规则"（golden rule），在有文字记载的历史上，我们在几乎每一种宗教传统和道德传统中都能发现它。

这些道德原则就是"自然法"（laws of nature），霍布斯认为它们的地位不同于社会为自己创造的法律的地位。人的行为有两类规则，即人为的规则和某种更高的规则。这种思想非常古老，曾得到亚里士多德的承认，"正如每个人都在一定程度上是神那样，确实存在自然正义与不义，即使对彼此没有联系或盟约者来说，也是如此"[118]。亚里士多德写道，在索福克勒斯（Sophoclēs）悲剧中的安提戈涅（Antigone）说的一段话里提到的，正是这种“自然法”：

> ……神和上天的
> 不成文的、不可改变的法律……
> 它们不是昨天或今天的法律，而是永久存在，
> 尽管谁都不知它们从何而来。[119]

如今，“自然法”这个术语的意义与以往大不相同。它专门用来表示如牛顿运动定律那样的科学概括。这个术语的科学感比现代科学本身还古老：公元前1世纪的罗马作家已经把物理的过程和事件描述为受法则（规律）支配。[120]例如，卢克莱修说，自然法则使铁被磁石吸引。[121]在霍布斯那个时代，“自然法”这个术语的上述两种意义都在被使用，并常被说成由上帝确定。正如英国皇家学会主要成员罗伯特·波义耳（Robert Boyle，1627—1691年）在1674年所说：“上帝……建立了这些运动规则，建立了有形体事物的秩序，我们将它们称为自然法。”[122]波义耳本人发现了一条迄今仍以他的名字命名的定律，此定律与各种气体的压力、体积和温度有关。也许因为上述两类规律被视为上帝在创世时强加的，它们似乎都适合被称为“自然法”。

但是，气体的行为和人的行为，二者的不同当然极其显著。气体不可避免地服从波义耳定律，人却频频破坏“不可改变的”道德自然法。那么，从什么意义上说存在这些自然法呢？一个笨拙的回答是，科学法则和道德法则描述的都是事物应有的行为——只是人比气体更不服从法则。这个说法如今像是个笑话，但（例如）孟德斯鸠却似乎相信某种类似的说法。他写道：“对心智世界的管理，远不如对物质世界的管理。”[123]人们易犯错误，又具备天赋的自由意志，因此经常误入歧途，其行为并不一贯符合上帝为他们制定的法律。孟德斯鸠认为，连野兽“都不会一贯地”服从它们的自然法，尽管人在这方面似

乎有所改进。不过，植物却被管理得很好，它们“服从它们的自然法”[124]。换言之，卷心菜比国王更守法。

霍布斯没有做出这种胡乱的解释。他的道德自然法讲的是“为保存和防卫人的生命的做法”[125]，换言之，就是保存自我的最有效方法。例如，一个人的同伴若经常做出残忍行为，那么，最有可能保住性命的方式就是缔造和平，而不是发动战争，这就是事实，或者说，霍布斯认为如此。因此，“第一的、根本的自然法……就是寻求并坚持和平”[126]。霍布斯列出的另外 20 条格言涉及能促进和平的行为（如信守承诺、公平待人），也涉及最适于鼓励人们和谐相处的社会契约。他把这些格言称为“结论”（conclusions）或“定理”（theoremes）[127]，并认为它们可能“为理性所发现”[128]。他以论证说明每一种行为为什么都是和平所要求的，常常从一条定理引出另一条定理，就像欧几里得从先前的定理推导出他的几何定理那样。霍布斯的证明并不总是滴水不漏，但欧几里得的证明也是如此。据说，其结果就是关于和平与生存的处方的知识集。

这种知识十分可靠，堪称一门“科学”[129]，或者说，霍布斯认为如此；但他又把这门科学的定理叫作“戒律”（precepts）[130]，即命令（commands），并常常以指令（injunctions）的形式宣布它们。每一条道德的“自然法”，似乎都能用以下两种方式之一去思考：一种是对事物的表述（如“信守承诺能造就和平”），另一种是命令（如“你必须信守承诺”）。把这些自然法看作表述，它们会像波义耳定律或其他一切精确的概括一样真实：信守承诺能造就和平。但若把它们视为命令，它们当然并不总是会被服从——人们有时并不信守承诺。

霍布斯认为，严格地说，某个事物只有成为某个有权威者下的命令，才能叫作“法律”。他写道，他那些戒律其实是这样的命令：它们“与最高权威的上帝公布的戒律相同，那些戒律是我们的主耶稣基督，以及那些神圣的先知和使徒传达的天国法律”[131]。霍布斯认为自己已经证明了一点，即“正义、感恩、谦逊、平等、仁慈”等传统美德都是“和平的手段”[132]，因此，你若想兴旺，它们就值得去利用。但霍布斯也煞费苦心地证明：他这些道德规则全都能在《圣经》里找到。

这样的规则若是存在（据说它们能被理性发现，并得到了《圣经》的支持[133]），人们便会以为道德问题都有明确的答案。例如，杀人被判定为完全的错。不过，霍布斯有时似乎是在说：任何事物都不是真正的善或恶，而只是从个人的角度看来如此。例如，他在《利维坦》的前半部分里写道：

> 无论任何一个人喜欢的对象（换言之，被他称作“善”的事物）是什么，无论他憎恨和厌恶的对象（换言之，被他称作“恶”的事物）是什么……“善”“恶”这些词的意义……从来都与其使用者有关：任何事物都不是如此简单和绝对的……[134]

“存在道德的自然法”这种思想似乎使人不能安坐，因此，我们可以认为霍布斯只是伪称有一位神建立了这样的法律。它们也许是柏拉图《理想国》中苏格拉底讨论的那类“高尚的谎言”：它们是一种无害的神话，能使普通人“更倾向于关心国家，彼此关心”[135]。但是，一个高尚的谎言，若其虚假对于它欲欺骗的人们一直都是秘密，它便不会奏效。霍布斯揭露了“任何事物都不是真正的善或恶”这个令人震惊的真相，但在几章之后又似乎想说服其读者相信与之相反的观点，这是为什么？

回答是，霍布斯并不相信任何此类惊人的真相。他认为，任何事物都不是“简单和绝对的”善或恶，并不是说不存在善恶。他是想解释我们平常如何使用这些术语，解释我们的头脑怎样工作。就在这段话之前，霍布斯指出，不同的人有不同的好恶，而且由于我们的身体一直在变化，在不同的时间，同一个事物有时是一个人希求的，有时是同一个人反感的。他认为，各种现象通过造成我们身体的运动影响我们，身体的运动通过知觉、希求和反感表现出来。这些互动很复杂，我们不应认为，令人喜欢（desirability）或不令人喜欢（undesirability）这两种性质，不知何故都是外部对象和事物状态所固有的。“红”（redness）的性质本身并不是某种水果固有的，而是水果那种事物对我们感觉器官的影响使然；同理，我们发现了某个令人喜欢（并因此称之为“善”）的事物，也应把它理解为我们自己与我们的环境的复杂的相互作用使然。关于这种思维和语言的理论可以提出许多问题，但我们没有理由认为这种理论与霍布斯关于道德自然法的描述相冲突。最有利于人们的是和平，无论人们是否理解这一点。霍布斯的希望是，人们一旦懂得了这一点是正确的，便会渴望得到和平，并称之为善。

现在我们分析一下，在对霍布斯道德学说为期最长的批判中，什么是正确的，什么是可以质疑的，什么是被误解的。1683 年，即霍布斯去世后 4 年，牛津大学发布了一道判令，谴责 27 种“不敬神学说”和为它们辩护的“有害”出版物。[136]霍布斯的《利维坦》和《论公民》的书册在牛津大学方庭里被当众焚毁，一同被毁的还有其他作者的另外 20 多种书籍；一群学者站在火堆旁，发出嗡嗡的赞许声。[137]这似乎是牛津大学最后一次公开的大规模焚书。以下是该判令提到的被归为霍布斯的两条学说：

> 自我保存是自然的根本法，每当其他一切责任与它相竞，它便会取代其他一切责任。[138]
>
> 在自然状态下，善与恶、对与错毫无区别；自然状态就是战争状态，其中每一个人都有权去做任何事情。[139]

霍布斯认为，在一定意义上，自我保存是各种道德自然法的基础。这个看法相当正确：一旦你承认人们都想活下来，其他一切事情就可被视为顺理成章。霍布斯虽然从一个自私的前提开始，却结束于一条无私的“黄金规则”，即“己所不欲，勿施于人”——或像上帝通过摩西之口所言、耶稣对其信徒们重申的那样，“要爱人如己”[140]*。霍布斯的确指出，你永远有权保卫自己的生命；哪怕你同意接受治理，这项权利也不该让渡给君主的权威。但是，一旦我们缔结了这样的契约，这项权利便真的不会赋予我们另一种权利，即我们可以去做我们认为能使自己更安全的任何事情，例如先发制人，因为正是为了防止这种“每个人对每个人的战争”，霍布斯才提倡服从君主的法律。所以，说霍布斯认为自我保存可以超越其他各种考虑，这似乎并不正确。

至于“自然状态”，根据其定义，自然状态乃是一种困境，其中没有约束人们行为的有效政府，因此人人都可以随心所欲，或者说，霍布斯悲观地认为如此。恶劣行为在霍布斯设想的自然状态下猖獗，这个观点是当时舞台喜剧的普遍主题——“在女人的事情上，我们全都处于自然状态”，舞台上一个醉汉嘲笑说，“每个男人都跟每个男人作对。不管我们找什么借口”[141]**。也许是为了强调这种混乱状态，霍布斯指出“是非观念……在那里没有位置”[142]。但他这个说法很容易造成误导，因为根据霍布斯的观点，上帝的法律是永恒的，必定适用于一切情况。因此，严格地说，自然状态中，是与非是有区别的，只是谁都没有注意这个区别。

牛津大学发布判令六年后，约翰·洛克注意到了霍布斯著作引发的狂怒。他谨慎而坦率地宣布：“有一种支配自然状态的自然法，它

---

* 此处讲法利赛人的一个律法师对耶稣的试探。但法利赛人不是耶稣的信徒，曾受到耶稣的批评指责，故此处原文说“其信徒们”（his disciples）不够准确。

** 查尔斯·塞德利（Sir Charles Sedley，5th Baronet，1639—1701 年）是英国贵族政治家、戏剧家，其喜剧《情妇》中工于心计的女主角贝拉米拉（Bellamira）的原型是英王查理二世的情妇、克利夫兰公爵夫人芭芭拉·维利尔斯（Barbara Villiers，Duchess of Cleveland，1640—1709 年）。

强制每个人都服从它。”[143]霍布斯若把他的观点写得如此清楚，本可挽救自己，因为这也是他的观点。他没把它直说出来，也许是因为他首先想通过强调政府缺位时盛行的无政府状态，使人们畏惧。

牛津大学判令列出的第三个“有害学说”是“财产与力量赋予了统治者统治权，并能在承认这种权力正当、合法的事业或企业中取得成功……”[144]这项指控本来随时都会加在霍布斯头上，因为当英国内战时期保皇党的事业失败时，霍布斯公开撤回了对它的支持。在《利维坦》的最后几页（写于 1650 年下半年，即英王查理一世被枭首*一年半之后）中，霍布斯间接地谈到了效忠克伦威尔（Cromwell）政府的这个大受争议的问题。一个篡位者推翻了君主的权威，人们必须服从这个篡位者吗？根据霍布斯最早的政治学著作，根据他在《利维坦》最后部分的重申，有一点十分清楚：无论谁有能力保护公民，对他效忠都是必须付出的代价。霍布斯认为，篡权者们一旦无可争辩地掌握了权力，因其地位最能保护和平，人们就应当服从一个新的权威。1650 年的英国政府就是杀死了处于这个位子上的国王。但霍布斯认为，这并不是说反叛的成功能反过来证明一个弑君者的行为，或以往其他任何罪行都是正义的。霍布斯指出，效忠一个政府，其实并不要求人们赞成该政府取得权力的方式，“世上几乎没有一个国家，其起源能在良心上说是正义的”[145]。

霍布斯并不认为任何普遍原则都能造就正义。只有一种十分特殊的情况：甚至力量也不能赋予统治者统治权，因为严格地说，授予一个政府合法性的，正是众人的一致赞同。正如霍布斯在《利维坦》中所言：“君权（sovereignty）源于公约（pact）。”[146]一旦一国政府具备了履行政府职能的力量，人们一致同意接受其管理，便是明智之举。因此，力量是统治权的一个前提条件，但通常不是一个充分条件。上

---

* 查理一世（Charles I，1600—1649 年）于 1649 年 1 月 30 日被送上断头台枭首。

帝的权力是例外。霍布斯写道，上帝对人的统治权——除了犹太人，上帝与犹太人订立了明确的契约——“必定来自……他不可抗拒的力量”[147]。

§

1652年初，即《利维坦》出版一年之后，霍布斯从法国十多年的自愿流放中返回了英国。他新出版的第一本出版物大致上是一本科学论文集，题为《论物体》（*De corpore*），其中很多文章都写于很早以前，其中有科学论文，有数学论文，有逻辑学论文，还有些形而上学（亚里士多德意义上的形而上学）论文，这意味着，这些论文讨论的是一些用于描述世界的基本概念，例如原因、结果、特性、空间和时间。书中有关于运动、重力、光学、感知觉、动物、星星、热、气候等话题的材料。此书第20章讨论几何学，是一场智力灾祸。书中其他的一切早就被人们遗忘了。

霍布斯在《利维坦》中提出过一个反问：“谁如此愚蠢，在几何学中犯了错误，当有人向他指出那个错误，又坚持那个错误呢？”[148]事实表明，正如著名数学家约翰·沃利斯所愉快地证明的，这句评论很不走运。沃利斯是长老会教徒（Presbyterian），大学人士，英国内战期间曾站在反保皇党一边——因此三度成为霍布斯之敌。霍布斯与沃利斯交锋的语调，可以根据其中一些争论的标题判断出来——“荒谬几何学的标记，乡下语言，苏格兰的教会政治，以及约翰·沃利斯之愚昧”，“对霍布斯先生的适当纠正。或学校纪律，因未说他那些教训是正确的”。这场战斗持续了六年，沃利斯向一位朋友解释了他为什么投入了那么多精力，去给霍布斯一个教训。那是因为霍布斯猛烈批评了大学和神职人员，“就像基督教世界根本没有合理的知识……就像人们若不懂哲学就不能理解宗教，若不懂数学就不能理解哲学”。因此，数学家们此时正该让他知道“他对给予他勇气的数学知道得多么少”[149]*。霍布斯说沃利斯是为了“英国所有的神职人员”与他作战[150]**，此话离真相不远。霍布斯对“化圆为方”（squaring the circle）的态度，给了这些人一个绝好的机会。这项古老的挑战，就是只用无刻度的尺子和圆规，构成与既定圆形面积相等的方形。公元前5世纪，“化圆为方”者已在雅典人中被看作有点近于笑话，这不是由于人们都知道这是项不可能完成的任务，而是由于它令人上瘾而声名狼藉。“化圆为方”之说来自阿里斯托芬（Aristophanēs）的喜剧《鸟》（*The Birds*）[151]，也来自修昔底德的著名老师阿那克萨哥拉。据说，阿那克萨哥拉曾在狱中以“化圆为方”的游戏自娱[152]。但丁（Dante Alighieri，1265—1321年）在他的《神曲·天堂篇》（*Paradiso*）里提到这个难题十分棘手[153]***，尽管他本应在描述“地狱”或“炼狱”时使用这个比喻。1755年，法国皇家学院对提交的答案极为困惑，决定不再检验任何进一步的尝试。

1882年，人们终于证明了任何圆形都不可能被画成同等面积的方形。但这项挑战已造就了大量有价值的工作，也生产了数不清的废渣。在霍布斯所处的时代，一些认真的数学家仍然认为这个难题可以解决，但笛卡尔、费马和其他很多人都不同意这个观点。霍布斯根本不曾狂热地尝试解决它。不过，当他试图反驳无情的沃利斯时，他却越来越深地让自己陷入了数学上的荒谬。他承认此事正在变成这样一种情况：“要么我自己疯了，要么我是清醒的，没有第三种答案。除非像有人说的那样，我们全疯了。”[154]

---

* 语出沃利斯致惠更斯的信。惠更斯（Christiaan Huyghens，1629—1695年）是荷兰物理学家、天文学家、数学家。

** 语出霍布斯致索彼耶尔的信。索彼耶尔（Samuel de Sorbière，1615—1670年）是法国医生、文人、哲学家、翻译家。

*** 这三行诗是“As the geometer his mind applies/To square the circle，nor for all his wit/Finds the right formula，howe'er he tries”（就像几何学家，欲将圆形画成面积一样的正方形，绞尽脑汁，也找不到正确原理）。其原意是人性的半径不能表示神性的圆周。

这段未经证实的趣事的一个有趣之处在于：使霍布斯误入歧途的部分原因，也许正是霍布斯的哲学观点。沃利斯承认代数在几何学中的力量，但霍布斯（像当时许多人一样）却认为这种新发明的方法（其先驱是笛卡尔）太抽象，甚至不合理。他嘲笑新几何学的符号，说几何学的书页“看上去就像一只母鸡在那上面挠过”[155]。霍布斯认为，当时几何学的主要失败，是它致力于研究能使这门科学具有实际应用的价值，从而失去了目标，并强调了多余的精确性。霍布斯的一些“正方求积法”（quadrature），或称“化圆为方”的秘方，都精确到了可适用于一切实际目的，或者说他认为如此。因此，若那些方法不能符合沃利斯这种涂鸦者制定的一些无关的标准，那又有什么关系呢？

但从根本上说，欧几里得几何学也是抽象的，即使霍布斯真的懂得这一点，他现在的自卫尝试和他的哲学也使他忘记了这一点。欧几里得几何学不研究物体，而研究抽象性。因此，欧几里得才把“线”定义为“无宽度的长度”[156]，哪怕没有物体会薄得绝无任何宽度。霍布斯认为，唯有物质是真实的。因此，若点和线不是物质的片段，它们便不存在。所以，欲使几何学有意义，就必须用一种方式去解释欧几里得的概念，那种方式能转变那些概念，使它们能与这种粗糙的唯物主义相容。在想做出这番尝试的压力下，霍布斯对几何学的理解崩溃了。在他关于数学的最后几封信里，其中一封甚至说他开始怀疑欧几里得对毕达哥拉斯定理的证明[157]——而 34 年前在日内瓦时，那个推论曾使他心醉神迷。

霍布斯未被邀请加入英国皇家学会，尽管他在科学上的信誉好于一些当选会员。与沃利斯（他是英国皇家学会的著名成员）的战斗，自然不会有助于他加入学会，但霍布斯的不受欢迎还另有原因。对这个羽翼未丰的学会来说，霍布斯的恶名远扬想必是个累赘，因为有些人曾批评学会说，它对观察和实验的重视鼓励了不信教的思想。这些保守派认为，重视感觉会使人偏离更高的、更具精神性的层面。为了避免这些指控，这个学会选择不与声名狼藉的霍布斯发生联系，这更为安全。

英国皇家学会探求自然知识的方式没有给霍布斯留下什么印象。他认为那些方法很幼稚、很随意。他蔑视实验室的实验，因为它太容易导致误解，并常常浪费时间。对于波义耳考察气压的装置，他嘲讽说："他们展示一些新机器就像展示奇异动物那样，不付钱就见不到"[158]。正是霍布斯讲出了那个恶作剧般的故事，说培根之死[159]是因为"这位爵爷……正在做一个实验"。霍布斯告诉奥布里（后者将他的话写了下来，留给后人），在一个寒冷的冬夜，当培根乘马车去海格特时，他突然有了一个想法，便下了车，想看看把雪塞进一只鸡的肚子是否有助于保鲜，结果因受风寒而去世。[160]这个迄今仍在数不清的史书中重复的故事，似乎是杜撰的。虽然此次乘车之旅后，培根的身体的确更差了，他也的确对冷藏感兴趣，但他最后的病症在此次旅行之前就出现了，何况他已经证明了冷冻能保存肉类，因此他那天应当不必在半路上弄来一只鸡。

在霍布斯那个时代及其以后的很长时期里，"实验"（experiment）一词都表示对自然的因果关系的观察，也表示在可控环境中进行的试验（trial）。与一些人不同，霍布斯没有看到这两者的区别。他写道："做过很多实验就是我们所说的经验，但经验不是别的，只是对先前事件结果的记忆。"[161]积极的实验研究远非无用；其实，霍布斯本人就做过相当多的实验。但波义耳等人却高估了、有时甚至误解了实验的作用。霍布斯认为，从经验中学习，其本身不算合理的知识获得途径。他与英国皇家学会的一部分分歧，就是因为英国皇家学会不够重视这个事实。同样，英国皇家学会也忽视了霍布斯的有价值工作，因此也没有推进他的工作。

§

霍布斯在英国哲学中的直接继承者们虽然继承了他的思想，却发现必须否认自己在这么做。大骂霍布斯，再去模仿他，这已是通常的做法。正如一位诗人如下的诗句所说：

……对霍布斯又偷又骂，
如同法国窃贼又抢又杀。[162]

洛克和休谟都有理由否认自己是十足的“霍布斯主义者”，但他们的思想确实都带着霍布斯的色彩，他们的著作充满了这位怪人著作的回声。

洛克声称没读过多少霍布斯的著作，他在 1690 年出版的著作《人类理解论》（*Essay Concerning Human Understanding*）中只提到过霍布斯一次，并且表示不赞成霍布斯的观点。[163]但一位加尔文教评论家*却认为，洛克看待宗教的方法很像霍布斯的理性主义方法，“把霍布斯的《利维坦》当成了《新约》，把这位马姆斯伯里的哲学家当成了我们的救世主”[164]。洛克 20 多岁时写过一部论政治权威的著作，却从未出版。在那本书里，他用无疑是霍布斯的术语，把“自然状态”描述为“没有和平，没有安全，没有快乐，人人都彼此满怀敌意，人人都没有平安的财产，没有管理性情暴烈的不幸人群和制止叛乱的政府”[165]。他写道，每个国家的君主除了有上帝的法律赋予的权力，“还必然享有统治其人民……一切行动的绝对的、专断的权力”[166]。年轻的洛克延续了霍布斯的思路，认为几乎不必担心暴政，因为君主滥用其权力不符合君主的利益。

连洛克的晚期政治思想中也有霍布斯思想的明显痕迹。但是，他

---

* 该评论家名为约翰·爱德华兹（John Edwards，1637—1716 年），是英国加尔文教牧师。

从霍布斯那里拾取最多的，似乎是对语言运作的兴趣和一个信念：研究语言的运作，能使人更清楚地认识哲学的其他部分。具体地说，这两人都认为，一些传统的难题只是人们把假象（masquerading）错看成了难题，它们看似真实，只是因为人们没有充分注意单词如何获得意义。在哲学史上，这种思想远不算新——在柏拉图时代及其之后的各个时代，我们都能见到它——但霍布斯比大多数人更多地利用了它，洛克则仿照了霍布斯的做法。

例如，霍布斯指出，我们对“自由意志”（free will）这个概念的表达用词不当（misnomer），这并不是因为不存在人的自由，而是因为说“意志”自由或不自由并不确切。霍布斯认为，“自由”唯一的完整意义是，其中或有人可被说成“不受（free from）反面的阻碍”。由此便可说，我的一些行动是自由的，另一些行动是不自由的，因为人或逆境有时会挡住我的路，有时不会如此。我们不必为意志本身是否自由而烦恼，因为这是个被弄乱了的问题。霍布斯自信地宣布，“自由意志”就像“圆的四边形”和“非物质的实体”一样，也是“除了声音，没有任何意义的词”，因此是“荒谬的、无意义的废话”[167]。洛克也像霍布斯那样说：“问人的意志是不是自由的，这毫无意义，就像问人的睡眠是不是快速的，问人的美德是不是四方的（square）一样。自由（liberty）几乎不能用于描述意志，就像运动之快（swiftness of motion）几乎不能用于描述睡眠，就像四方性（squareness）几乎不能用于描述美德（virtue）。”[168]

霍布斯写道，语言的荒谬或无意义是说单词“没有与思想产生任何联系”[169]。他写道，哲学家尤其容易造成荒谬，因为他们没有以几何学的方式廓清他们使用的定义。若要进行有意义的思考和说话，单词与思想之间究竟必须存在哪类联系呢？对这个问题，霍布斯没说太多，只说，在生成我们的全部知觉方面，我们的感觉经验起了某种作用，“人的头脑中本无概念。最初，概念并不是靠感觉器官全部或部分地产生的”[170]。但在中世纪思想中，这个模糊的原理却是老生常谈，一些经院哲学家（他们是所谓“废话”的主要制造者）也赞成这个原理。洛克后来试图更详细地解释这个原理。

对于这个关于意义的原理，霍布斯最重要的运用是在神学方面。我们不能凭我们的感官了解上帝，因此，我们头脑中便没有关于上帝的正确概念（尽管我们知道上帝存在，因为必须有什么人造出这个世界）。因此，我们就不能以寻常的方式，有意义地描述上帝的任何特性。我们说上帝仁慈、智慧和善良，这都是我们赞美上帝的方式，“我们赋予他的那些特性，并不能互相说明他是什么，也不能表示我们对上帝本质的认识，而只能表示我们用这些称谓来尊敬他的愿望，那些都是我们能想出的人们之间最可敬的称谓”[171]。这是一种关于语言在宗教中的用法的最激进理论，当然让人难以接受。

18 世纪下半叶，休谟在他的《英国史》（*The History of England*，为休谟 40 多岁时的著作）中写道，霍布斯后来被“大大忽视了”[172]。休谟似乎还对这个事实有几分悲哀。他称赞了霍布斯的清晰文风，也记录了霍布斯的大胆观点，尽管他也觉得不得不重复那个传统说法，即霍布斯的道德观仅仅适于“鼓励放荡”。休谟切断自己与这位怪人的关联的谨慎尝试并不完全成功。约翰逊博士（Dr Johnson）[173]和一本匿名小册子[174]的作者，都反对休谟成为爱丁堡大学教员的候选人，更把他贬为“霍布斯分子”。休谟在自己的哲学著作中频频提到霍布斯，并总是不赞成霍布斯的观点，他对霍布斯的批评也十分深刻。休谟从未做过的一件事，就是表明他自己智力事业的结构中究竟带着多少霍布斯精神。这两人都试行了崭新的计划，以造就人的科学。休谟的主要著作大多遵循着《利维坦》前两个部分中的计划，也遵循着霍布斯的另一本早期著作的思想：那本书从对感觉和智力的叙述开始，讨论情感和行动，最后论述道德和政治。[175]休谟甚至根据霍布斯的一本书，命名了他的著作《人性论》（*Treatise of Human*

Nature)。[176]这两人都赞成一个观点：应以最佳的科学方法研究道德和政治（尽管他们对最佳方法的认识明显不同）。休谟并未急于诉诸几何学式的证明和定义。

与洛克不同，休谟没有像霍布斯那样详细地考察语言的运作（尽管他对头脑的考察确实让他得出了霍布斯式的结论：当哲学家的概念缺少充分的经验依据时，他们便往往大讲废话）。休谟的《人性论》也跟《利维坦》很长的第三部分毫无联系，那个部分讲的是宗教。不过，在其他的著作和论文里，休谟却写出了谈论上帝和基督教的大量文字。我们将在本书第 7 章看到，休谟在虔诚的伪装下谈论宗教，尽管他其实是“宗教之敌”[177]——他如此称呼霍布斯，以使读者保持对他自己的尊重。

一位现代评论家说得很有道理：“霍布斯对宗教——其他民族的宗教——满怀热忱。”[178]对于他认为被误解的宗教观点造成的可怕影响和荒唐成分，霍布斯往往感到愤慨。他写出了措辞激烈的长文，反对教皇职位（他把它称为“已故罗马帝国的鬼魂，戴着皇冠，坐在那个帝国的坟墓上”[179]），反对通常的天主教会。而在哲学文献中，其论辩之激烈，只有 19 世纪悲观主义哲学家叔本华（Arthur Schopenhauer，1788—1860 年）评论他憎恨的对手黑格尔的文章能与之相提并论。没有别样的怒火能够如此促使霍布斯坦白自己的信仰，尽管其措辞往往同样十分激烈。我们没有理由怀疑他对英国教会宣誓的忠诚，他确实显得特别虔诚。我们也无法把他想象为一位殉教者、一位苦行僧，甚至无法把他想象为一位失意的、低等的教区牧师——就像他父亲那样。

说他是宗教之敌，这话说对了几分，但仅在一种意义上：路德、加尔文和耶稣本人也都是宗教之敌。换言之，霍布斯是改革家，否认了当时的教条，提出了新的思想。许多宗教先驱最初都被视为异教徒甚至更坏的人。一些天主教作者把路德和加尔文描述为“无神论者”[180]，而这正是公元 1 世纪到 3 世纪一些罗马人和其他异教徒对基督教徒的称呼。

一位罗马皇帝推断，基督教徒的“无神论”来自犹太人。[181]

在17世纪的英国使霍布斯饱受诽谤的很多观点，在如今很多笃信基督教的会众当中几乎不会引起任何惊怪。恰恰相反，如今最易被哄骗出英国教堂的，正是相信女巫的人，而不是怀疑女巫的人。霍布斯对《圣经》的历史研究，在今天只会使他招致来自最极端的正统基督教信徒的敌意；如今很多发达国家都已坚定地承认了霍布斯的一个观点：宗教的权威不应当对广大民众施行任何高压。霍布斯对奇迹和预言能力的理性主义态度虽然会遭到某些信徒的批判，但也获得了其他人的广泛赞同。一些基督教团体，包括“基督复临安息日会”（Seventh-Day Adventists），如今也像霍布斯那样赞成“灵魂必死论”（mortalism）——只有肉体复活时，生命才会开始——尽管这还是少数人的观点。霍布斯认为上帝具有肉身，这个观点仅仅被摩门教徒（Mormons）承认，但批评他们的人更经常地把他们看作行为怪异者，而不是看作隐蔽的无神论者。

托马斯·潘恩（Thomas Paine，1737—1809年）曾写道：“以我们先辈的信仰衡量，我们都是不信教者。”[182]以霍布斯发表的著作为证，霍布斯绝非不信教者，而只是走在了他的时代的前面，并具有独立的思想。可是，他公开发表的著作就是他的真实思想吗？霍布斯真的怀疑上帝的存在吗？他本来有十足的理由隐瞒这个思想。否认上帝就是渎神，从理论上说，这会使他被判死刑，而那可能意味着在火刑柱上被烧死。1612年，当霍布斯还年轻时，英国出现了最后一次宗教火刑，火刑柱的威胁似乎一直留在法律里，直到他去世前的两年。无论如何，某些形式上的严惩完全有可能发生，尽管他晚年受到了他以前那位学生*的皇家保护。[183]

但是，霍布斯隐瞒他的无神论观点（若有的话）是一回事；而证

* 指英王查理二世。

明他真的是无神论者，则完全是另一回事。我们没有足够的理由认为他是无神论者。他的朋友和相识没有一个记录过任何此类印象，尽管有些故事说，霍布斯在某些场合鄙视神父们的关注。即便霍布斯设法隐瞒他对上帝的真实看法，以使自己获得更多的同情和接纳，这个行为也没产生他想要的效果，而且他这么做时也十分勉强。一个人为什么要给自己的宗教思想加糖，让它们更美味，以使人们更愿意相信“上帝有肉身”（几乎没人能容忍这个思想）？

要确定霍布斯是不是秘密的无神论者，首先必须弄清“无神论”一词的意思，因为在霍布斯那个时代，这个词的使用相当自由。在西里尔·特纳（Cyril Tourneur，？—1626年）* 的戏剧《无神论者的悲剧》（*The Atheist's Tragedy*，17世纪第一个10年间首演于伦敦）中，那个十足的坏蛋达姆维尔男爵（Baron D'Amville）是个奸诈、贪财的恨世者，他认为人并不比野兽好，认为命运比上帝更强大，认为他自己的不朽完全在于他子孙的繁荣；他还是杀人者、强奸未遂者，并且是个自杀者；但他一直都避免否认上帝的存在。霍布斯所处时代的英国，其实根本不存在这样的事例。罗伯特·伯顿（Robert Burton，1577—1639年）在他1621年出版的长篇论著《忧郁的解剖》（*The Anatomy of Melancholy*）中，没有举出一个这样的事例，尽管他提到了许多莫须有的外国不信教者，还说根据他的一种消息来源，这些人的数量仅在巴黎就有5万之多。[184]

弗朗西斯·培根在其《论无神论》（*Of Atheisme*）一文中说，“这个宇宙的架构中没有神”是令人难以置信的。[185] 他还认为，任何人都不会真的相信有这样的说法，即使他们自称相信。例如，无神论者（就这个词值得讨论的意义而言）的固有观点是，宇宙根本没有一位有智慧的创造者。直到霍布斯去世约一个世纪之后，出版商才出版了

---

* 英国军人、外交家、戏剧家，《无神论者的悲剧》是他唯一的戏剧，出品于1611年。

人们所知的第一批（这个意义上的）有关无神论的忏悔书，有英文的，也有法文的，而这些忏悔书上也都没署上作者的真名。[186]在霍布斯所处的时代，却有一些人承认他们曾因怀疑上帝的存在而苦恼；这种忏悔总是伴随着保证，即保证这些怀疑都已被克服了。因此，写了《天路历程》（*The Pilgrim's Progress*）的清教徒作家约翰·班扬（John Bunyan，1628—1688年）才在他的《罪人受恩记》（*Grace Abounding**，写于1666年，为"支持意志薄弱的受诱惑者"[187]而发表）中承认，在他最倒霉的日子里，他产生过一些渎神的思想，它们"在我心中激起了一些问题，否认上帝的存在"[188]。我们当然不能排除霍布斯有时也产生过这样的疑问，但我们也有理由认为，他的固定观点就是他在《利维坦》中宣称的观点，即这个世界必定有一个原因：

> 见到任何结果的人，应将它视为下一结果的直接原因，再由此追溯该原因的原因……便终将得出一个结论：必定存在第一推动力（First Mover），万物必有一种永恒的原因，人们以"上帝"之名称之。[189]

在霍布斯那个时代，对愿意遵循逻辑论证得出结论的人来说，根据世界的存在推论上帝的存在，似乎都是不可避免的。直到一个多世纪以后，怀疑这种思想方法的强大理性才开始流行，其中最值得注意的观点见于休谟去世后出版的《自然宗教对话录》（*Dialogues Concerning Natural Religion*）。没有迹象表明霍布斯曾注意到了休谟后来揭露的神学论证中的任何瑕疵。

但我们应当考虑到一种可能性：霍布斯是无神论者，自己却并不知道。他那位物质的上帝能算真正的上帝吗？波义耳就不知道何以如此："一种物质的事物，何以能创造物质并具有无限力量？我承认，

---

* 全名 *Grace Abounding to the Chief of Sinners*，班扬1666年写于狱中的精神自传。

我不理解。”[190]若相信一位物质的上帝是无神论的特质，那么，霍布斯就的确是个无神论者，哪怕他诚心认为自己不是。

还有一种上帝观甚至比霍布斯的正式观点更不正统，一些人怀疑霍布斯暗地里赞成它。那是斯宾诺莎的一种理论，即认为上帝和自然是同一个事物。霍布斯显然不赞成这种思想：“上帝这个名称，其意思是世界之因；说上帝就是世界，就等于说这个世界没有原因，换言之，没有上帝。”[191]霍布斯虽然公开否认了斯宾诺莎主义，但他的很多私下评论还是让他露了马脚，暴露了他是个秘密的斯宾诺莎主义者。霍布斯读了斯宾诺莎那本声名狼藉的《神学政治论》(*Tractatus Theologico-politicus*，出版于1670年)以后，对奥布里说，斯宾诺莎胜过了他自己，他本人“不敢写得那么大胆”。

斯宾诺莎的《神学政治论》受到了霍布斯一些著作的影响。在对《圣经》的文本批评方面，在质疑预言和奇迹等宗教问题方面，斯宾诺莎走得比霍布斯远得多。斯宾诺莎在谈论一些话题时，比霍布斯更大胆，而就这些话题而言，霍布斯可能暗暗赞成他的观点。一个相关话题就是奇迹的频度。斯宾诺莎大胆地指出，“奇迹”这个概念毫无意义，因此从来就没有奇迹。霍布斯写道，奇迹通常出现在圣经时代(biblical times)*，但随着使徒们的去世而不再出现。超自然活动的突然终止，是清教徒当中的一种普遍信念，而天主教徒往往宣布：奇迹一直都在出现，直至当今。霍布斯完全可能暗中怀疑全部奇迹，但认为自己无法否认《圣经》里的那些奇迹。把上帝与自然看作同一种事物的，正是斯宾诺莎，而霍布斯认为：伴随着这种理论的麻烦是，斯宾诺莎本人在大部分时间里都隐瞒了这个信条，一直到他去世后《伦理学》(*Ethics*)的出版，而霍布斯从未见过那本著作。霍布斯读到的《神学政治论》中的一小段文字[192]，的确暗示了这个信条，但也

---

* 《圣经·出埃及记》的时代，从公元前1250年算起。

仅此而已。因此，“霍布斯相信这个信条，只是没敢写出来”[193]的说法是站不住脚的。

斯宾诺莎是本书下一章的主题。他像霍布斯一样欣赏几何学，只是这种欣赏给他造成的伤害大大小于给霍布斯造成的伤害。这两个人都受到了同代人的谴责，也都受到了其后数代人的谴责。但是，尽管斯宾诺莎也像霍布斯那样遭到过辱骂，可他最终还是被许多人看作最可爱的哲学家之一。霍布斯没有获得这样的关爱。

3

未来的微风：斯宾诺莎

> 根据天使的法令和圣徒的教导，我们取缔、摒弃、谴责和诅咒巴鲁克·斯宾诺莎……愿他日夜皆遭诅咒，愿他睡觉时和醒来后皆遭诅咒，愿他来去进出皆遭诅咒，愿主不宽恕他，愿主的怒火将他焚烧……
>
> 我们警告：任何人都不得与他进行口头的或文字的联络，不得给他任何帮助，不得与他同在一个屋顶下，不得阅读他写出的任何文字。[1]

以上言辞在 1656 年 7 月 27 日发布后，阿姆斯特丹的葡萄牙人犹太教会开除了斯宾诺莎的教籍。当时，他 23 岁。他是水果商之子，曾被视为很有前途的《圣经》学者。阿姆斯特丹的犹太人会堂很喜欢革除教籍，经常发布革籍公告，有时是为了对较轻的过失做出反应。在同一个星期，斯宾诺莎的两位朋友也受到了诅咒，被逐出了教会。但是，在犹太人会堂发布过的革籍公告中，对斯宾诺莎的诅咒却是措辞最激烈的。

这个犹太教会的历史，使其成员对任何挑战——哪怕只是看似的挑战都特别敏感。他们以前是马拉诺人（Marranos）——世代居住在西班牙和葡萄牙、被迫信奉了基督教的犹太人，16 世纪末来到阿姆斯特丹，重新以犹太教徒的公开身份生活。在他们的祖先被迫秘密信奉犹太教的年代里，他们关于犹太法律和犹太传统的知识大多丧失了。逃到了相对自由的荷兰以后，他们想做堂堂正正的犹太人，为此进行了最认真的尝试。但这种尝试受阻于一个事实：他们当中的很多人都忘了这种尝试要求他们做到的事情。在阿姆斯特丹的葡萄牙人犹太教会的会众里，认识希伯来文的人为数寥寥（斯宾诺莎是认识希伯来文的人中的一个）。

其实，阿姆斯特丹的犹太人并不熟悉犹太教，因此对新近的皈依很有热情。他们当中的任何成员，只要其行为似乎威胁到了他们新近重获的信仰，都会很快遭到他们的谴责。在这方面，他们的拉比（rabbis）几乎就是西班牙和葡萄牙宗教裁判所审判官的翻版，当年，那些裁判所审判官一直密切监视着他们的祖先。宗教裁判所审判官们很有根据地怀疑：许多“新基督徒”（皈依了基督教的犹太人）私下里都坚持信奉他们原先的宗教。按照同样的思路，阿姆斯特丹的犹太人会堂现在也密切监视着这些新犹太教徒的违规之举。它虽然忙于对付一些微不足道的过失（如在做礼拜时说话），但也必须对付大量严重的异端表现。事实将会证明：马拉诺人的传统文化，由于它是基督教和犹太教的特殊混合体，由于它有使用聪明的欺骗手段的传统，就是非正统思想的温床。

马拉诺人扭曲的历史造成不轨表现的一个例子，就是尤里尔·达·科斯塔（Uriel Da Costa，1585？—1640 年）* 案，他在斯宾诺莎 8 岁时自杀了。达·科斯塔说：“一些人总是自称‘我是犹太教徒’‘我是基督教徒’，但迄今更可取的，却是自称既非犹太教徒、亦非基督教徒的人。”[2] ** 达·科斯塔很难决定最好做其中哪一种人。他原先

---

* 葡萄牙人，犹太哲学家，怀疑论者。

** 引文所援引之书写于 1640 年，内容为作者自传、质疑“摩西五经”（Torah）的权威和表示相信自然法。

是基督教徒（具有马拉诺人的血统），后来做了犹太教徒，但很快就对重新发现的其祖先的宗教感到不满。他拒绝承认犹太教拉比和犹太法律的权威，否认有来生。他被犹太教会开除教籍后，精神崩溃了，放弃了他的异端学说。但后来，他再次反叛，再次遭到了惩罚，之后又重新信奉犹太教，最后因绝望（也许是因疯癫）而自杀。对于他那些具有明显歧义的观点，我们所知不多，但无论他究竟信仰什么，他的行为都震惊了斯宾诺莎所属的社团，使它弥漫着比以前更加焦虑不安的情绪。

阿姆斯特丹马拉诺人社团中的另一个叛逆者，在年龄、精神方面——也许还有在心理的稳定性方面——更接近斯宾诺莎。他叫胡安·德·普拉多（Juan de Prado），是出生于西班牙的医生，在斯宾诺莎被开除教籍的那个星期也被开除了教籍。他比这位年轻哲学家年长十岁左右，常与后者一起讨论宗教问题。像达·科斯塔一样，普拉多也无法确定自己属于哪里。在基督教占统治地位的西班牙，他冒着生命危险做了秘密的犹太教徒；后来，他来到了阿姆斯特丹的犹太人当中，又过着秘密的不信（犹太）教者的生活。当他的宗教怀疑论已不能为犹太教会所容忍时，他便遭到了驱逐。普拉多自称放弃了自己的异端理论，再度成了虔诚的犹太教徒。如此，就像昔日真正的马拉诺人那样——但与斯宾诺莎不同，因为勇敢的斯宾诺莎根本不想隐瞒自己的观点——普拉多一直隐瞒自己的真正信仰，不让公众知道。这种勉强状态是可以理解的，因为他令人震惊地相信：在某种意义上，上帝与自然是同一种事物，或至少与一部分自然是同一种事物。他还认为，欲得到拯救，没有必要去实践犹太教甚至任何宗教。精神的拯救在于了解上帝，与遵照拉比们的规则行事、承认迷信的教条毫不相干。此外，普拉多还认为，《圣经》里的历史大多是明显的谎言。例如，他认为世界一直就存在，因此不是创造出来的。

斯宾诺莎和普拉多被犹太教会开除教籍三年以后，一个为西班牙宗教裁判所工作的探子向他的主子们报告了这两人的言行（即使马拉诺人离开了西班牙，宗教裁判所依然一直关注他们）。那个探子写道：这些叛教的犹太人竟敢胡说灵魂与肉体一起死亡。他报告说，他们还说“存在上帝，但只是哲学意义上的存在”[3]。那个探子说，这种高深莫测的思想是从这两人参加的一个讨论组里听到的。但是，说上帝“只是哲学意义上的存在”，这究竟是什么意思呢？

那个探子是个修士。在他看来，这句话也许是说，这些人所说的上帝并不像传统宗教里的上帝，因为前者已被不恰当地抽象化了，不是具体的人。从某种意义上说，斯宾诺莎的上帝的确并不为人熟悉，是一个遥远的实体。像亚里士多德笔下那位崇高的“第一推动者”一样，斯宾诺莎的上帝也对人类事务毫无兴趣。若那个探子以为上帝因此在斯宾诺莎的宇宙里仅仅起了外围作用，他就错了。远非如此，上帝在其中起着核心作用。斯宾诺莎认为，了解世界就是了解上帝，因为“万物皆在上帝之中”[4]，“上帝之爱乃是人类的最高幸福”[5]。斯宾诺莎去世一个世纪之后，德国一位浪漫派诗人恰当地把他描述为“一位陶醉于上帝的人”[6]。这个说法毫不夸张。斯宾诺莎对上帝的迷醉，怎会与他对传统宗教毫不妥协的猛烈批判相一致呢？这个问题，后来将会变得清楚一些。

斯宾诺莎的很多同代人完全弄不清这个问题，他们通常都把他的观点看作一种反宗教的野心。斯宾诺莎写道：“我没用我所认识的人们采用的方法，去区分上帝与自然。”[7] 此类声明掩盖了他对上帝的其他一切议论，使他在大多数人眼里完全成了无神论者。斯宾诺莎被普遍视为一个哲学弃儿，直到 18 世纪后期一些德国作者重新发现了他。那些作者尊重自然，而这使他们把斯宾诺莎看作了一位精神先祖。当欧洲很多思想家提到他时，其措辞几乎就像从阿姆斯特丹犹太教会那道严厉的历史性判令（decree）中借来的。因此，培尔那部很有影响的《历史批判辞典》（*Historical and Critical Dictionary*，于斯宾诺莎去世20年后出版）才把斯宾诺莎那部主要的宗教著作称为“一本有害的、可憎的书”[8]。它还把斯宾诺莎的哲学描述为“能想象到的最怪异的假说”[9]。

但是，就连斯宾诺莎最大的敌人都不否认他的个人美德。他善良、高尚的人品极为著名。把斯宾诺莎视为“最高尚、最可爱的大哲学家”的，并非只有伯特兰·罗素一人。[10]其实，已知的对斯宾诺莎行为的最坏描述，也只是说他有时很喜欢看蜘蛛捕猎苍蝇。一个声名狼藉的“无神论者”也可能是个好人，17世纪的人们认为这多少有几分自相矛盾。但不可否认的是，斯宾诺莎就是这样的人。培尔指出：“熟悉他的人……都说他喜欢交际，和蔼可亲，诚实，彬彬有礼，道德嘉良。”[11]

围绕着斯宾诺莎的生活故事，渐渐产生了一个浪漫的神话。人们都说，他不得不以研磨透镜为生；他独自追求真理时，却不得不去当工匠，以此维持生活。其实，斯宾诺莎过着舒适的生活，但很适度，靠他为数不多的忠实崇拜者和学生的赠款和津贴为生。[12]像他那个时代其他很多对光学和实验科学感兴趣的人一样，斯宾诺莎也确实制造了自己的一些仪器；但在他那里，研磨透镜是一种科学追求，而不是商业活动。笛卡尔最初也曾涉足研磨透镜。不过，斯宾诺莎的仪器却以高质量而出名。为什么全欧洲热衷科学和“新哲学”的人都想找到他？他实实在在的专门技术为这个问题提供了答案。

1673年，海德堡大学（Heidelberg University）把斯宾诺莎视作“非凡的天才”，为他提供了哲学教职，条件是不得滥用这个职位去“扰乱公众承认的宗教”[13]。斯宾诺莎不能接受这项限制，拒绝了这份荣誉（法国军队占领那所大学后不久，它就关闭了）。斯宾诺莎被阿姆斯特丹犹太教会逐出了教会，后来又遭到了几乎所有报章的辱骂。尽管如此，还是有一些人肯定斯宾诺莎的非凡思想，并渴望更多地了解他的思想，即使只有少数人会全部接受那些思想。

§

斯宾诺莎16岁时就让他的社群失望了，因为他放弃了对《圣经》和神学的高深研究。他不得不帮父亲做生意，他对知识的兴趣已转到了犹太教会以外的世界。两三年后，他进了一所拉丁语学校，并能在学校里阅读古典文学，阅读非犹太教学者们的最新著作。他的老师是弗朗西斯·凡·登·伊登（Francis van den Eden，又作Franciscus van den Enden，1602—1674年）*，此人曾是耶稣会成员，后来成了医生和热忱的笛卡尔主义者——笛卡尔在其生命的最后20年中大多生活在荷兰，他的思想在荷兰引起了众多讨论。在凡·登·伊登的鼓励下，斯宾诺莎把自己的研究转向了科学，尤其是数学和光学。笛卡尔和新物理学其他先驱的著作对他的吸引力，远远超过了他的社群让他熟记的希伯来语经文注释。斯宾诺莎很快就跟持不同观点的各种基督教团体混在了一起，那些人被统称为"社友会"（Collegiants）**。这些小教派（其人数有时比讨论小组多不了几个）通常都拒绝一切宗教仪式。它们不承认正统教会和许多（甚至全部）传统教义的权威。它们的宗教讨论集中在增强阅读《圣经》的收效、宗教自由的优点和政教分离的愿望上。通过这些团体，斯宾诺莎结识了很多人，这些人都成了他最亲密的朋友；他被开除教籍后，又结识了其中更多的人。

被逐出教会四年后，斯宾诺莎搬到了莱顿附近的一个小镇，在那里的大学从事研究。在这一时期，他的一些哲学著作的草稿悄悄流传开来。被指控为无神论者，以及他的显微镜和望远镜，已使他出了

---

* 荷兰诗人、医生、哲学家、艺术收藏家，曾密谋反对法国国王路易十四（Louis XIV）。

** 荷兰的新教派，成立于1619年，其教义接近16世纪宗教改革运动中激进的再洗礼派（Anabaptists）。

名。1661 年，英国皇家学会的首任秘书亨利·奥尔登伯格（Henry Oldenberg，又作 Heinrich Oldenburg，1619—1677 年）* 去见了斯宾诺莎；当时，奥尔登伯格正忙于联络欧洲的科学先驱人士。这次会面，开启了斯宾诺莎与科学界重要人物的终生联系。除了他的光学研究——他与惠更斯合作，惠更斯建立了光波理论，发明了摆钟（pendulum clock），发现了土星光环——斯宾诺莎还进行了流体力学和冶金术的实验。通过奥尔登伯格，斯宾诺莎给波义耳写了一封长信，讨论化学的实际问题和理论问题。他还对新近发展起来的数学概率极感兴趣，并热衷于用他制作的那些放大器（显微镜和望远镜）观察自然。一个事实表明了他热爱科学之深：他去世时，其私人书房中大约三分之一的书籍都是科学或数学方面的。

像笛卡尔和弗朗西斯·培根一样，斯宾诺莎也深信新科学的实际价值。他写道，“绝不可轻视力学”，因为力学能使我们“在此生中获得更多的时间与便利”[14]。不过，在斯宾诺莎看来，科学研究的根本收益却是精神方面的。获取最高级的知识，不是别的，其实就是追求一种幸福状态（blessedness），研究自然其实就是研究上帝（the divine）。他写道：“我们对自然现象了解得越多，我们对上帝本质的认识就越全面。”[15]

被开除教籍后不久，斯宾诺莎就开始写某种类似答复的文字，以回应诅咒他的犹太教会。这部手稿后来演变成了《神学政治论》——一部革命性的著作，不精通哲学的人也能读懂它，因此不同于他那部更有名的著作《伦理学》** 。近代哲学家大多忽视了《神学政治论》，这也许是因为它涉及《圣经》太多。这实在令人遗憾，因为这本书不但是西方思想史上的一个里程碑，而且是斯宾诺莎哲学的价值无比的

---

* 德国神学家、外交家、自然哲学家，英国皇家学会（成立于 1660 年）首任秘书。

** 《伦理学》，全名《以几何法证明的伦理学》（*Ethica in Ordine Geometrico Demonstrata*）。

导论。

除了其他内容，《神学政治论》还包括对《圣经》的批判性考察，包括对斯宾诺莎认为的《圣经》传达的真正信息的辩护。斯宾诺莎指出，这个信息不是别的，而完全是关于道德的信息，“上帝通过他那些先知要人们了解的关于上帝的知识，仅仅包括上帝的正义和仁慈，换言之，这种知识描述了一些属性，人能通过某种生活方式模仿它们”[16]。遗憾的是，这个真理被忽视了，宗教已变成了“一系列荒谬的神秘事物”[17]。斯宾诺莎指出，认识和爱慕上帝无须举行任何仪式，无须相信任何超自然教条，无须承认《圣经》中任何所谓的历史描述，而只需“实施正义，爱你的邻人”[18]。

斯宾诺莎认为，《圣经》是一部文件集，它既揭示了其他一切事情，也揭示了那些文件的作者，因此，我们应当用文学批评家和历史学家的工具去考察经文。这种考察表明：《旧约》里的故事大多是杜撰的，其目的是鼓励希伯来人接受某种价值。因此，“摩西五经”就是“为了发挥实效，为了生动地描述上帝的诫命这个想象”[19]。那些文件以有趣的故事为形式（例如，摩西拿到了写有“十诫”的石板），因为经文“为适应普通人的需要而被改编了”[20]。斯宾诺莎指出，各种仪式规则和作为正统犹太教徒生活依据的其他规则，其最初的目的是给从埃及解放出来的犹太人（当时他们是没有文化的奴隶）一种身份感和一套法律制度。这些规则填补了那些绝望岁月里的真空，但如今已不再有约束力。斯宾诺莎认为，那些先知有时也许认为他们揭示的并不仅仅是道德信息和对生活的有益指导。但是，每当他们预言未来、推测上帝做的事情或讲述奇迹时，我们都大可不予理会，因为这些人“具备非凡生动的想象力，却不具备非凡完善的头脑”[21]。《新约》的作者们也是如此。

斯宾诺莎似乎第一个全面地、详细地指出了“上帝之言（the Word of

God)* 并不完整，残缺不全，被篡改了，前后不一”[22]，因为它完全是通过其他人传播给我们的。少数更早的思想家已注意到了《圣经》中的一些古怪的问题，它们似乎会使人们怀疑其作者的权威性。11 世纪时，在盛行伊斯兰教的西班牙有一位犹太医生，名叫伊萨克·伊本·亚舒什（Issac ibn Yashush）。他指出，《创世记》（据说为摩西所写）第 36 章提到的以扫（Esau）的一些后裔，其实是摩西去世后很久才出生的。这项研究仅仅让其发现者得到了“冒失鬼伊萨克”（Issac the blunderer）的名号。离斯宾诺莎所处的时代更近的路德和霍布斯指出，由于《申命记》（*Deuteronomy*）描述了摩西之死**，《申命记》就不可能是摩西所写。但路德一直认为摩西至少写过大量被归为摩西之言的话，这个观点并未引起太多反驳。霍布斯对《圣经》的怀疑更多，这显然对斯宾诺莎产生了重要影响。有一位《圣经》批评者比霍布斯还激进，他名叫伊萨克·拉·佩耶尔（Issac La Peyrère，1596—1676 年）。这位法国异教徒相信世界很快就会被犹太人的救世主（Messiah）主宰，那救世主将与法国国王联合行动。拉·佩耶尔显然是马拉诺人的后裔，也许认识斯宾诺莎。他认为：《圣经》没有叙述人类的历史，只是叙述了犹太人的历史；在亚当之前，世界一些地方（如中国）就有人存在；大洪水只是巴勒斯坦的一场局部水灾。斯宾诺莎利用了拉·佩耶尔对《圣经》准确性的许多批评，但他更有学识，走得更远。拉·佩耶尔等人挑出了《圣经》的某些叙述错误，斯宾诺莎则进一步地挖到了传统宗教的基础。

正如斯宾诺莎在一封信中所说，公认的上帝观的根本错误就是“混淆了上帝的性质和人的性质”[23]。任何按照字面意义相信《圣经》故事的人，都犯了这种混淆的错误，因为《旧约》和《新约》里的很

---

* 指《圣经》。

** 摩西之死：事见《旧约·申命记》第 34 章。

多故事其实只是寓言，旨在用普通人熟悉的方式传达复杂的信息。为此，这些故事把人的特征赋予上帝*。例如，《圣经》把上帝描写成俗世国王那样的立法者，他们承诺奖励服从他们的人、惩罚不服从者。但是，斯宾诺莎指出，其实，上帝与国王或其他任何人都几乎毫不相似。假定上帝有欲望——甚至假定上帝要求人们（例如）按照这种而不是那种方式行事——或假定上帝做出了承诺，或假定上帝会赐予礼物、会实行报复，这些都是把人的特征赋予了上帝。

斯宾诺莎承认，用人类的话语随意谈论上帝往往很方便，他自己有时也写过上帝的“命令”和上帝对人的“要求”。但严格来说，这种表述并不准确，“上帝被描述为立法者或君王，被描述为具备正义、仁慈等品德的人，这只是对大众的理解力及其不完善知识的一种让步”。斯宾诺莎解释说，上帝的所谓“法令”（decrees）其实就是“永恒的真理”[24]。这就是说，上帝的法律不同于人类的法律，它更像科学意义上的自然规律。不可违反上帝的法律，就像不可违反万有引力定律一样。不过，人们也会愚蠢地企图无视那些法律，在这种情况下，其不幸的结果就是不可避免的，就像企图迈下悬崖一样。这些话里包含着霍布斯的许多观点。

上帝告诉亚当，亚当若吃了禁果，恶（evil）就会到来。亚当把这些话错当成了以上帝的可怕权威表达的一道命令。但上帝不是在威胁亚当，而只是告诉他一个自然的事实。斯宾诺莎认为，罪孽造就痛苦，美德造就幸福，这是人类状况的基本现实。因此，《圣经》所说的“上帝的命令”，便应理解为关于某些行为必定导致的结果的有益警告。

幸福（blessedness）和拯救（salvation），是按照正当方式生活的自然结果，这不是因为上帝随便地奖励了遵照某些特定规则行事的

---

* 把人的特征赋予上帝——这是“神人同性论”（anthropomorphism）的典型观点。

人，而是因为：遵照《圣经》所说的上帝的命令（正义和仁慈）生活，其实就是获得最高幸福的有效方式。这恰恰是人性使然。我们若符合道德地生活，便会繁荣；若行罪恶之事，便会吃苦。正如我们吃了有营养的食物便会健康茁壮、吃了毒物便会死亡一样。因此，在今世的生活中（而不是在后来的天堂中），我们会获得来自美德的奖励。同样，在今世的生活中（而不是在后来的地狱中），我们也会遭受罪恶造成的痛苦。斯宾诺莎蔑视仅仅为自己获得满意的来生而行正义、行慈善的人。斯宾诺莎写道，任何人，只要是因为惧怕惩罚才不去犯罪的，其实都不真正地信奉美德，何况根本就没有来生。

斯宾诺莎要净化上帝的法律，消除它与人类法律的一切表面的相似性。这个决心使他否定了可被说成对立于上帝意志的一切说法。人们普遍认为，亚当和夏娃的原罪（其实也是一切的罪）违背了上帝的意志。人们还说，上帝创造的生灵若做了恶事，上帝就会发怒或悲伤，或至少不赞成。但斯宾诺莎认为这种说法毫无意义，“若什么事情碰巧违背了上帝的意志，若上帝想得到某件他无法拥有的东西，若上帝的本性也像他创造的生灵一样，使他同情某些事物、对另一些事物反感，人们就会说上帝并不完美”[25]。

斯宾诺莎的非凡上帝似乎造成了一个道德难题。若他对自己创造的生灵毫不怜悯、毫无爱心，若违背他的意志不会受到任何惩罚，这会不会使他有些无关道德呢？也许会吧。但是，传统宗教的上帝也造成了关于他本身的一些难题，并似乎更加严重。这是因为，世界上无疑存在大量不该有的苦难和痛苦，但上帝好像几乎没做过什么事情去消除它们。与斯宾诺莎的上帝不同，据说传统的上帝同情他创造的生灵的苦难，痛恨罪恶，因此与“上帝允许此类令人不悦的事物存在”之说更不相符。如何把世上存在“恶”这一现实与上帝所谓的全能和仁慈协调起来，这是个困难。似乎可以说，这个困难击败了一神教历史上一切正统的神学家。但斯宾诺莎认为他已有了这个问题的答案：

以上帝的观点看，根本就不存在“罪恶”或“苦难”这种事物，因此上帝才从未做过什么事情去消除它们。

既谈不上违背上帝的意志，也谈不上符合上帝的意志，所以从上帝的角度看，一切都既谈不上善，也谈不上恶；而所谓从上帝的角度，就是从自然的或整个宇宙的角度：

> 自然不受人类理性法则的约束，那些法则的目的仅在于维护人类的真正利益和保存人类；自然的边界无限广大，涉及自然的永恒秩序，人类只是自然中的一丁点……因此，自然中若有任何事物被我们视为荒谬，那是因为我们只知局部，对整体自然的秩序和独立性几乎一无所知。[26]

以我们有限的、自私的标准衡量，仅就对我们有益或有害而言，各种事物才有善恶之别。但是，期望上帝消除“恶”，甚至希望上帝不赞成它，混淆了上帝的视角和我们的视角。斯宾诺莎以同样的思路写道：“我并不把美、丑、有序、混乱归于自然。事物被说成美的、丑的、秩序良好的和混乱的，只不过是我们的想象。”[27]

斯宾诺莎持有这种激进的观点，却不赞成纯粹的主观主义。换言之，他并不认为善、恶、美、丑等只是个人的观点，像诡辩派哲学家毕达哥拉斯在公元前 5 世纪所说的那样，因为当斯宾诺莎说“善”和其他价值涉及“我们的”理性、“我们的”利益、“我们的”想象时，“我们”指的是人类整体。他当然相信，判断什么对人类有利或有害时，人们可以是理性的、客观的，因此，任何人的偶然观点都可能像其他人的观点一样正确。他的观点是，不应混淆人类的价值和上帝的观点。对善恶这类范畴，上帝（或曰自然）毫无作用。

把人的关切、人的经验的性质，与自然固有的性质区别开来，这使人想起了伽利略关于感觉（如颜色、知觉和滋味）的性质的观点。我们知道，伽利略、笛卡尔和机械论哲学的其他先驱都曾努力净化物理学，试图仅留下其中那些可被度量的“原初性质”（primary qualities，这是波义耳的说法），即形状、大小、位置和人们认可的少量性质。根据新科学，唯有这些性质才真正属于物体。相反，当我们判断某个物体是红色的、辛辣的或是热的时，我们描述的并不是物体本身，而只是物体影响我们（感觉）机能的方式。斯宾诺莎赞成这个理论并发展了它。他列出了一些性质，并认为人们错误地把它们归于自然，其中包括“善、恶、有序、混乱、冷、暖、美、丑”[28]。他有时借用机械论哲学家们表示轻蔑的语言，去表达他的神学观点。他写道：“除了头脑，任何事物本身都不是绝对神圣的，或渎神的、不洁净的，而只是相对如此。”[29]因此，可以说，斯宾诺莎使机械论哲学的信息超出了物理学的范围，进入了宗教和道德的新领域。

斯宾诺莎批判传统宗教的一个关键因素，就是他对“超自然”（supernatural）这个概念的批判。在这个问题上，他再次努力从一种思想中撕下人类个性的面具。那种思想是：上帝满怀自信的热情，为科学提供了各种可能性。他认为，奇迹和其他形式的上帝干预造成了一个误解，即：人们以为，自然规律也像人类的法律一样，可以依照立法者的判断去破坏，如此一来，自然规律便会暂时失效，却是一个误解。自然规律不同于停车规章（parking regulations）。若一些事件真的违反了以前被看作自然规律的规律，由此引出的结论便是：这个假定的规律其实首先就不是规律。此外，断定某个事物是超自然的，就是宣布它超越了自然的力量。不过，一个人怎么会认为自己对自然力量的了解已能使他得出这个结论了呢？正如斯宾诺莎所说：

> 我们卑微的人类对自然的认识，已使我们能确定……什么事物超越了自然力量。是这样吗？谁都不能毫不傲慢地宣称就是这样，因此，我们可以不靠任何假定，尽可能地用自然的原因去解释奇迹。[30]

斯宾诺莎虽然不认为他已能为已出现的每一种所谓“奇迹”提供自然的解释，但认为没有足够的理由事先排除所有自然的解释——更重要的是，“超自然”这个概念毫无意义。

斯宾诺莎认为，一切真正的科学规律都表达了关于上帝（关于自然）的真理。接下来的推论是：若上帝想“破坏”自然规律，以使他创造的生灵了解某种神圣的信息，他其实就是在试图打败他自己。但这是一种荒谬的思想。倘若上帝本身就是自然，他怎么会违背自然呢?

斯宾诺莎相信，他的物质观不但更有意义，而且为认识上帝提供了更好的路径。他写道：

> 众人以为：一些事件最清晰地展示了上帝的力量和意愿，那些事件不同寻常，对立于人们对自然的既有认识……人们认为，当自然像他们以为的那样破坏了它习惯的秩序，这就最清晰地证明了上帝的存在。[31]

不过，一定有一种“固有的、永恒的自然秩序”[32]（例如斯宾诺莎相信的那种自然秩序），比任何数量的复活的身体、红海中的潮汐汹涌、西奈山上的巨大火球都更适于证明一种完美的、无限的存在。任何令人惊异的事件，无论多么不同寻常，毕竟都不能作为那种真正的无限力量的证明。它们只能证明非凡的力量，而非凡的力量远逊于那种无限的力量。人们认为，上帝远远不只令人惊异。何况，轻信奇异的故事也容易使人误入歧途，因为正如摩西本人所言，“假先知们”也能表演奇迹。

斯宾诺莎认为，《圣经》讲述的奇迹故事，其真正目的就是“促使人们（尤其是未受过教育的人们）虔诚……不是相信理性，而是注意和抓住想象”[33]。因此，一个人不该过多地阅读这些故事的细节，像一些正统宗教如今不幸所做的那样。相反，一个人应当集中注意这些故事讲述的美德与虔诚——它们是这些故事最想灌输给人们的。以基督的生平为例，斯宾诺莎欣然地告诉人们，它“提供了一个超越神圣的范例”[34]；基督对那条神圣的法律（关于正义和仁慈的法律）的理解极为深刻，以至于他被视为“上帝的代言人”[35]。但是，斯宾诺莎之所以把这个特殊地位给予基督，大多是因为基督的道德教诲，因为他成了众人的榜样，而并非因为他是上帝的（超自然意义上的）儿子。这是因为“基督的教导是神圣的，但基督其人不是神圣的”这种古怪的思想没有任何意义，“至于……某些教派的教义说上帝让自己具备了人性……我认为它们十分荒谬，就像有人告诉我一个圆形具备了方形的性质”[36]。

穆罕默德（Muhammud）也教授神的法律，因此是一位真正的先知。一个人只要按照正确的方式生活，宣布自己相信什么宗教，哪怕他对经文一无所知，全都无关紧要。的确，“无论何地，凡正义和仁慈具有了法律和法令的力量，皆为上帝的王国”[37]。

要建立上帝的王国，就必须在广泛的民主原则的基础上组成国家，允许言论的绝对自由，允许宗教的很大自由。斯宾诺莎认为，政府的全部出发点就是自由，“政府的目的是……使人们能够平安地发展自己的身心，毫无拘束地运用自己的理性，既不表现出仇恨、愤怒或欺骗，也不以嫉妒和不公的眼光监视别人”[38]。国家权力可以干预宗教——其实，国家权力必须如此，因为宗教太危险，不能交到神职人员手中。但是，唯有在确保一切宗教习俗、仪式和“虔诚的外在表现”都符合“公共的和平与安康”时，国家的干预才是正当的。[39]人们的信仰必须被看作纯粹的私人事务，神职人员和教堂（包括犹太教堂、清真寺和神庙）都不应获得合法权力。一旦把权力授予神职人员，他们很快就会开始迫害所有不同意其观点的人，其结果总是冲突、分裂和宗派主义。但是，斯宾诺莎并不拥护政教分离，像日后的《美国宪法》明文昭示的那样。恰恰相反。斯宾诺莎认为，国家应当建立和管理一种国教，但它应当“非常简单”并“具有最普遍的性质”[40]。国家应当允许其他一切和平的宗教存在，但其建筑必须少于既有国教的建筑，且不得像后者那么富丽堂皇。

阿姆斯特丹的繁荣和相对安宁，就是宽容（tolerance）和多样性（diversity）带来的益处。斯宾诺莎根据自己的经验知道，这个城市虽然只有相对的自由，却比基督教世界的其他许多地方好得多，并且证明了一点：思想解放并不一定会威胁公共秩序。其实，心智自由远不是一种危险，而是大有裨益。这种自由“在科学和艺术（liberal arts）中是绝对必要的，因为任何从事科学和艺术的人，唯有其判断完全自由、不受约束，才能占据优势”。另外，由于不可能消除一切独立思想，任何禁止公开表达独立思想的做法都会造成令人不快的结果，“对良好信仰（它是政府的支柱）的堕落，对可恶的阿谀奉承和背信弃义，人们每天都言不由衷，想一套，说一套。这滋生了阴谋诡计，造成了各种良好艺术的腐败”[41]。

斯宾诺莎说，他根本不想取缔那些传统宗教，甚至不想鼓励众人抛弃把上帝看作国王般统治者的观念。这个目标既不符合他那些提倡宽容的自由原则，又完全无法实现。人们需要一些比较粗糙的形象和故事，而若不把上帝看作人，看作一个有愿望、有感情、与人类生活密切相关的人，他们就可能根本不会想到上帝。斯宾诺莎的著作是写给少数人看的，他们能理解哲学思想，因此也能领会这种未加修饰的真理。

他的《神学政治论》当然也出了拉丁文版——拉丁文是学者使用的语言。此书是匿名出版的，还提供了关于其出版者的错误信息，但很多学者和神职人员都知道此书的作者是谁。斯宾诺莎最关心的是，一些朋友想把此书译成荷兰文，以使它有更多读者。他认为，这个译本会引起众怒，甚至会导致暴力。这些恐惧并非虚妄之谈。一位朋友和追随者不明智地出版了一本书，用斯宾诺莎的观点讲述宗教，使用了普通的荷兰文，还写上了他自己的名字，遂被投入了监狱，并死在了狱中。甚至在《神学政治论》的拉丁文版出版之前，斯宾诺莎就知道了神学家们“处处都在策划反对我”[42]。此书出版时，斯宾诺莎从前的一位学生（后来成了天主教徒）警告他说，若斯宾诺莎不放弃恶劣的、疯狂的推论“……主的怒火就会将您烧毁”[43]。斯宾诺莎十分明智，生前从未出版那部全面表达了他的思想的重要著作《伦理学》。

§

斯宾诺莎以他的名字发表的唯一著作，看上去和另一个人的哲学有关：《笛卡尔〈哲学原理〉第一部分和第二部分，以几何法证明》（*Parts Ⅰ and Ⅱ of Descartes's "Principles of Philosophy", demonstrated in the geometric manner*）。如书名所示，这是一本教科书，不是最初的论文，但它并不仅仅是笛卡尔哲学的课堂表述。斯宾诺莎有时用自己的论证来证明笛卡尔的结论。有时，那些结论本身就是崭新的，尽管斯宾诺莎在书中对笛卡尔的少量批评通常都很隐蔽。斯宾诺莎和笛卡尔的思想其实大不相同，斯宾诺莎竟如此恭敬地关注笛卡尔的思想，这似乎很奇怪。事后看来，这两人的区别似乎比其共同点更令人惊讶，但当时的斯宾诺莎并不这么认为。他认为，更重要的是他与笛卡尔的共同点。在那个时代，一个研究者要想在哲学和科学中具有现代的思维，就要踏着先行者笛卡尔的足迹前进。虽然斯宾诺莎的确说过不理解他的哲学的人是“愚蠢的笛卡尔主义者”[44]，但他应当承认：笛卡尔本人是一位重要的现代哲学家。除了老塞内加（Old Seneca）、琼·布里丹（Jean Buridan，1295—1358年）和他那头有名的驴子*，笛

* 老塞内加：卢修斯·安奈乌斯·塞内加（Lucius Annaeus Seneca，约公元前4—公元65年），古罗马斯多葛派哲学家、悲剧作家。琼·布里丹：法国哲学家，巴黎大学教授。据说他证明了在两个相反而又完全平衡的推力下，物体不可能随意行动，并举例说：一头驴在两捆完全等量的草堆之间是完全平衡的；驴没有理由选择吃其中哪一捆草，因此永远无法做出决定，最后只得饿死。

卡尔是斯宾诺莎在《伦理学》中唯一提到的哲学家。

像大多数论述笛卡尔的著作一样，斯宾诺莎的《伦理学》也以欧几里得几何学为模型。每个部分都从定义开始，接着是公理或假定，然后是对各种定理的一系列（据称）严密的证明。他以前的思想家极少尝试过把他们的哲学挤压成欧几里得几何学的形式——这种尝试的一个著名例子，是公元 5 世纪的普罗克洛（Proclus，410—485 年）* ——但是，爱上几何学却仿佛成了 17 世纪哲学里的职业冒险。我们已看到，霍布斯对几何学的迷醉给他造成了很多伤害。斯宾诺莎“恋几何癖”（geometrophilia）的表现不像霍布斯的那么有害，但其症状却是真的。他曾写道，他的目标就是“像了解三角形的知识那样，了解关于上帝的知识”[45]；他的书信中充满了看似有关、实则存疑的几何学类推。他在《伦理学》中公布了他的意图：“考察人类的行为和欲望，完全把它们当作线、面和几何体的问题来研究。”[46] 他甚至用大多属于欧几里得几何学的格式（而不是连续的散文）构成他的论著，这个做法很像普罗克洛，但不像霍布斯。

斯宾诺莎知道，他那种伪数学的方法会被很多人看作古怪，使他们震惊。但他指出，尽管如此，它毕竟是应当采取的正确方法，“人们只要清楚地理解了自然的整体秩序，便会发现一切都是必然的，就像数学研究的一切那样”[47]。换言之，人们一旦领会了斯宾诺莎的著作，便会懂得：证明这个世界的一些最基本的真理，包括上帝的真理，甚至包括人类行为的种种弱点，其实都能采用类似欧几里得证明其几何定理的方法。遗憾的是，人们根本没有认识到这一点。经过三百余年的研究，斯宾诺莎的那些最著名的崇拜者不得不承认：他的很多证据是无效的。斯宾诺莎若听说了这个消息，想必会大失所望。

---

* 新柏拉图主义哲学家、天文学家、数学家，著有《欧几里得〈几何原本〉卷一注释》（*A Commentary on the First Book of Euclid's "Elements"*）。

《伦理学》里的逻辑空隙、预设的前提（begged question*）和有争议的假设太多了。如今少数哲学家赞成斯宾诺莎的某些观点，因为他们被《伦理学》里的一种伪数学方法说服了。这个说法也许是公正的。

即便如此，《伦理学》毕竟对“上帝与自然毫不相关”的观点提出了非凡的挑战，包含着强劲有力的哲学推理。胡安·德·普拉多，也许还有斯宾诺莎那个时代的其他马拉诺人，都说过上帝就是自然。乔尔丹诺·布鲁诺（Giordano Bruno，1548—1600年）也说过这样的话，他是一位异端的修士和神秘学家，1600年被烧死在了火刑柱上。但是，以前却没有人如此努力地阐述过这个思想的细节或解释过它对人类的意义。《伦理学》从深奥的哲学角度，第一次为现代西方提供了对犹太教、基督教和伊斯兰教共有的世界图像的另一种解释。不仅如此，此书解释世界图像的方法还赋予了新科学应有的显著地位。

斯宾诺莎的天才之处是，他把“上帝是唯一的（One）和无限的”这个传统观念追溯到了其（看似的）逻辑结论。这个结论是：根本不存在一个绝对不同于上帝的世界。斯宾诺莎推论说，自然若是某种与上帝截然不同的东西，它就必然具有上帝所没有的某些特性——但一位绝对无限的上帝怎么会缺少什么呢？坦率地说，一位各方面都是无限的上帝必定会充满世界，不会被限定为一种单独的存在，无论那种存在多么崇高。斯宾诺莎认为，其他几种思路也都无情地指向了同一个方向。

青年时代的斯宾诺莎，想必曾数千次地以“听吧，以色列，上帝是我们的主，上帝是唯一的”这样的词句开始晨祷。成年后，斯宾诺

---

* begged question：来自逻辑学术语 beg question（“乞求问题”），其拉丁语为 petitio principii，意为“预设准则”。它是一种逻辑谬误，指论证中先将未经证实的观点预设为正确的前提（例如，先设定“增加员工是有益的”前提，再问“我们能否增加一名员工？”）。如今，这个短语已经很少使用其“乞求问题”的原意。有人曾将它译为“乞题”，亦不够准确。

莎就认定了自然和上帝也必须是“唯一的”。“我们在自然中处处见到的整一（unity，自然万物都和谐地共同运作）”给他留下了深刻的印象。他指出，倘若自然中全部看似不同的元素其实并不是“唯一的、单独的存在”，那就不可能存在这种整一。[48] 这听起来很像巴门尼德（Parmenidēs，约公元前 515—前 445 年）* 那个著名的、令人难以置信的理论，即除了“一”（the One），一切都不是真实的（参见《理性之梦》第 4 章）。但这种相似只是表面的。巴门尼德说，除了一种无形的、永恒的、不变的“一”，其他一切都不存在；斯宾诺莎却欣然承认了（一般人都相信的）万物的存在，除了鬼魂和奇迹。巴门尼德说他要证明不存在人，不存在地球，不存在星星，不存在太阳。斯宾诺莎的目的虽然没有这么过分，但还是引起了争议。他想证明：世界上的一切都是一种单一的、包罗万象的、神圣的“物质”（substance）的显示（manifestation）或“样式”（mode）。

“物质”和“样式”都是技术用语，源于亚里士多德哲学，笛卡尔及其同代哲学家也经常使用它们。大致地说，物质是能够独立存在的事物。猫就是这种特定哲学意义上的物质，但猫的微笑不是物质，因为没有猫或其他动物，微笑便不能存在，除非在刘易斯·卡洛尔（Lewis Carroll，1832—1898 年）的《爱丽丝漫游奇境记》（*Alice's Adventures in Wonderland*）** 里。我们知道，笛卡尔认为有两种截然不同的物质：实体的（有形的）物质和精神的（无形的）物质。此外，还有数不清的各类物质，它们被称为“样式”（至少笛卡尔通常这样认为，尽管他有时也会动摇）。但斯宾诺莎却力图证明：“物质”的最佳定义得出了一个截然不同的结论。他把物质定义为：无须其他任何事物去解释其存在或性质的东西。斯宾诺莎认为，由此得出的结

* 古希腊哲学家。他认为宇宙是单一的、静止不变的、不可分的整体。

** 英国作家、数学家刘易斯·卡洛尔的著名童话《爱丽丝漫游奇境记》中有一只柴郡猫（Cheshire Cat），会顽皮地咧开嘴笑。

论是：这样的物质只有一个，因此每一棵树、每一个人、每一座房子都是一种样式，而不是一种独立存在的物质。由此得出的另一个结论是：所谓精神与物质的根本区别（笛卡尔多次论述过它）其实是个错觉。宇宙间唯一的物质既有精神的一面，也有物质的一面。

斯宾诺莎对精神与物质的关系的阐述，被恰当地看作了一种"两面论"(double-aspect theory)。这个理论用于描述人类时比较简单易懂，至少表面上如此：它需要把身心看作同一枚硬币的两面。例如，我们若想描述一个人的某一行为，既可以关注此人的心理状态（他的思想、感情和欲望)，也可以关注此人的身体状态（他的大脑和身体其他部分中发生了什么)。斯宾诺莎认为，这些只是描述同一个事件链条的不同方式，它们是从两个不同视角对一件事情的解释。这种理论避免了笛卡尔一种思想中的一些固有的疑难，那种思想是：精神领域和物质领域既在本质上不同，又神秘地相互作用。但是，这种理论还有一个奇怪的特征。斯宾诺莎似乎想到了一点：每一个物质事件，并且不仅是与智能生物体有关的事件，都可以从物理和心理两个角度去描述。不仅是大脑，还有一切物体，都具备精神的一面。不过，你怎样用心理学术语去描述一堆岩石呢？一棵树的精神方面是什么呢？斯宾诺莎强调说，他并不是说无生命体能思考或有感情。但他确实觉得必须承认一点：从某种意义上说，每一个事物都是有生命的。这句话的确切意思一直模糊不清。

关于有生命的宇宙的这些说法，吸引了 18 世纪的诗人们，包括歌德 (Johann Wolfgang von Goethe，1749—1832 年)、柯勒律治(Samuel Taylor Coleridge，1772—1834 年)* 和一些希望把自然当作一种宗教的人。斯宾诺莎的哲学似乎让人们想起了一些早期的希腊思想家，他们认为万物是有生命的并"充满了众神"[49]，因此，这就似乎

---

* 英国浪漫派诗人、批评家。

为风景崇拜提供了一个绝好的理由。毕竟，斯宾诺莎难道没有把上帝和自然视为同一吗？他难道没得到令人欣悦的结果，使每一只鸟、每一朵花甚至每一只虫都成了上帝的一小片吗？一些早期的评论家就是这样认为的。斯宾诺莎在 1698 年写给一位英国学者的信中指出："神（deity）就是存在（beings，或曰宇宙中的物质）的全部。"[50] 1705 年，另一位英国作家创造了"泛神论者"（pantheist）一词，以表示那些把上帝等同于物质宇宙的人，并说斯宾诺莎是一位最卓越的（par excellence）泛神论者。[51] *

普拉多可能是这个意义上的泛神论者，但斯宾诺莎显然不是。斯宾诺莎明确地否认了他的上帝能与自然中任何物质部分甚至整体的物质宇宙同一。他写道，把上帝视为与"某种有形的物质"同一的人"完全错了"[52]。这个观点乍听起来有些令人困惑。斯宾诺莎若认为上帝就是自然，又怎么会认为上帝不是物质的宇宙呢？答案是，斯宾诺莎从未宣布"上帝"和"自然"这两个词总是表示同一个事物。他写的是"我未用**所有我认识的人的那种方式**区分上帝和自然"[53]（黑体为本书作者所加，以示强调）。他虽然不承认对上帝与自然的传统区分，但的确区分了自然的主动方面和被动方面——它们似乎分别表示自然的创造力和这种力的产物。严格地说，被他视为与上帝同一的自然，是被看作一种主动力量的自然，而不是由似乎体现了这种力量的花、鸟、山峦等事物构成的自然。后一种自然一文不值，因此斯宾诺莎并不认为自然的任何方面都值得崇拜，所以说，他对自然的态度不具有任何传统意义上的宗教意味。

斯宾诺莎认为，物质的宇宙通过因果的无情过程显现出来："事

---

* 托兰德在《索齐尼主义要义》中的观点。索齐尼主义是意大利宗教改革家索齐尼（Lelio Sozzini，1525—1562 年）的理论，认为耶稣只是上帝之子，不是上帝，反对三位一体论，反对教会权力。约翰·托兰德（John Toland，1670—1722 年）是爱尔兰哲学家、自然神论者、自由思想家；他这本书又译为《泛神论要义》。

物不会以其他任何方式产生，也不会按其他任何秩序产生。”[54]乍看上去似乎并非如此，但我们越是了解自然规律，就越会知道事件进程的每一步其实都事先被编排好了。自然是确定的，因其进程反映了上帝的性质或本质：假定任何事情的发生都会与前一次不同，就是假定上帝本身会有所不同——斯宾诺莎认为这个想法是荒谬的。他的典型做法是，把自然规律比作几何学真理。他说，事件的进程具有“一种必然性，如同三角形的性质所遵循的那种必然性，即三个内角之和等于两个直角之和”[55]。

那么，斯宾诺莎是否认为连上帝都不能随心所欲呢？从某种意义上说，就是如此。若自由意味着能在一个行动的不同进程中做出选择，斯宾诺莎便会欣然地赞成上帝并不自由。但这无关紧要，因为不能说上帝有任何偏好或想要任何东西，所以上帝似乎莫名其妙地不能行使他的意志。做出另外的假定，就犯了一个古老的错误，即把上帝看作了一个人。此外，斯宾诺莎认为自由还有一种意义，而上帝在其中是绝对自由的。其实，上帝是唯一具有这个意义上的完全自由的存在。

在《伦理学》的开头，斯宾诺莎从“自治”（autonomy）的角度界定了自由，“被称作自由的事物，因其自身性质的必然性而独立存在，其行动完全取决于其自身”[56]。换言之，某个事物若不依靠其他任何事物而存在，若不受任何外部影响，便是自由的。显而易见，斯宾诺莎的上帝就具有这样的自由。那位上帝是无限的、包罗一切的，因此其外部完全没有任何原因或影响。相反，人通常都不会享有这种自由，因为他们是被动的，始终受到无数种力量的支配，而那些力量根本不属于他们自己。人们以为自己享有很大的独立性，但这是个错觉。由此便很容易解释一种现象：“人们受了骗，以为自己是自由的……这个观点的唯一含义是，人们能意识到自己的行动，却不知道决定他们行动的那些原因。”[57]斯宾诺莎开玩笑地说，一块下落的石头若能思考，便会以为其下落是出于它自己的自由意志，因为它不知道其运动的原因。真相却是，一切都被某一原因决定，“它又被另一原因决定，后者再被另一原因决定，如此直至无穷”[58]。

斯宾诺莎认为，自然中的每一个事物都被一种驱力驱动，那种驱力就是使自己存活，发展自己的潜能。在这种努力中，它面对着其他一切事物的残酷竞争，那些事物当然也力图像它那样去做。即使是下落的石头，其行为也可以如此解释，因为运动规律（“运动物体的停止取决于另一物体”[59]）就是自我保存、自我发展（这种普遍驱力）的具体表现。人类的欲望和意志也都是这种奋斗的表现。但人与石头却有一个重大的区别。能影响人的思想和感情（但不能影响下落物体的轨迹）的事物之一，就是理性的运用。事实表明，运用理性能使人尝到一点儿上帝享有的那种自由。

斯宾诺莎最喜欢的学校科目——几何学——提供了对这种情况的最清晰说明。设想一下，当一个人静静地演练欧几里得《几何原本》中的证明时，他的头脑是什么状态。我们若检验他精神状态的原因，问他为什么相信（例如）某个定理，便会发现他的解释与以下说法多少有些相似：他相信那个定理，因为他知道它必定来自另一定理，后者又来自一个更早的定理，而那个更早的定理来自一个不证自明的公理。所以，此人的每一种思想都不是由任何外部原因造成的，不是由碰巧出现在他头脑中的情绪或形象决定的，也不是由其他任何人的言行决定的，而完全是由严格的逻辑序列中先于某种思想的思想决定的。换言之，此人的精神状态完全是由他自己头脑的理性运作过程决定的。斯宾诺莎认为，精神活动中那些引人入胜的形式表现了最自圆、最独立的智能活动。智能完全投入了其自行发展其潜力的计划，在其中，智能最少受制于外部的影响。因此，进行几何推理时，智能处于此人头脑能具有的最高自治状态。

在智能成分较少的娱乐活动中，人们会通过努力弄清自己感情和行动的隐藏原因，在日常生活中获得充分的自治性。斯宾诺莎提供了一种心理分析，根据这种分析，最令人愉悦的情感状态全都最少受到外部因素的影响。让自己败给自己无法控制的事物，甚至因那些事物而高兴，就是在过一种最无价值的生活。但我们能控制自己的思想、情感和愿望，办法就是把它们置于理性的影响之下。若想如此，我们必须找出它们的原因，因为唯有找到决定我们以某种方式行动的原因，我们才会把我们的精神状态转变成我们自己的主动表现，而不会让它们仅仅作为影响我们的环境。例如，按照斯宾诺莎的观点，找出我对某个伤害我的人的愤怒的最终原因，我就能把愤怒变得不那么强烈、不那么令人痛苦。我越了解使我受到伤害的环境，越了解使我对伤害做出反应的原因，我就越少把一切都归咎于我的敌人。理性的理解将取代激情，因此我的精神状态便会更平静，更像演练几何证明时理性的自动运作。

一些人把斯宾诺莎比作弗洛伊德（Sigmund Freud，1856—1939年）。弗洛伊德的心理分析疗法也承诺人可以通过认识自我获得解放。不过，弗洛伊德不会认为几何学是一种特殊的解放，而完全可能对斯宾诺莎对于几何学的痴迷做出一些不那么讨喜的解释。斯宾诺莎与弗洛伊德的另一个区别是，斯宾诺莎关于理性理解的理想具有更多的精神维度。斯宾诺莎认为，获得对自己、对世界的最深层理解，就是分享了上帝的视角，因此也就享受了上帝的几分极乐。以最纯粹的方式去理解各种现象——用数学的确定性推论事物的运作及原因——并不只是像上帝那样，“从永恒的视角”[60]观察它们，而是在某种意义上成为永恒的一部分。我们的“获救，或者幸福，或者自由”就在于“头脑从智能上对上帝的爱”[61]。由于我们是自然或上帝的一部分，这种爱便是“上帝对他自己的无限之爱的一部分”[62]。

在斯宾诺莎的《伦理学》中，他尝试推论事物的运作及原因，这些推论的细节极难说清。黑格尔曾令人费解地说，“斯宾诺莎的哲学……非常简单，总的来说容易理解”[63]，但很多读者的感觉往往会与辛格*短篇小说里的一个人物相同，那个人在三十多岁后仍在苦心研究斯宾诺莎的哲学。内厄姆·菲谢尔森博士（Dr Nahum Fischelson）——辛格那篇小说中华沙的犹太教会前图书管理员，每天都用几个小时研读《伦理学》，但他越是研读，“他发现的令人困惑的句子、含义不清的段落、神秘难解的说法就越多。每一句话都包含着暗示，斯宾诺莎的任何研究者都弄不清它们的意思”[64]。

§

从某种意义上说，斯宾诺莎的哲学与探讨人生的古希腊哲学家的主张有很多共同点，也与笛卡尔等现代哲学家以科学为导向的哲学有很多共同点。像古代的伊壁鸠鲁主义者、斯多葛主义者和怀疑论者一样，斯宾诺莎也认为，哲学的主要目的之一就是克服“头脑的骚乱”[65]和营造平静（参见《理性之梦》第 13 章）。他用以下词句开始了他的第一本著作：

> 经验告诉我日常生活中经常发生的一切事情都空虚无用之后……我最终决定要弄清是否存在真正善的事物……一旦发现并得到了那种事物，它便会不断地带给我最大的欢乐，直至永恒。[66]

在此之前的二十年前，笛卡尔曾在他《沉思录》的开头写下了以下的词句：

> 几年前，我被我童年时视为正确而接受的大量谬误，被我后来以它们为基础建起的那座大厦的高度可疑性震惊了。我明白了：若想在科学中做出起码的建树，我就必须在我生命过程中的

---

* 艾萨克·巴什维斯·辛格（Isaac Bashevis Singer，1904—1991 年）：波兰犹太裔美国小说家，用意第绪语写作，1978 年获诺贝尔文学奖，其《市场街的斯宾诺莎》（*The Spinoza of Market Street*）出版于1961 年。

某一天彻底摧毁一切，重新从基础开始。[67]

这两段词句惊人地相似，但其情感差异也很惊人。笛卡尔被怀疑困扰，斯宾诺莎则被无用感困扰；笛卡尔寻求确定性，斯宾诺莎则寻求最大的欢乐。

斯宾诺莎认为，不必在意笛卡尔提出、后来又想消除的那些强烈怀疑。何必去回应那些其实谁都没有的烦恼呢？不过，他对知识的问题绝非毫无兴趣。他也像笛卡尔那样关心思想与物质世界的关系，也轻视感觉。像笛卡尔一样，斯宾诺莎认为，感官知觉只给我们提供了事物混乱的、错误的概念。欲获得以上帝般的视角观察世界所需的那种“充分的”（adequate）概念，我们就必须关注那些能对每一种现象做出完整解释的数学式证据。斯宾诺莎认为，“不充分的”（inadequate）概念不但造成了无知，而且造成了大量的感情痛苦。我们已知道，对自然的理性理解，对自然万物的必然性的理性理解，都有助于消除我们那些使我们虚弱的激情。

斯宾诺莎对命运的消极态度，是古代斯多葛主义者的回声。笛卡尔的一些伦理观点也多少来自斯多葛主义，但斯宾诺莎汲取的斯多葛主义元素更多。他《伦理学》中的一些段落，几乎可说是埃皮克提图（Epictetus）或马可·奥勒留（Marcus Aurelius，121—180年）* 所写的。斯宾诺莎写道：

> 人的力量十分有限，并受到各种外因之力的无限压制……尽管如此，我们仍应对自己所遇之事保持平静……只要我们知道我们已经尽责，知道我们的力量不会自行增强到能使我们避免那些事情，知道我们是我们必须服从其秩序的自然整体的一部分。[68]

---

* 埃皮克提图：公元前1世纪的希腊斯多葛派哲学家。马可·奥勒留：罗马皇帝、斯多葛派哲学家。

斯宾诺莎对自然的概念，也使人想起了斯多葛主义者的自然观：在他们那个整一的宇宙中，上帝与世界之间，或思想与物质之间，并不存在绝对区别。另一个相似之处是，斯多葛主义者也认为，一种自我保存、自我发展的驱力遍及整个自然。像霍布斯一样，斯宾诺莎也以这个观点为核心，去描述人类的行为。

霍布斯认为，人是天生自私的动物，人唯有服从于一个能维持人际和平的权威，才能文明地生存。斯宾诺莎赞成霍布斯“人是自私的”这一观点，并把它用于道德和政治。他曾写道，“美德首要的、唯一的基础就是寻求我们自己的利益”。但关于什么是一个人的最大利益，斯宾诺莎的思想却复杂得多，而这使他的伦理学远离了一般意义上的自私论。例如，霍布斯认为，每个人的目的都是满足自己的欲望，人的生理使人屈从于那些欲望。但斯宾诺莎认为，人最深刻的满足就是理性地理解上帝或自然，正是在对这些崇高目标的追求中——而不是在对种种卑劣欲望的满足中——人才能找到自己的真正利益。

对于什么是人的最高利益，斯宾诺莎做出了一些具体的论述，这就把他和后来的一些思想家区分开了，后者重复了斯宾诺莎在其《神学政治论》里捍卫的宽容和言论自由的福音。这个福音的重复常被认为来自约翰·斯图尔特·穆勒（John Stuart Mill，1806—1873 年），其《论自由》（*On Liberty*）在斯宾诺莎去世将近两个世纪之后出版。但从某种意义上说，穆勒对多样性和宽容的辩护并不全面。他认为，应当允许每一个人享有与他人自由广度相同的自由。他提出这个观点的主要原因是，他相信这种灵活的安排会使每一个人都能以各自的方式找到幸福。关于那种幸福究竟是什么，穆勒几乎没有做进一步的论述。这也许是明智的：穆勒认为每个人都想得到自由，因为他相信这会鼓励多样性，鼓励多种生活方式的实验，并且相信这会更快地找到最佳生活——无论事实证明结果如何。相反，斯宾诺莎自认为他已经知道了什么是最佳生活。那种生活允许我们的高级机能发挥它们天生渴望发挥的作用。斯宾诺莎认为，唯有在政治自由和宗教自由的条件下，才有可能如此。

总的来看，在斯宾诺莎的著作中，他对自由的雄辩并不像后世思想家们认为的那样有价值。他最终摆脱无神论者恶名的时候，正是他《伦理学》中出现的“上帝，或自然”的图画引起了注意的时候。这幅图画的意义因人而异。诗人柯勒律治和雪莱（Percy Bysshe Shelley，1792—1822 年）在其中看到了一种自然宗教。小说家乔治·艾略特*（George Eliot，她当小说家之前翻译过斯宾诺莎的一些作品）喜欢斯宾诺莎，则是因为他对迷信的激烈批判。马克思喜欢斯宾诺莎，因为他认为斯宾诺莎从唯物主义角度叙述了宇宙。歌德说不清自己喜欢的是什么，但知道自己被某种东西深深打动了：

> 我到处寻找能培养我奇特个性的方法，却未如愿，直到偶然读到了此人的《伦理学》。我不可能说清我从这本书中读到了什么，不可能说清其中有什么，而只能说，我在其中发现了能使我感情平静的东西，它就像展开了这个物质与精神的世界的一幅广阔、自由的图景。[69]

斯宾诺莎的一些崇拜者迷恋他的观点，哪怕并不真的赞成它们。柯勒律治的一位朋友回忆说，那位诗人紧紧抓住斯宾诺莎的一本书，“吻着标题页上的斯宾诺莎像，说，‘这本书是我的福音书’。但不到一分钟之后，他又说，‘虽说如此，他的哲学还是错的’”[70]。

在 20 世纪自称斯宾诺莎门徒的人当中，最著名的也许就是爱因斯坦了。一位拉比问爱因斯坦信不信上帝，爱因斯坦答道：“我相信斯宾诺莎的上帝，那位上帝在一切存在的和谐中揭示自己，而不是在关心人的命运和行动中揭示自己。”[71]爱因斯坦回答这位拉比时，其措

---

* 英国女作家玛丽·安·埃文斯（Mary Ann Evans，1819—1880 年）的笔名。

辞也许比较委婉含蓄。对那些称其为“不信教者”才更贴切的人来说，斯宾诺莎的上帝毕竟是一位容易理解的神。其实，斯宾诺莎主义的“宗教”更接近现代的世俗主义（secularism）。它认为，道德与一种无比强大的存在毫无瓜葛；维持道德无须神职人员，无须一种令人不悦的来生的威胁。它否认一种观念，即上帝具有人的个性，他创造世界、关心世界，有时甚至修补世界。它抛弃了“超自然”的概念，认为宗教仪式的作用只是安慰或鼓舞（你若喜欢那种事情的话）。它提倡宗教事务上的思想自由（尽管我们已看到，它并不拥护彻底的政教分离）。它信仰知识和理解力——而不是信仰它自身——知识和理解力能改善人类生活的环境，使人类生活更令人满意。19 世纪 30 年代，诗人海涅（Heinrich Heine，1797—1856 年）似乎看到了斯宾诺莎在这方面大大领先了他那个时代，写道，“斯宾诺莎的著作具有某种难以言喻的气氛，仿佛使人感到了一阵未来的微风，仿佛那些希伯来先知的精神依然存在于其后世子孙的心里”[72]。

这个“陶醉于上帝的”人，其聪慧的后裔又是些什么人呢？他们当中许多人都公开承认自己是无神论者。即使在 21 世纪，在除了美国之外的经济发达国家，无神论也绝不会蒙上恶名，我们也很难想象斯宾诺莎若知道了这个情况会否完全接受这个事实。在斯宾诺莎的哲学里，对上帝特性的传统描述中最重要的性质，正是宇宙本身的那些性质。上帝不是虚构的，上帝就是我们周围的一切。不可否认，斯宾诺莎的上帝大大不同于另一种人的上帝——他们自称无神论者却并不理解无神论；但斯宾诺莎确实使人们以为：他认为他自己相信上帝。

人们有时说，犹太教的诞生在智力上领先了大多数早期宗教，因为它把一群盛装华服的神减少成了一神教中的一位神。按照这条思路，我们可以说，斯宾诺莎以同样的方式做了进一步的减少，把上帝和世界合二为一，因此延续了他希伯来远祖们的工作。

4

为英国人的哲学：洛克

约翰·洛克的哲学生涯开始得较晚。洛克与斯宾诺莎同年出生，但在1677年斯宾诺莎去世时，洛克作为独创性思想家的生涯才刚刚开始。但是，洛克人生的前45年远远不算悠闲。他曾在牛津大学做过些教学工作，在罗伯特·波义耳的化学实验室当助手；他曾行医；他当过贸易委员会的秘书，还从事过其他一些政府工作；他曾以外交官的身份旅行；他曾为美洲的卡罗来纳殖民地撰写过一部宪法；他曾参与其保护人兼雇主沙夫茨伯里伯爵（Anthony Ashley Cooper，the Earl of Shaftesbury，1621—1683年）* 的阴谋，沙夫茨伯里是查理二世宫廷最主要的政治家。

洛克直到57岁时才出版了他的主要著作，即《人类理解论》、《政府论两篇》（*Two Treatises of Government*）和《论宗教宽容》（*Letter Concerning Toleration*），这些著作全都出版于1689年左右。他在漫长的一生中撰文论述过很多问题——财务政策、《圣经》解释、教育以及草药等——人们之所以记得洛克，却正是因为他在1689年左右出版的那几部著作。有时，那些著作被看作现代世界中最有影响

---

* 英国政治家，原先是保皇派，后在英国内战中反对查理二世，被认为是辉格党（Whig Party）的创始人。

的著作。《政府论两篇》的后篇（*Second Treatise of Government*）不仅被说成法国大革命的灵感来源，还被说成《美国宪法》和《独立宣言》的灵感来源。《独立宣言》的主要作者托马斯·杰弗逊（Thomas Jefferson，1743—1826 年）写道："关于自由与人权的总体原则……洛克……以及西德尼（Sidney，1554—1586 年）* 的学说……可以说已得到了我们公民同胞的普遍赞成。"[1]杰弗逊过分夸大了洛克对他那些革命同伴的影响。如今，英国的学者大多都怀疑一个观点，即洛克的思想对美国革命产生了很大影响；而美国的作者们却往往更喜欢这个观点。知识分子对洛克的政治学著作的尊重，却被一个事实证明了：杰弗逊的保皇党对手们也求助于那些著作。

在很多地方，洛克的《人类理解论》甚至更有名。它赢得了 18 世纪一些具有现代意识的思想家（尤其是法国的）的欢呼，被视为牛顿出版于 1687 年的《原理》（*Principia*）** 在哲学中的相应之作。牛顿和洛克常被誉为启蒙运动的两位预言家，启蒙运动的圣经是法国的《百科全书》。《百科全书》的编辑之一让·达朗贝尔（Jean d'Alembert，1717—1783 年）*** 表达了那个时代的信心。他宣布："世界的真实体系已被承认、发展和完善。"[2]这个"真实体系"首先包括牛顿的物理学和洛克的哲学，尤其是洛克对心智运作的叙述。

在后来数个世纪中，洛克的国际性魅力在削弱。如今，人们有时把他看作一项运动的奠基人，其思想尤其适合英国人，也许也尤其适合英语世界，但并不适合法国人或德国人，法国人和德国人的心智兴趣往往不同于他们那些讲英语的同行。伏尔泰的后辈们，如今通常都不像他们那位先辈那样赞赏洛克，当他们比较洛克和笛卡尔时，也不

---

* 英国政治家、作家。

** 拉丁文全名《自然哲学的数学原理》（*Philosophiae Naturalis Principia Mathematica*），出版于 1687 年。

*** 法国数学家、机械学家、物理学家、哲学家、音乐理论家。

赞成洛克表达的一个信念，即英国人的做事方式普遍优于别的地方的人。黑格尔不以为然地指出，洛克的著作中“毫无思索的踪迹”[3]。黑格尔认为，英国人不同于德国人，他们不能真正地区分高深的哲学与纯科学。[4] 许多德国思想家也像黑格尔一样，从 19 世纪早期开始就几乎不承认洛克是哲学家。

20 世纪的一位学者写了一篇文章，简要概括了以洛克作为第一个伟大范例的那个思想传统：

> 它的标志是：紧贴普通人共有的常识，避免将似是而非的观点升格为深奥的真理；镇定地承认一个可依靠我们的感觉认识的外部世界；确保理性是最高的仲裁者……它通常都能对科学里的新事件做出反应。它也具有一种哲学的样式，在沟通和讨论中兴旺，不期望真理的突然到来（若会到来的话），并蔑视“孤立的天才、对深奥问题的推测沉思”等说法。它珍视良好的作风，珍视一定程度的思想活跃，珍视幽默，珍视社会生活的满足感，那种满足感伴随着对人人幸福的责任感。[5]

从 19 世纪晚期开始，这种思想的哲学形式就被称为英国的经验主义（British empiricism）了。它的一些早期理论见于奥卡姆的威廉*（William of Ockham，约 1285—约 1349 年）以及霍布斯的著作；其后来的代表人物包括 18 世纪的休谟、19 世纪的约翰·斯图尔特·穆勒，以及 20 世纪的伯特兰·罗素和艾耶尔（A. J. Ayer，1910—1989 年）**。但最能代表那些实际的、符合基本常识的优点的人物，却是洛克，那些优点如今被视为英国的精粹。洛克甚至对园艺感兴趣。

表面上，洛克的著作比其他许多哲学家都简单明了，这就是它们为洛克赢得了众多读者的一个主要原因。关于他写的那些简单段落究

---

* 英国方济各会修士、经院哲学家、神学家。

** 英国逻辑实证主义哲学家。

竟是什么意思，却存在很多争论。1976年去世的牛津大学哲学家吉尔伯特·赖尔*回忆过他和罗素关于洛克的一次言语尖刻的争论。这二人都认为“洛克改变了人类的智力气候，改变的程度超过了亚里士多德以后的任何人”。但赖尔问道：洛克究竟做了什么？

> 罗素……马上就说出了一个让我不满的答案。他说：“洛克是常识（common sense）的发言人。”我几乎没有思索，就不耐烦地反驳道：“我认为洛克发明了常识。”罗素答道：“凭上帝起誓，赖尔，我认为你说的对。在约翰·洛克以前，谁都没有常识——除了英国人，其他人从来都没有常识。”[6]

赖尔这个受到了尊重的观点是，洛克《人类理解论》的价值在于“教给了我们怎样明智、合理地采用、保留或拒绝观点”[7]。美国哲学家皮尔斯（Charles Sanders Peirce，1839—1914年）**的意见更简洁有力：“洛克的这本巨著其实是说，人必须独立思考。”[8]

若说洛克写出了一段重要的文字，那段文字便可说确实如此。我们将看到，他在《人类理解论》的第一部分（它也许是这本书里最著名的部分）批判了“先天的”（innate）知识这个概念，他的批判大多针对一种现象：不动脑筋地接受那些公认的观点。在《人类理解论》的其余部分，洛克反复指出，应防止把别人的观点当作自己的信仰，“没有比依靠别人的观点更危险的事情了……因为人的谎言和错误比真理和知识多得多”[9]。相反，他征求每个人的意见是为了估量自己掌握的证据，相应地分配对证据的信任程度：

> 头脑若理性地运作，我们便应检验可能性（probability）的全部根据，看它们是多余还是不足，是能支持还是会否定某个可

---

* 1945—1968年任牛津大学哲学教授。

** 美国哲学家、逻辑学家、数学家。

> 能提出的命题，然后再去赞成或否定该命题，还应根据对整体的正确权衡，接受或拒绝它，根据可能性的某个方面的更多根据所占的优势，或多或少地赞成一个命题。[10]

这段话现在听上去显然是忠告，措辞相当啰唆，因为洛克的文章有时的确会喋喋不休、令人厌烦。但情况似乎是，在他以前，谁都不曾如此耐心地讲解过怎样把可能性用作生活指南，也不曾讲过可能性为什么应当成为生活指南。

在宗教问题上，洛克最主要的思想是神学学说必须能回答理性法庭的质询，“理性必须成为我们对一切事物的最终审判者和指导”[11]。他认为一些真理（例如死者复活）“超出了理性”（above reason）[12]，其意为它们都是上帝向我们揭示的，因此无须被证明。但他还认为，若任何被视为神启的东西太离谱，以至于对立于理性明白地告诉我们的东西，那么，给出最终判断的便一定是理性，因为人的智力是上帝赐予的礼物，上帝要我们运用它。在 1695 年出版的一本题为《基督教的合理性》（*The Reasonableness of Christianity*）的小册子里，洛克指出，《圣经》里没有任何与理性相悖的东西，上帝用可被理解的词句，甚至使用了“世上的贫穷人”（the poor of this world）* 、“大多数人”（the bulk of mankind）这样的词句，慷慨地表达了他自己的思想。[13]

洛克在以理性主义方式看待宗教的道路上，并不像他的一些同代人走得那么远。例如，约翰·托兰德的《基督教并不神秘》（*Christianity Not Mysterious*）一书是 1696 年出版的。这位年轻的作者在爱尔兰遭到了国会的谴责，并受到了逮捕的威胁，因为他声称，那些“超出了理性”的学说，也像那些与理性相悖的学说一样值得怀疑；没有那些学说，基督教的处境会更好。洛克虽然没有像托兰德一样激

---

* 见《新约·雅各书》（詹姆斯国王钦定本《圣经》）第 2 章第 5 节。

起那么大的愤怒，但还是经常遭到保守的教会人员的谴责。那些人说他以各种方式间接地提倡了无神论，说他对三位一体讲得不够充分。

但是，与斯宾诺莎相比，洛克是正统思想的重要支持者。洛克赞成上帝是一位国王般的宇宙统治者，赞成上帝承诺的来生奖惩是道德的基础，赞成奇迹的发生是上帝天启的标志，赞成《圣经》里的故事大多是真实的——而斯宾诺莎否定这一切。不过，在宗教宽容的问题上，洛克论证的自由通常与斯宾诺莎论证的自由相同。他在《论宗教宽容》中写道："不能强迫人们接受拯救，必须让人们凭自己的良知行事。"[14]不过，洛克并未打算把充分的政治权利赋予各种信徒和非信徒。他怀疑天主教徒，因为他像霍布斯一样，认为他们首先效忠一种外国势力，即罗马教皇。他也不想把宗教宽容外延扩大到包括无神论者（包括多神教教徒，洛克把他们算作无神论者）在内，因为他不相信那些人会信守承诺或恪守任何誓言。的确，无神论"想必会把一个人关在一切清醒、文明的社会之外"[15]。尽管如此，洛克还是认为，总的来说，人们应当享有独立思考宗教话题的自由。

在道德问题上也是如此。洛克指出，人们必须独立地思考。人们不应盲目地接受时下的做法和标准，因为"道德原则要求论证、讨论、运用头脑，以揭示某些道德真理"[16]。人们也不应不假思考地接受其统治者的权威。洛克的《政府论两篇》的后篇强调，人们有靠自己的判断去衡量一个政府的合法性的权利。在极端的情况下，人们应当推翻国家权威，"社会共同体永久地保留着一种最高的权利，也就是说，每当任何人（甚至包括立法者）极为愚蠢或邪恶，以至制定和实施反对其臣民的自由和繁荣的阴谋时，人们能依靠这种权利挽救自己"[17]。

这一思想在1689年公开时，在英国成了一个特殊的话题。它回溯既往，论证了1688年推翻信仰天主教的英国国王詹姆斯二世（King James Ⅱ）的统治，由奥兰治的威廉（William of Orange）取而代之这一历史事件是正义的。洛克在《政府论两篇》后篇的“前言”中写道：

> 他希望他的论证足以证明我们伟大的修复者、我们当今的威廉国王的王位是正当的……并向世人证明：在英国处于被奴役和毁灭的边缘时，英国人民，他们有对自己正义的天然权利的热爱，以及自我拯救的决心，挽救了这个国家。[18]

英国人能做的其实比这更多。洛克去世后，《政府论两篇》的后篇里的观点证明了洛克是一位捍卫人民造反权的卓越的知识分子。他去世约一个世纪之后，他的名字引发了法国人反对其统治者的斗争，引发了美国人反对英帝国的斗争。

洛克若发现他书中的那些思想日后被用于反对英国殖民政权，想必会大为惊骇，尽管他的确在其中起到了鼓舞作用。他也许更赞成对其思想的另一种用法：殖民地的许多传教士早就用那本书里的产权理论，论证了拿走美洲土著的土地是正确的。愤世嫉俗者也许会说——即使有人去问洛克，我们也根本无法知道他会如何作答——正是部分地为了把这种占有合理化，在对殖民地的投资中获利的洛克才首先提出了这个理论。按照他的理论，“无论如何……（一个男人）……脱离了自然为他提供、将他置于其中的状态，将其劳动与其拥有的某物混合起来、结合起来，由此他便使该物成了他的财产”[19]。由于殖民者不仅仅是耕种美洲的土地（土著则仅仅耕种土地），洛克便认为那些土地的确属于殖民者。人们几乎没有理由认为洛克乐于见到这种论证被用来反对英国人。

洛克的一些著作，尤其是他为宗教宽容辩护的那些著作，推动了自由主义的发展；但把他看作披着17世纪外衣的当代自由主义者，却是个错误。其实，以洛克时代的标准衡量，洛克在某些方面甚至算不上自由主义者，更不用说以后来的标准衡量了。例如，他1669年为卡罗来纳殖民地撰写的宪法提倡一种极端的封建制度——它在英国早已消失，在美洲其他殖民地也都不曾实行。按照洛克的计划，农奴身份应世袭。一个农奴的全部后裔都永远是农奴，可以和他们在其上劳作的土地一起被买卖，无权向其所有者之外的任何人求助。

洛克在1697年为贸易理事会（Board of Trade，当时他是该会成员）写了一份关于处理贫困的建议书，它读来同样令人不安。洛克认为，穷人的苦境大多是穷人自己造成的，穷人失业完全是因为懒惰等寄生性。在他那些建议中，他为失业者发明了很多严苛的规章和新的惩罚条例。他说，帮他们找工作的第一步应是“约束他们的放荡……办法是取缔过剩的白兰地商店和不必要的啤酒馆”[20]。幸好他那个严厉的计划从未实行。贸易理事会的大多数成员认为，失业不是放荡造成的，而是工作短缺使然。

我们已看到，洛克在其青年时代是政治上的霍布斯主义者。在1660年和1661年，他曾为一种保守的独裁主义（authoritarianism）辩护，那种独裁主义完全对立于他后来写的《政府论两篇》中的革命情感。他写道：“任何人都不如我那么尊重和崇拜权威……普遍自由只是一种普遍束缚……”[21]他又说：“我希望我和我的国家得到的全部自由，就是享有法律的保护，那些法律是由我们先辈的审慎和深谋远虑建立起来的……”[22]显然，他写《政府论两篇》时，时代已改变了某些事情。但那究竟是洛克的基本观点改变了，还仅仅是英国的政治形势改变了呢？由于君主制刚刚恢复，洛克便把不稳定看作他的国家面对的最大威胁，因此提倡服从和尊重现存制度。但是，洛克后来把查理二世看作了更恶劣的威胁，并逐渐认识到了反叛的意义。即使说17世纪80年代的这些事件，莫名其妙地让洛克成了一位更易受到现代自由主义者赞美的人，那么，这种效果的时间也短得令人生疑。那个时期以后，洛克的著作中便完全没有了这种转变的踪迹。1697年就贫困问题撰写那些严苛建议的洛克，与将近30年前撰写卡罗来纳殖民地残酷宪法的洛克，几乎是同一个人。

一直到洛克去世一段时间以后，人们才开始把他看作一位政治思想家。这并不只是因为《政府论两篇》是匿名发表的（在洛克遗嘱的“附录”里，他才承认自己写了那本书）。他当时在国内外的声望，缘自他在《人类理解论》中表达的关于人类知识和思维本质的观点。这很容易使他做的其他一切都相形失色。而我们不能确定：让更多的人知道《政府论两篇》的作者是谁是否有损洛克的声望。

《人类理解论》被正确地当成了对伽利略、笛卡尔、牛顿和英国皇家学会的“新哲学”的雄心勃勃的阐释与发展。这幅世界图画使外行和诗人格外关注，而它的一个方面就是，洛克论述了物理性质（如大小、形状）和看似主观的性质（如颜色）的区别。说洛克改变了许多读者对他们周围景色的认识，这毫不夸张。1712 年，诗人、散文家约瑟夫·艾迪生（Joseph Addison，1672—1719 年）* 写道：

> 目前，我们的灵魂欣然迷失在了一种令人愉快的错觉中，不知所措。我们到处徘徊，就像传奇故事里中了魔法的英雄看见了美丽的城堡、森林和草场，同时听见了鸟儿的鸣啭和小溪潺潺声；但是，随着某个秘密咒语的结束，这幅奇异的景色消失了。这位心有不满的骑士发现自己在一片荒野上或在一片孤寂的沙漠里……我在此假定我的读者们都知道那个伟大的现代发现，目前它已得到了自然哲学的一切探索者的广泛承认，而那个发现就是：想象所理解的光与色只不过是头脑中的意念，不是存在于物质中的性质。[23]

《人类理解论》最初声名狼藉，令人激动——有人曾想在牛津大学禁止阅读它——因为它是对亚里士多德烦琐哲学的挑战的一部分，

---

* 英国散文家、诗人、剧作家、哲学家。

亚里士多德的哲学正在被机械论科学超越。它的确是某个更大事件的一部分。《人类理解论》集中于独立思考，对以往的学问质疑，对仍然徘徊在欧洲大学里的伪逻辑诡辩直言不讳地表示了厌恶，在帮助删除中世纪的世界图画方面发挥了作用。

§

洛克的父亲在布里斯托尔附近的潘斯福德有一些土地和几所房子，洛克就在那里长大。洛克的父亲通过当律师，增加了这一点儿不动产（1661 年，洛克继承了其中的一部分）的收入。英国内战期间，洛克的父亲还当过议会方面的骑兵上尉，年轻的洛克正是依靠父亲的前司令官的影响，才进了威斯敏斯特学校（Westminster），它是英国当时最好的学校。那个学校的教育大多使用拉丁语和希腊语，学校还给洛克这种特别聪明的孩子开了一点儿希伯来语课。威斯敏斯特学校对口牛津大学，洛克在牛津大学学习了传统学术科目，包括修辞学、语法学、希腊语、几何学和道德哲学，但他并不喜欢那些课程。

洛克《人类理解论》里的许多评论，都表明了他很不喜欢牛津大学的知识生活。他写道，人们满口“空洞的、莫名其妙的噪声和胡言乱语，尤其是关于道德问题的”[24]。学术课程大多为“学术性废话”（learned gibberish）[25]。那些授业者“用一张古怪的、无法解释的、不知所云的词汇之网掩盖其无知”[26]。对传统学术，洛克不但厌烦，而且恼火。他认为，若让学生成为和中世纪学生一模一样的人，复制后者的偏见，他那个时代的高等学府就是在浪费为人类进步做出贡献的机会。

他写道，中世纪学者“并不比他们的邻居更聪明、更有用，只能给人类生活或他们生活的社会带来很少益处”[27]，相反，“他们的安宁、平安和自由都要依靠那些非学者的政治家和世上的各种政府；他们从不识字的、被蔑视的机械师（mechanick，这是个丢脸的名称）那里学会了有用的技艺”[28]。洛克打算仿效那些“机械师”。因此，他 1658 年从牛津大学毕业时，决定尽可能致力于实务，尤其是致力于以新的“机械论哲学”为形式的科学，致力于医学。

在牛津大学，洛克一边教授传统课程（希腊语、修辞学和道德哲学），一边与波义耳合作（波义耳在牛津大学有实验室），并成了波义耳的密友。洛克还私下学习和实践医学。1665 年，他接受了一份工作，给一个外交使团当秘书，该使团的任务是说服勃兰登堡选帝侯（elector of Brandenburg）在英荷战争中不要站在荷兰人一边。洛克大概以个人的身份接受了国王查理二世的这项任务，当时查理二世住在牛津大学，以躲避伦敦大疫（the Great Plague of London）*。洛克似乎很好地完成了任务，因为他回来后又得到了两个外交官职务的推荐，但他拒绝了，因为他决心当个医学研究者。

洛克没有被牛津大学医学系接纳。医学系拒绝授予洛克博士学位——该系也曾如此对待日后以“英国的希波克拉底”（the English Hippocrates）闻名的托马斯·西德纳姆（Thomas Sydenham，1624—1689 年）**——因为洛克没学习过指定的研究课程。从医被从洛克的职业选项中删去了，但幸运的是它带来了更好的事情。洛克和牛津的一位医生戴维·托马斯（David Thomas）一起开了一家药房；这使洛克有机会接触安东尼·阿什莱·库珀***，此人是国王私人顾问团成员，后来成为英国上议院大法官。库珀对洛克的印象很深，邀请洛克作为私人医生兼秘书住进他的伦敦宅邸。1667 年，洛克照办了。这使洛克进入了一些人的圈子，他们的思想比他在牛津大学当讲师时认识的那些人更活跃。

---

* 指 1665—1666 年伦敦爆发的鼠疫（亦称黑死病），患者大量死亡，王室逃出伦敦。

** 英国医师，其 1676 年的著作《医学观察》（*Observationes Mediciae*）是英国医学院采用过两百多年的教材，因此他被誉为“英国的希波克拉底”。

*** 即沙夫茨伯里伯爵。

洛克在伦敦的职业，反映了库珀的兴趣范围和他自己的能力范围。除了他的家庭职责（包括监督库珀接受一次肝脏手术，负责库珀儿子的教育）外，洛克还为雇主撰写了一些有关当时政治和经济的短文。在第一批文章里，有一篇的内容是反对用立法控制利率，还有一篇论述宗教宽容；后一篇显然是想写给国王看的，这个棘手的主题占据了洛克的一生——当时的主要问题是应当允许清教的非国教徒（protestant nonconformist）在其崇拜仪式中享有多少自由。库珀是为这种宽容辩护的最著名的人士之一，洛克则在其中最具雄辩能力。

洛克新结识的伦敦科学界人士之一是西德纳姆，此人有时陪同洛克巡回出行。西德纳姆去世后，被视为现代临床医学的奠基人之一。他的贡献很多，包括鸦片酊的使用和猩红热的确诊。他还是最先用铁剂治疗贫血、提倡用奎宁治疗疟疾的医生之一。但他那个时代的医疗制度憎恨他，我们不难理解何以如此。西德纳姆嘲笑大多数同行，他把他们的理论斥为毫无根据，把他们的治疗斥为毫无疗效。像古代“经验主义的”医学院的追随者一样，西德纳姆也说，他自己的医疗实践基于朴素经验和直接观察，他从不让他自己“为懒惰的推测所骗”[29]。

> 医生的职责是勤勉地调查病史及药效，它们是唯一真正的老师——经验显现的……真正的实践就是观察自然……[30]

西德纳姆喜欢观察疾病的特征，观察疾病得以盛行的环境，观察当时最有效的疗法。如今，这种方法听起来只是常识，但它在当时是非正统的。更常见的医疗技术关注的是患者，而不是疾病；医疗处方也是根据患者的特性，而不是根据所患疾病的性质而开的。西德纳姆有一个崭新的观点：疾病是特定的实体，必须用特定的疗法治疗。这个观点得到了他的一些研究的支持，研究内容是环境条件与疾病类型的关系——例如，疟疾在一年中哪些时间最盛行。洛克有时帮助西德纳姆搜集这些研究的资料。

这种流行病学的调查，是英国皇家学会（洛克1668年加入了该学会）进行“自然史”研究的典型方式。一首英国皇家学会的颂歌（ode）里有这样的词句：“自然的无尽宝藏中……的确蕴藏着财富。”[31]英国皇家学会的成员力图给那些财富编目并调查它们。学会的成员身份各异，不仅包括如今会被称为科学家的人，还有克里斯托弗·雷恩（Christopher Wren，1632—1723年）、塞缪尔·佩皮斯（Samuel Pepys，1633—1703年）* 和约翰·德莱顿。使成员们联合起来的是一个信念：新鲜的经验是生活的更好指导，胜过了陈旧的书卷和权威的言辞。英国皇家学会的座右铭是“Nullius in verba”**，大致可以译成“莫听信他人之言”。洛克参与了学会的日常工作，他所在的委员会负责监督新的实验。但他对学会的主要贡献，是清晰地阐述了作为学会后盾的哲学。

那种哲学在《人类理解论》里得到了阐述，其来源是一个讨论问题性质的俱乐部的聚会，聚会地点是1671年库珀伦敦宅邸中洛克的几个房间。库珀本人、西德纳姆、约翰·麦普托夫特（John Mapletoft，另一位医生）、詹姆斯·蒂勒尔（James Tyrrell，政论作家）、洛克和其他许多人，都参加了聚会。讨论的话题既有科学和哲学，也有神学、道德和政治。据洛克记载，一天，俱乐部正讨论道德原则[32]，人们忽然发现：

> 来自各个方面的困难使我们突然停止了讨论。我们各自困惑

---

* 克里斯托弗·雷恩：英国建筑家。塞缪尔·佩皮斯：英国公务员、日记作家。

** Nullius in verba（拉丁语）：莫听信他人之言。语出古罗马诗人贺拉斯（Horace，公元前65—前8年）《书札》（*Epistles*）第1卷第1封，第14～15行：Nullius addictus iurare in verba magistri，-quo me cumque rapit tempestas，deferor hospes（不被迫发誓效忠一位主人，无论风暴将我拖到何地，我都甘心由命，如做客人）。

> 片刻之后……我忽然想到……我们在考察道德的本质之前，必须检验一下我们自己的能力，看看我们的理解力适于或不适于分析那些对象。[33]

洛克着手写出这种检验的始末，为此工作了很多年，终于在1689年出版了它，题为《人类理解论》。这部著作通过检验头脑的运作和头脑的局限，力求说明调查（enquiry）的全部类型，范围从英国皇家学会最感兴趣的科学调查，到当时最让库珀及其家族着迷的道德和政治话题。

1660年英国王政复辟后，库珀就担任了查理二世政府的公职，但他并非一向支持王室。英国内战期间，他短暂地支持过查理一世以后就站到了议会一边，后来帮助克伦威尔掌握了国家权力。但他很快就对克伦威尔感到不满，于是，1660年他又参与了帮助查理二世登上王位的活动。这位心怀感激的新国王指定库珀做私人顾问，又让库珀担任了一系列职务，直到1672年出任上议院大法官。但是，几乎就在刚被委任了这个手握权力的职务后不久，这位沙夫茨伯里伯爵（当时，库珀已是伯爵）就对查理二世产生了疑虑，宣布还是反对这位国王为好。

他的疑虑很有根据。1670年，查理二世和他信奉天主教的表弟——法王路易十四签订了一项秘密协议。根据这项协议，查理二世得到了大量的金钱，交换条件是：查理二世承诺在日后某个方便的时刻宣布自己是天主教徒。其实，查理二世并不特别虔诚——他从未兑现过自己的承诺——但他赞赏这位法国天主教君主的专制主义作风（absolutist style），而他自己又缺钱。沙夫茨伯里和他的圈子很有理由担心查理二世想照搬路易十四的独裁主义（authoritarianism）理论：后者激烈地迫害宗教少数派，以个人的法令统治法国。查理二世继承了王位后，他的弟弟詹姆斯（他秘密地成了天主教徒）在1673

年娶了另一个天主教徒*。沙夫茨伯里猛烈地批评了这桩婚姻，因而被解除了政府职务。他成了反对派领袖，反对国王及其天主教专制主义野心。洛克从侧幕观看着这出政治戏剧。他在其中发挥了什么积极作用，我们不得而知，但王权的范围和宗教自由成了他政治著作的核心话题。

1675年，洛克决定离开伦敦，表面上是为了治病——伦敦的污浊空气总是让他受苦，而对沙夫茨伯里的亲密合作者们来说，那里的气氛当然是不健康的。1676年，沙夫茨伯里被监禁，在伦敦塔被关了一年。同时，洛克在法国扩展了他的哲学视野。他先住在蒙彼利埃，在那里与几位杰出的医生和有学问的法国人交朋友。他搬到巴黎以后，开始认真研究笛卡尔的著作。当时，法国政府禁止在中小学和大学教授笛卡尔的哲学，但允许人们私下讨论它。洛克还结识了伽桑狄的几位追随者，伽桑狄是大力提倡“机械论哲学”的先锋，力图把基督教和古代伊壁鸠鲁主义的要素调和起来。洛克在继续写他的《人类理解论》时，受到了那些伽桑狄主义者观点的影响，尤其是他们对感官经验在构成知识方面的作用的重视。

当洛克1679年返回英国时，这个国家充满了关于“教皇阴谋”(Popish plot)**的传言。据说，天主教的神父们计划杀掉国王，把他那个信奉天主教的弟弟扶上王位，并正在酝酿对清教徒的大屠杀。这个谣言来自泰特斯·奥茨（Titus Oates，1649—1705年）***的一些说法，此人性格扭曲，曾为教区牧师，对耶稣会修士满怀仇恨。有两件事扩大了这个谣言的影响：一件是人们对“炸药阴谋”的记忆，另

---

* 查理之弟约克公爵詹姆斯（James，Duke of York）娶了罗马天主教徒、意大利公主——“摩德纳的玛丽”(Mary of Modena，意大利语为 Maria di Modena）为妻。

** 奥茨造谣说，英国存在一个谋杀查理二世的天主教大阴谋，这使至少22人被处死，导致了1678—1681年英格兰和苏格兰的反天主教狂潮。

*** 英国牧师，一生多次作伪证并制造政治谣言，因此有“撒谎者泰特斯”（Titus the Liar）之称。

一件是未获得解释的对一位地方官的谋杀——奥茨曾对那位官员发誓作证。这个谣言引起的反天主教浪潮，对沙夫茨伯里及其盟友很有利。他们在把詹姆斯排除出王位继承人的斗争中，尽量利用了这股浪潮。这场斗争失败后，沙夫茨伯里开始了更公开的反叛。桂冠诗人德莱顿在他的讽刺诗《押沙龙与亚希多弗》（*Absalom and Achitophel*）中，描写了国王支持者与沙夫茨伯里支持者之间的斗争。亚希多弗（Achitophel）* 是沙夫茨伯里在诗中的化身，其形象并不光彩：

> 此名为世世代代所诅咒：
> 因虚假忠告和精心密谋。[34]

在保皇党人看来，沙夫茨伯里的最大罪过是他认为在某些环境下，臣民反对国王的意志是正确的。他们指出，以霍布斯主义的精神看，臣民反叛将是灾难性的，因为王权一旦被推翻，就会造成混乱：

> 若强力能够瓦解王权，
> 谁人的私权能够平安？
> 人们的判断并不总是正确：
> 多数亦会像少数一样犯错；
> …………
> 若人们随时都能随心所欲，
> 不但国王们（神性的形象）
> 而且政府本身亦终必罹陷
> 自然状态，其中人人彼此有权。**

反对叛乱的言论，最终见于《父权制：论国王的自然权力，反对

---

* 《旧约》中大卫王的谋士。

** 同前诗，第792～804行（其中省略8行）。译者据引文翻译。其最后一行中的“自然状态”（natural state）来自霍布斯的《利维坦》；“人人彼此有权”（all have right to all），则使人想起霍布斯《论公民》中所说的“每个人对每个人的战争”。

人民非自然的自由》（*Patriarcha: The Natural Power of Kings Defended Against the Unnatural Liberty of the People*）这本小册子——它由国王的一些支持者出版于1680年。小册子的作者罗伯特·菲尔默爵士（Sir Robert Filmer，约1588—1653年）* 虽然早已去世了，但在当时却仍是位杰出的宣传家。英国内战期间，菲尔默写了一些保皇主义小册子，包括一本《一切国王（尤其是英格兰国王）绝对权力之必要》（*The Necessity of the Absolute Power of All Kings: And in Particular, of the King of England*）。他的小册子《父权制》在他生前从未出版，而这显然是因为连当时的国王查理一世都认为它说得太过分。

菲尔默认为，父亲对其家庭的权威、国王对其臣民的权威，都是上帝授予的，这两种权威相同。亚当是第一位国王，他由上帝指定，被授予了对其后裔的绝对权力和人间的一切货物。这种权力从一代长子传给下一代长子——或者说菲尔默（他自己就是一位地主的长子）认为如此；因此，后来的国王们的合法地位，便来自其所谓的先祖亚当（洛克后来指出，人人都被说成亚当的后裔，这个事实是这个理论遇到的难题）。菲尔默根本不承认人生而自由和平等，无论作为儿童还是臣民。反叛合法国王，就像反叛自己的父亲一样不可想象。

这种为父权、长子继承权和神授君权进行的辩护过于极端，以至于反过来损害了保皇主义者。这种辩护不但没有征服其敌人，反倒鼓舞了他们：它那些站不住脚的论证都集中在反对国王的思想上，引发了他们为政治自由所进行的一些激烈辩护。在反驳菲尔默的论著中，最著名、最有影响的是洛克的《政府论两篇》的后篇，我们不久还要讨论它。它并不是反驳菲尔默的第一本书。洛克在写《政府论两篇》的后篇之前读过另一本反驳菲尔默的论著，那本论著与他写的那本书

---

* 英国政治理论家，1619年1月被英王查理一世封为爵士，拥护君权神授的观点。

惊人地相似，但如今已被彻底忘记了。那本论著就是《非君王的长老》（*Patriarcha non monarcha*），作者为洛克的密友詹姆斯·蒂勒尔。[35]许多常被归于洛克的政治思想其实可以说是蒂勒尔的思想，只是洛克经常发展蒂勒尔的主题，并从中引出更激烈的结论。

洛克从未对蒂勒尔承认自己就是匿名的《政府论两篇》的作者。洛克做事往往很隐秘，由于时代的危险性和那些与他为伍的人，他完全有必要如此。例如，1681年，沙夫茨伯里的另一位支持者斯蒂芬·科莱奇（Stephen Colledge，约1635—1681年）* 就因叛国罪被处以了绞刑。洛克在一段时间内被国王的密探跟踪。在某个时刻，国王还亲自下令撤销了洛克在牛津大学的职务。但当洛克发表两篇"政府论"时，他的处境已不再那么危险，并且他总是信任蒂勒尔。洛克沉默的原因似乎是尴尬：作为阐述产权理论的最有影响的著作之一，此书中的一些重要思想本身似乎就是窃来的财产。

§

若统治者的权威不是神授的，政治权力从何而来呢？这是洛克在他的《政府论两篇》后篇开篇提出的问题。洛克写道：我们若不愿承认一个令人沮丧的结论，就必须为合法的政治权力另寻来源，那个结论就是，"世界上一切政府只是武力和暴力的产物……人们一起生活的规则也是野兽的规则"[36]。他给出的答案就是一种社会契约。人们通过协议联合起来，形成共同体，这便为政治权力奠定了基础，统治者或政府则为了众人行使政治权力。因此，统治者的权威来自其臣民自愿加入的某种契约，既非上帝强加，亦非基于暴力。

社会契约的概念，其踪迹散见于整个西方思想史。公元前5世纪

---

* 英国木匠、清教徒，曾宣传反天主教、反教皇的政治主张。1681年公开骑马持盾，宣布要杀死查理二世，并写诗讽刺约克公爵詹姆斯，遂以企图谋杀国王罪被捕入狱，同年8月31日被处以绞刑并分尸。

的雅典教师安提丰（Antiphon，公元前 426—前 373 年）* 曾说："人们的法律是由协议制定的。"[37] 柏拉图《理想国》（*Republic*）里的人物格劳孔（Glaucon）解释说，"人们确认与他人缔结契约，约定既不行使不义，亦不遭受不义之害，这符合人们的利益……这便是立法和人们之间契约的起源……"[38] 古希腊人似乎认为，在第一次缔结这种契约之前，生活是野蛮而孤独的，人们为使自己免受动物的侵害而联合了起来。这个故事的一个公元前 1 世纪的版本说：

> 据说，（地球上）出生的第一批人过着毫无约束的、野兽般的生活。最初，人们单独觅食，以最嫩的药草和树上的野果为食。后来，由于不断受到野兽的攻击，人们便渐渐互助，服从于便利原则，而当人们因恐惧而渐渐聚集在一起时，他们便逐渐认识到了彼此互助的特性。[39] **

这个故事说，后来，人们学会了互相沟通，开始订立协定，而那些协定就是道德和政治生活的基础。

统治者与被统治者之间默认的契约出现于 11 世纪，它来自关于教皇权力和世俗君权的一次争论。教皇格列高利七世（Pope Gregory Ⅶ，约 1020—1085 年）*** 颁令说，若皇帝滥用其地位，教皇可以废黜其王位。这激发了一种思想：虽然教皇的权威是绝对的，但世俗统治者的权威却以某种契约或信任为基础。因此，教皇权力的一位坦率的辩护者劳滕巴赫的曼尼戈德（Manegold of Lautenbach，约 1030—1103 年）**** ——连用词谨慎的《天主教百科全书》都说他粗鲁、狂热[40]——便把世俗统治者比作了养猪人，他们若做不好工作便立即会

---

* 古希腊数学家、辩论家和政治家。

** 这是西库卢斯（Diodorus Siculus）《历史文库》（*Bibliotheca historica*）中的版本。西库卢斯是约公元 1 世纪的古希腊历史学家，著有 40 卷《历史文库》。

*** 罗马天主教教皇，意大利人，1073 年至 1085 年在位。

**** 德国宗教和政治辩论家，曾在德国西南部做教师。

被解职。若世俗的暴君破坏了其权威所隐含的信任，任何人都不必服从他。曼尼戈德写道："他分明首先违背了民众为他而订立的契约，因此，他失去了寄予他的尊严，民众根本不尊重他的君主身份，不屈从于他的统治，此时我们不清楚他是否活该如此。"[41] 在后来的几个世纪中，这种思想得到了许多讨论政治的哲学家的认同，包括索尔兹伯里的约翰（John of Salisbury，约 1115—1180 年）*、圣·托马斯·阿奎那（St. Thomas Aquinas，约 1225—1274 年）** 和奥卡姆的威廉。

因此，到了霍布斯那个时代，人们已相当熟悉社会契约，洛克和卢梭都基于这个主题发展了他们自己的理论。尽管如此，这个概念还是毫无价值，因为广义的社会契约概念其实包括两个明确要素：一个是人们为构成社会而缔结的协议，另一个是这个社会与其统治者或政府之间的协议或默许的信任（我们不妨称后者为"统治者的契约"）。大体上，古希腊人关注第一种意义上的社会契约，而霍布斯和卢梭也是如此。但是，中世纪的作者们则更多关注统治者的契约，而霍布斯和卢梭都不相信这种契约。正如我们已看到的：霍布斯认为，一个社会共同体一旦形成，就把它的全部政治权力转交给了一个统治者，却没有保留废除统治者的任何权力。霍布斯所说的统治者握有毫无限制的权力，如同曼尼戈德所说的教皇。出于完全不同的理由，卢梭在其乌托邦版本的社会里，没有给统治者的契约留下任何位置，因为不知为什么，那个社会里的人们都自己管理自己。

洛克混合了这两种形式的契约。他认为，当人们共同组成政治社会时，他们彼此就订立了明确的协议（或称"契约"[42]）。因此，人们选择的统治者或政府便像受托人（trustee）那样获得了其权威：虽不存在明确的统治者的契约，但统治者会像曼尼戈德所说的养猪人那

---

* 英国基督教教士、哲学家、拉丁语学者。

** 意大利基督教神学家、哲学家。

样，他们若滥用这种信任，便会被解职。

这个故事存在一个问题：它似乎是个幻想。政府大多（更不用说全都）基于一种契约，这完全不是事实。正如大卫·休谟后来的反驳所言："几乎一切现存政府或有历史记载的任何政府，最初都是通过篡夺或征服（或两者兼有）建立的，那里没有关于公平契约或人们自愿臣服的任何借口。"[43] 1887年，尼采（Nietzsche）更精彩地表达了相似的观点：

> 一群金发白肤的食肉野兽，一个天生就是征服者和主人的种族，为了战争而组织起来，并具备了组织能力，毫不犹豫地用其可怕的利爪抓住了一群平民；而平民虽然人数多得令人战栗，但仍然是毫无组织的流浪者。毕竟，这就是地球上的"国家"之始。我认为，主张国家起源于"契约"的感伤主义（sentimentalism）已被抛弃了。能够发号施令者，天生就是"主人"者，行为强悍的暴烈者，他们与契约有什么关系！[44]

连尼采所说的这群恶毒的金发白肤野兽也是幻想，就像洛克所说的比较文雅的人群那样。事实依然是，真正的社会契约十分稀少。一些为洛克辩护的人想论证说，这并不重要，因为洛克从未打算把他的理论当作对现实的描述。其实并不是这样。洛克思考并反驳了一种反对意见，即"历史上没有任何先例表明某一群人……聚集起来，用这种方式建立了政府"[45]。洛克反驳说（但并不令人信服），这只反映了一个事实：每个社会初始阶段的历史都太简要、太不合逻辑，以至于只有少数人认为它们值得被记录下来。洛克接着说，况且政府往往出现在发明书写之前，那时人们四处走动，去讲述自己的历史，却已忘了发生过的事情。

洛克又说，尽管如此，其实还是有少数人知道政府诞生于明确契约的情节（他以罗马政府和威尼斯政府为例）。但是，这些情况即使是真实的历史，也引出了另一个问题：倘若这些遥远社会的祖先真的签订过社会契约，为什么他们的后裔竟对此事一无所知？正如休谟所言："权威十分古老，又曾为政府和君主的数千次改变所涂抹，因此，现在不能假定当今存留着任何权威。"[46]洛克应当是第一个注意到这个问题的人，因为他《政府论两篇》前篇的很多篇幅都在设法证明：即使《圣经》中亚当的权威来自上帝，我们也不可能弄清如今谁是亚当的继承人，更无法由此证明现有统治者的权威是否正当。洛克在他《政府论两篇》后篇中阐述的政治合法性理论，成了他在《政府论两篇》前篇中阐述的观点的牺牲品。

尽管如此，我们还是有可能除去洛克思想的历史性借口，整理出他的思想要点。社会契约可以呈现为一种假定的形式，可以不被视为任何人真正同意的契约，而被视为公正的、有理性的人会同意的契约。这就是康德和罗尔斯（John Rawls，1921—2002 年）* 等比较晚近的思想家们采取的方法。康德解释说：

> 无论如何，我们都不必假定这样的契约……真的作为事实而存在……它……只是一种理性的思想（idea），但具有无可置疑的实际真实性；因为它能责成每个立法者以这样的方式制定法律：那些法律将产生于整个民族的联合意志，并将每个国民……都看作已经赞同了总体意志。这是对每一条公共法律的公正性的检验。[47]

罗尔斯也想确立一套正义原则，其方法是让我们想象一群人聚在一起，就财富分配、自由、机会和其他基本权益达成了一致意见。他要我们假定：那些人都重视自我，对世界有符合理性的恰当认识，但在"各种不同的选择如何影响他们自己的具体境况"这一问题上，都

---

* 约翰·罗尔斯：美国政治哲学家、伦理学家，名著《正义论》（*A Theory of Justice*）的作者。

处在“无知之幕”（veil of ignorance）的后面。这个约定的意义，可以通过生日蛋糕的例子来说明。假定你正在切蛋糕，准备把它分给包括你自己在内的一群人。你若不知道自己会得到哪片蛋糕，那么，把一片蛋糕切得比另一片大并希望你自己得到它，就毫无意义。因此，厨房桌布上的这块“无知之幕”造成的结果就是大家公平分配蛋糕。罗尔斯把他想象的那种集会称为“原初立场”（the original position），并指出它“完全是假定的情境。任何与之相似的事情都不曾出现……”[48]在洛克社会契约的这个版本中，社会的规则和其他安排也许可以由一点被证明是公正的，那就是：在这种想象的“原初立场”[49]中，人们会合理地赞同某些规则和安排。

当洛克在《政府论两篇》后篇中开始阐述他的主要观点时，他描述了他所说的“自然状态”，其作用类似于罗尔斯所说的“原初立场”，只是其不同之处在于：作为一种处境，其中的人们在形成一个成熟的社会之前就确实发现了那种处境。像霍布斯一样，洛克也认为他那个时代的美洲土著大多生活在这种状态中，他的叙述大多受到了当时描述那些土著的书籍的启发。洛克的书房中有近两百本旅行笔记，其中大部分都描述了欧洲探险家的美洲之旅。洛克（像霍布斯一样）在选用它们时有所取舍，并似乎忽略了不符合其理论的美洲土著生活的一切方面。[50]例如，他认为，美洲土著很懒，在耕作土地方面毫无成效；他们没有私人土地，土地只为了集体而使用；他们根本没有稳定的政府。这一切都对立于他能获得的证据，却使他更安心地为建立殖民地辩护。若他承认了美洲土著有时的确很好地利用了他们的土地，他就更难为夺走他们的土地辩护了。

正如我们讨论霍布斯时所见，洛克显然认为道德规则在自然状态中具有某种效力，尽管自然状态中的野蛮居民根本不关心道德规则。他还认为，一种自然的法律治理着自然状态，强迫每一个人遵守。洛克又说：

> 理性（那种法律）教导所有愿意求教于它的人要完全平等、独立，任何人都不应损害他人的生命、健康、自由及财产，因为每个人都是那位全能的、智慧无限的造物主的作品……他们是他的财产……其用途是维持他的长久快乐，而非维持彼此的快乐。[51]

人们选择脱离自然状态，结成社会，其主要原因是想要“平安地享受自己的财产”[52]。洛克认为，从自然法的角度说，人们在理论上已有权拥有某种财产，却不可能单靠自己有效地行使这些权利。因此，人们做了一笔交易。为了换取政府（人们委托它制定和贯彻有利于人们的法律）的保护，人们放弃了自己的一种天赋权益，即把自然法掌握在自己手中，私自惩罚偷窃他们财产的人。人们也许想知道洛克和霍布斯如何解释一个事实：据说美洲土著从未到处走动以做成这笔交易。他们也许会说，那些美洲土著尚未聪明到懂得成立政府以符合他们自己的利益。

但是，自然状态中那些比较开明的人恰恰不能自由地建立任何形式的政府。洛克认为，自然法限制了他们能做的事情。例如，他们不能选择让立法实体享有对他们生命的绝对的、任意的权力，因为“谁都不能向别人转让多于自己拥有的权力，谁都对自己和他人没有绝对的、任意的权力，即毁灭自己的生命，或夺走别人的生命或财产的权力”[53]。这段话解释了人们何以会反抗野心勃勃的统治者，例如洛克和沙夫茨伯里眼中的那位专制的法国国王。统治者的合法权力，完全来自上帝为自然状态下人们的利益而赋予人们的权力，只不过他们把那种权力托付给了统治者。统治者无法得到更多，即使他是法国国王，因为人们已没有更多可给的了（洛克给他《政府论两篇》后篇的手稿起的代号是“*de morbo Callico*”，即“法国病”，是表示“梅毒”的医学用语。他认为，专制的君主就像“法国病”那样恶名昭彰）。

洛克引用了《旧约·诗篇》，写道：上帝创造世界时，把世界赐给了“世人”（mankind in common）[54]*。那么，自然状态中的人怎么会享有对私有财产的权利呢？我们已看到，卢梭把私有财产的发明看作一件总体上值得懊悔的事情，因为它在生活中造成了太多的罪恶。相反，洛克认为发明私有财产是件极好的事情：上帝发明私有财产，是为了使地球上的果实能为人类所利用。

若上帝提供鹿和其他动物是为了让人们去吃，那么，一个人就一定有某种办法为自己及其家庭杀死一只动物。毕竟，动物的尸体若平等地属于每一个人，那就谁都吃不上它，因为所有互不相让的主张权利者会把那个尸体撕成碎片。洛克认为，一头自由奔跑的鹿，或树上一只未被摘下的果子，或一片未开垦的土地，都属于所有的人，换言之，它不属于任何人。但是，一旦有人把自己的劳动加给了它，使它有了用处，因而“在自然之外……给它增加了某种东西”[55]，它便因此而属于他了。

这个理论引出的一些结论也许看似有几分奇怪。它似乎暗示了这样的意思：若你不怕麻烦，从一棵树上摘下了橡实，那橡实就是你的了；而若橡实只是碰巧掉落到你的口袋里，它就不是你的。一个更严肃的问题是：你的劳动赋予了你多少权利？洛克回答说，你绝不应贪婪地摘取过多的地球果实，使它们尚未被你用完就变坏。这是因为我们“不可糟蹋或毁坏上帝为人创造的任何东西”[56]。

毕竟，自然状态下的事情就是那个样子。但当文明发展、人口增加时，情况就更复杂了，尤其是在发明了金钱以后。当一个人决定把金子（例如）看作能交换一些能更直接使用的东西（如食物）时，他就把价值赋予了某种不会损坏的东西，因此那种东西便能被平安地大量储存起来。所以，金钱的发明不但使经济的极不平等成为可能，而

---

* 在詹姆斯国王钦定本《圣经》中，此句原文是“But the earth hath he given to the children of men”（地，他却给了世人），其中 earth 的原意是“地”，并非此处所说的“世界”（world）。

且根据洛克的观点，金钱还确实证明了这种极不平等是正当的。

这个思路并不十分清晰，但总的来说，洛克有力地说明了商业投资性的合理性。例如，他指出：

> 凭自己的劳动占有了土地的人，不是减少了而是增加了人类的共同储备，因为这种旨在维持人的生命的储备，产自1英亩圈起来并耕作了的土地，其数量是1英亩同样肥沃的、荒废的公共土地产量的10倍。因此，若一个人圈起土地，从10英亩私有土地获得的生活便利，比从100英亩自然土地获得的多得多，那就真的可以说，他给了人类90英亩土地。[57]

换言之，财富的创造并非当代经济学家所说的零和博弈（zero-zum game）。若某个人使一块土地的产量多于它作为公共土地的产量，那么，他虽然在这个过程中变富了，但并不一定会以牺牲其他任何人的利益为代价。其结果完全有可能是人人都过得更好。

洛克为私有财产进行的热情辩护，有时被视为用知识去粉饰当时商人和殖民者的商业利益。[58]* 但我们没有理由认为他的观点不真诚，从他所处的历史环境看，说他的财产理论属于政治光谱的左端而不是右端，显得毫无意义。总是资金短缺的查理二世，既想筹集金钱又不想求助于议会——这种态度使人想到了封建的财产制，它规定一切最终都属于国王，因此，国王随时都可以要求收回自己的财产。洛克论证了每个人对财产的自然权利，瓦解了这些反动的理论。

当然，洛克并不主张我们所理解的那种充分的民主。除了希望狂热的极端主义者有这个主张，希望其他任何人有这个主张都太早了。洛克满足于一种十分强大的君主政体、一座世袭的贵族宅邸和否定全体妇女与许多男人投票选举的有限特权。但他真正详细阐述的观点在

---

* 这是熊彼特（Joseph Alois Schumpeter，1883—1950年）的观点。熊彼特是美籍奥地利政治经济学家。

当时十分激进，因此他反复强调，而霍布斯也曾主张：政治权力将会为了民众和民众的利益而被严格运用。

洛克也许反对菲尔默关于君权神授的表述，但他的政治和道德观点却总是建立在诉诸《圣经》或上帝颁布的一切命令基础上。他说，在他的政治理论中起着大部分作用的“自然法”就是“上帝意志”的宣言。[59]在洛克的《人类理解论》（我们将在后面讨论它）里，他的基督教信仰的力量也很明显，尽管其表现方式有所不同。他写道，那本书的目的是考察人类知识的性质和来源，标出人类知识的边界，以免我们做出跨出那个边界的徒劳尝试。洛克写道：虽然“我们心智的理解力远远不足以认识事物的广大范围”，但这根本无关紧要，因为人们的“觉悟（light）足以使人们认识其创造者，认识自己的责任”[60]。《人类理解论》充满了一个信念：人类的头脑已完善得足以领悟上帝的意图。

§

1708年，杂志和百科全书已使《人类理解论》广为人知，乔纳森·斯威夫特（Jonathan Swift，1667—1745年）针对洛克对头脑（mind）及头脑的概念（ideas）的好奇欲，予以充分的讽刺抨击。在讨论一位打算考察“政府这一概念包含什么”的作者时，斯威夫特顺带指出：

> 这种考究的说话方式是洛克先生发明的……以前世上的哲学家，从苏格拉底时代到我们这个时代的，想必都会无知地提出这样一个问题：*Quid est imperium*［政府是什么］？但如今我们似乎必须让我们的用语多样化。由于我们现代人类的理解力已有所改善，我们并没热盼一位哲学家描述捕鼠器（mouse-trap）或给它下定义，或告诉我们捕鼠器里是什么；我们必须郑重地问：

“捕鼠器”这个概念里包含什么？[61]

洛克料到了这种批评，并为自己频频使用“概念”这个术语而道歉。但他解释说，这个词“能最准确地表示一个人思考时理解力的对象”，并指出，由于想要分析思维的本质和限度，他便几乎不可避免地使用了“概念”这个术语。[62]此外，他讨论的主要是那些特别具有哲学意味的概念，例如上帝、物质等。若捕鼠器能代表他那个时代最大的哲学难题之一，他无疑也会讨论这个概念。

但是，斯威夫特认为，在洛克（以及他之前的笛卡尔）的影响下，哲学的某些方面正转向人的内心世界。这个看法是正确的。在劳伦斯·斯特恩（Laurence Sterne，1713—1768 年）的小说《项狄传》（*Tristram Shandy*）中，《人类理解论》被说成了一本“历史书……内容是人的脑子里想到过的一切”[63]。那么，那本书是否是心理学著作而非哲学著作呢？这个问题会让洛克困惑，因为直到 19 世纪晚期的德国哲学家们建立了实验室，心理学才成为一门明确的学科。不过，洛克的确说过他既不关心大脑或感觉器官的生理性质，也不关心思维与物质的关系。我们完全会想知道这些事情怎么会与头脑的运作毫无瓜葛。洛克所说的一切，如今都过时了吗？似乎并非如此。18 世纪一些知道自己踏着洛克足迹前行的思想家——例如戴维·哈特利（David Hartley，1705—1757 年）和约瑟夫·普里斯特利（Joseph Priestley，1733—1804 年）*——的确都曾打算对心理活动做出粗糙的心理学解释，他们的著作也的确被适时地忘记了。哈特利试图把大脑解释成用连连作响的管子做的木琴，其中一根管子的振动会引起其他管子一连串数量惊人的振动，即心理联想。但是，洛克关于思维性质的一些主要观点，无论正确与否，如今大都仍然值得认真思考。

---

* 戴维·哈特利：英国生理心理学家，建立了联想主义心理学体系。约瑟夫·普里斯特利：英国化学家、牧师、教育家。

这些观点之一重复了伽桑狄的观点，伽桑狄是法国的伊壁鸠鲁派哲学家，影响过笛卡尔和霍布斯。在洛克的《人类理解论》出版 40 年以前，伽桑狄写道：

> 先天的盲人不知道颜色，因为他没有本来可以赋予他的视觉；先天的聋人不知道声音，因为他没有本来可以获得的听觉。这种情况可以扩大到这样一个程度：若有个活人失去了全部感觉……他便根本不知道任何事物，因此也想象不出任何事物。
>
> 这就是“理解中没有任何东西不是先在感觉中”* 这句名言的意义，也是“头脑是一块白板（blank tablet），上面没刻着或印着任何东西”这句格言的意义。[64]

洛克极好地利用了这个概念，并指出，人类的头脑最初就像一张空白的纸；我们的一切知识都不是先天的；我们很快将在下文讨论这个常被误解的说法。但我们首先应当更仔细地考察一下未加工的经验材料转化为我们思想的方式。这个假定是在更早期的哲学中反复出现的主题：它不但见于伽桑狄追随的伊壁鸠鲁主义者，而且见于古代一些斯多葛主义哲学家、圣·托马斯·阿奎那和其他一些中世纪学者、霍布斯[65]和其他许多人的论述中。洛克的新颖之处是他的探究比早期思想家们更深入，并且旨在发展这个假说的意义。

洛克不认为我们的思想全都直接来自对外部世界的观察。他说，很多思想都来自对我们自己头脑活动的观察，那些活动就是思考得自外部的思想并做出反应，换言之，（很多思想）来自内省（introspection），他把内省称作“反省”（reflection）。因此，感觉或反省生成的简单概念就被头脑整合、加工，并构成更复杂的概念。例如“雪”这个概念，就是由我们依靠感觉获得的“白”“凉”“湿”的概念整合而

---

* 原文为：there is nothing in the understanding which was not first in the senses，可理解为“无感觉便无理解”。

成的。为了说明更复杂的整合，洛克分析了“上帝”这个概念的成分：

> 我们有了……存在和时段、知识和力量、快乐和幸福，以及其他几种“量”和“力”（有这些性质好于没有它们）的概念之后，便构成了一个最适合表达最高的存在的概念。我们利用我们关于“无限”的概念，扩大了上述每一种品质，将他们合在一起，造就了我们的“上帝”这个复杂概念。[66]

虽然感观品质这个简单思想被动地印在了头脑的空白纸张上，但当造就更复杂的思想时，头脑远远不是被动的。例如，洛克写道，我们先注意到世界上的变化，再思考这些变化，接着得出“在将来，同样的事物会出于类似原因，以类似方式，出现类似的变化”的结论，最终就形成了“力”（power）的概念。[67]通过注意、思考和推理，我们形成了一个思想：某些物体具备某些做事之力——例如火有熔金之力。因此，头脑在获得这种复杂概念时是主动的、理性的。

因此，说洛克对心理活动的描述是“联想主义（的）”（associationist）便是个误解。当今一些历史学家和许多心理学教科书说洛克“将人的性格（make-up）说成完全是通过概念联想向经验学习的产物”[68]。这个说法完全不着边际。在《人类理解论》后来的几个版本里，洛克补充了简短的一章，作为补记，讨论了他所说的“概念的联想”：

> 概念本身绝非亲族，却在一些人的头脑里紧紧地结合了起来，我们很难将它们分开……一个概念刚刚进入理解……其联想马上就和它一同出现……习俗确定了理解中的一些思维习惯……思维一旦以习惯了的步骤开始持续运作，思路一旦经常被踩踏而成了坦途，思考运动就会变得容易和（真正的）自然。[69]

洛克以儿童作为这种联想过程的例子：儿童每次发现自己在黑暗

中都会想到小妖精（goblins），因为他们听过太多的童话故事。洛克又举了一个例子：暴食过蜂蜜的人，日后每当想到蜂蜜那个东西就不舒服。洛克把这种“概念的错误的、不自然的结合”看作疯狂的一种形式——温和却具有潜在的危险。那种疯狂造成了迷信，造成了非理性的恐惧，其实也造成了“世界上一些最严重的……错误”[70]。这一章产生了很大却很奇特的影响。洛克认为，消极的概念联想是一种可悲的失常，绝非头脑的正常运作方式；但是，后来的一些联想主义思想家——哈特利和休谟就是其成员——却认为概念联想是大部分心理活动的基础。洛克若发现自己日后被算作了联想主义者，想必会感到茫然。

洛克出于一些相似的理由反对联想主义，因此他怀疑“生而有知论”：联想论和“生而有知论”都使头脑显得比实际上更懒惰。若我们头脑中天生就存在一套现成的真理，我们便不会尝试独立地弄清事物。若我们的思想完全是由主观联想生成的，理性便几乎没有存在的余地。

洛克在批判“先天概念”时，先分析了两条空洞得出奇的格言：“同一个事物不能既存在又不存在”（Tis impossible for the same thing to be，and not to be）和“无论存在什么，都是存在”（Whatsoever is，is）。这个起点也许显得奇怪，但这些命题已被经院派哲学家看作了某种意义上最著名、最基本的真理。据称，人人都承认它们；而对这种普遍赞同的最佳解释就是，在人出生以前，它们就不知为什么“被印在了人的头脑里”[71]。但洛克指出，说人人都赞成这些格言，完全不是事实。想想儿童和智力障碍者：他们甚至从未想过自己。若那些知识是印在他们头脑里的，他们怎会如此呢？

洛克接着说，或许可以说每一个有理性的人都会赞成它们。洛克问道，人若必须先发展他的理性机能才能获得这些知识，又怎能说它们是印在头脑里的呢？其实，先天的一定不是这些真理本身，而是了解这些真理的能力。如此说来，这些格言有什么特别之处呢？为什么不说任何有理性者都赞同的真理——例如“白不是黑，方不是圆，苦不是甜”[72]——都是（同样意义上的）先天的呢？洛克说，这会引来更多的问题；因为（例如）除非“白”和“黑”的概念也是先天的，否则“白不是黑”这一知识怎会是先天的呢？人人都同意一个观点：我们关于感觉性质（如颜色）的概念来自经验，因此它不是天生的。

我们也许很想说，不知为什么，各种真理的“固有”知识（implicit knowledge）被印在了我们的头脑里；但洛克正确地指出，这个说法的确切含义并不清楚。若某个事物从人出生起就以某种形式自然地出现在理解中，那它一定会更清晰地呈现在更简单的动物的头脑中：

> 人们会认为……所有这些天生的智慧之光（Beams of Light，无论是否真有这种东西）理应在一种人身上发出最完美的光芒：他们毫不具备保留与掩饰的技巧，绝不会使我们怀疑他们具有那种智慧，就像我们不怀疑他们喜爱快乐、厌恶痛苦一样。但是，天啊，在儿童、智力障碍者、野人和大量文盲中能见到什么普遍的格言呢？……一个孩子知道他的保姆和他的摇篮，年岁稍长时渐渐知道一些玩具；一个年轻的原始人也许知道他的脑袋里装着爱与狩猎，这取决于他那个部落的风俗。但我想，未受过教育的儿童，或是森林中的原始人，恐怕会认为自己完全不符合这些抽象的格言和著名的科学原理。[73]

以上就是洛克对“我们生来就具备这些大多为抽象的真理”这一思想的批判。洛克批判的下一个靶子是“道德原则也是先天的”之说。他那个时代的许多人都相信：上帝把行为准则植入了人的头脑，包括（例如）“崇拜上帝”“尊敬父母”“信守诺言”[74]。据说，在（伦敦）圣保罗大教堂 1662 年的一次布道中，这些先天的原则就被说成

“美德、礼貌和宗教的基础”。但是，洛克很快就证明了这种思维方式狭隘得不可救药。如果考察很久以前或遥远之地人们的道德规范，我们很快便会发现：没有一条行为规则不曾被某个社会拒绝。洛克发掘出很多令人目瞪口呆的外国人的故事，以说明自己的观点：亚洲一部分地区的人们把生病的人弄到村外，让他们死去；秘鲁一个部落的人把儿童养肥后吃掉；一个撒拉逊* 圣人对待山羊的方式只能以拉丁语来叙述**。即使事实证明这些游记故事都是（或部分是）不可信的，事实依然是，世上不存在对道德的普遍认同，因此，无论在哪种简单意义上，道德都不可能是先天的。

道德原则和被认为是先天的抽象真理（例如“无论存在什么，都是存在”）之间的一个显著区别是，后者似乎不证自明、无可置疑，因为我们“若不理所应当地要求道德规则符合理性，便无法提出任何一条道德规则”[75]。洛克的这句话不是说人们永远无法确信自己的道德观，也不是说不存在绝对的道德真理。他坚信基督教教义是真正的教义，坚信上帝已为我们提供了关于这个事实的足够证据。他的观点是，理解我们的责任，解释上帝的意志，都要求我们运用头脑。洛克指出，即使两群不同的人一致赞成某一条道德格言，例如信守诺言，他们还是会提出各种不同的理由去支持那条格言。因此，基督教徒会说，我们应当信守诺言，因为上帝要求我们这样做；古希腊人则会说，不信守诺言会阻碍人类的繁荣。若道德原则是被印在我们头脑中的，人们为什么费心去为它们寻找理由，为它们而论辩，或尽力把它们教给自己的孩子们呢？

神学家和道德家所说的许多先天真理，都涉及上帝的意志和人对上帝的责任。洛克指出，若这些原则中的任何一条真是先天的，“上

---

*　阿拉伯人的古称。

**　指不宜明言。

帝”这个概念本身也必定是先天的。此外，认为上帝没有把握机会、把他自己印在人的头脑里，这个想法也显得很奇怪。洛克又问：既然如此，那些游记为什么说其他民族——在巴西、加勒比海、暹罗、中国等地的——似乎根本不知道上帝的概念呢？即使在单单一国当中，你也会发现人们对上帝的认识大不相同，这是为什么？人们又是怎样看待古代的那些神的？那些神报复心重、淫荡好色、善于欺骗、性情暴躁，有时甚至具有肉身，比基督教和犹太教的上帝更像人类。异教徒对上帝的认识和我们一样吗？洛克在言及乡民和儿童时说：

> 你会发现，他们嘴上常常挂着上帝（God）这个名字，但他们用来解释这个名字的概念却极为古怪、粗劣和可鄙，以至于谁都无法想象那些概念是一个有理性的人教给他们的；而说他们是上帝用自己的手指写出来的人物，就更不可信了。[76]

由于证据太少，我们完全有理由问为什么要谈论先天性（innateness）的存在。洛克推断说，其理由之一是人们忘了谁教过自己，或是忘了最初是怎样知道那些基本原则的。因此，结论就是：那些原则一定是生而有之的。何况，对于一些思想懒惰者以及想控制那些真理的人来说，把一些真理看作先天的也是方便之举：

> 它解放了懒人，使他们摆脱了钻研之苦，制止了对可疑之事的探究……对假装大师和导师者来说，把这条原则说成那些原则的“原则”，会获益匪浅——那些原则必须是不可置疑的。[77]

这就鼓励了“盲目轻信”的态度；抱有这种态度的人“会更易被管理”。

一些人说，洛克对“先天观念”的批判过于简单，并不奏效，因为他提出的观点似乎全都是显而易见的。那些观点真的驳倒了哪位成熟思想家的观点吗？但这个反对意见误解了洛克的策略。他不是在反驳一个教条，而是在阐明一个意义含混的教条。他的策略是：证明对那个教条的文字表述是错误的，挑战它的拥护者，要他们拿出更好的东西，并证明他们若不如此便会失败。关于“先天的”知识或思想的谈论，学者们其实总是在利用其本身的不精确性，并一直如此。

看一看笛卡尔。我们知道，笛卡尔断然否定了对他的一项指责，即认为婴儿出生时脑中已有大量知识（参见本书第 1 章）。但是，笛卡尔对学习、上帝和数学的很多论述表明：他虽然对“先天性”这个概念很感兴趣，却并不清楚其含义。例如，他写道，“永恒真理”（例如数学真理）是我们头脑中天生的，正是这个事实，解释了我们如何设法领悟它们。[78]这当然绝不是对数学知识的解释，而是试图回避一个难以回答的问题。这就如同我们问一个孩子他从哪儿得到了大量的钱，那孩子回答说：“哪儿都不是，我一直就有钱。”笛卡尔在另一处写道，娘胎中的婴儿“已经有了……关于上帝、关于自己、关于一切所谓不证自明的真理的概念，就像成年人具有这些概念、自己却并不知晓一样”[79]。但何以如此呢？说成年人具备各种真理或概念，哪怕他并不知道这个事实，就如同说成年人能够利用或解释它们。娘胎里的婴儿显然不是这样。因此，我们要重复一遍：对先天性的议论，仿佛就是一种毫无意义的回避（dodge）。

不过，笛卡尔也确实提出了一个有力的观点。他指出，当我们觉察外界对象时，我们通过感觉而了解的总是某种形式的物理运动——对象触到了我们，或发射了声波、气体或微粒，或反射了某种波长的光。但是，（例如）电磁能的特定波长又是怎样被我们感知为颜色的呢？笛卡尔写道：“疼痛、颜色、声音之类的概念必定是先天的。出现某些……运动时，我们的头脑能依靠自身把它表现出来，因为这些概念与……那些运动之间毫无共性。”[80]笛卡尔的意思是，我们天生就能把某些运动模式感受为颜色等感觉性质。这当然是正确的：正如当今一位生物学家所言，我们的基因使我们的眼睛和大脑把波长转变成了颜色。虽然我们在娘胎中根本不知道颜色，但使我们后来有了颜色概念的，正是我们的生物遗传性。因此，可以说，笛卡尔说我们具备先天的颜色概念，这是误导；但他指出我们具备感受颜色的先天能力，这是正确的。

洛克毫不怀疑这一点。他反复宣称，人具有所有种类的先天能力与倾向（inclination）。在一部较早的著作里，他清楚地宣称，人们“具备”包括感知、推理和理解机能在内的“天生构造”[81]。他指出，人们具备以各种方式去行动和感觉的先天构造（“我不否认，存在印在人类头脑中的自然倾向……”[82]）。人类头脑的固有局限[83]，是《人类理解论》中反复出现的主题：上帝设计并赋予了人类一种特殊的精神构造，以服务于我们的日常需要和精神安康。在论述教育的著作中，洛克也赞成一个观点：儿童的一部分性格（disposition）是天生的，不能为教育所改变。[84]因此，认为洛克反对一种观点是错误的（那种观点是，心智的很大部分都是其天生的性质造就的）。[85]

先天的能力和构造（这是洛克承认的），与出生前就印在头脑中的关于真理的现成知识（这是洛克批判的），这两者之间的区别迄今仍然模糊不清。例如，20 世纪 60 年代，诺姆·乔姆斯基（Noam Chomsky）提出：一切正常人都具备语法的先天“知识”——不是一些人在小学里学会、日后又违反了的日常语法规则，而是作为一切人类语言基础的基本语法。他认为，不做这样的假设，便不能解释人们何以能轻松地学会说话；因此，语言科学支持笛卡尔这样的哲学家，反对洛克那种哲学家。[86]不过，乔姆斯基提出的很多证据还是暗示了一点：儿童具备一种造出符合某些规则的句子的倾向，而洛克没有理由否认这一点。

德国的博学者莱布尼茨通常都能发现某种人人都认为有价值的事物。在关于先天性的辩论中，他采取了一种堪称折中的态度。他像笛卡尔那样认为，必然真理（例如数学真理）“都能为内心的东西所证明”[87]。莱布尼茨不禁把这种命题称作“先天的”（innate），但他认为这并不排斥它们是后天习得的观点，“数字的真理是我们固有的，但我们仍要学习它们”[88]。看来，莱布尼茨所说的“先天的”，其意就是“内心的”（inner）：我们用以认识、证明这种真理的是一种内心的机能，而不是对外部世界的知觉。正如莱布尼茨指出的，洛克赞成这个观点。[89]但在对这种内心机能的范围的认识上，莱布尼茨比洛克更乐观。莱布尼茨坚信：这种内心机能是一切领域中的大量“说明性知识”（demonstrative knowledge）——系统的、演绎的证据——给予我们的；但正如我们将看到的，洛克认为我们具备的内心机能很少。

§

新“机械论”世界观认为，自然是一部机器，其行为应由其各部分的运动来解释。洛克相信这种世界观，因此把他那个时代的钟表匠对计时器的认识视为自然知识的理想范例。只要按照斯特拉斯堡大教堂非常复杂的时钟的设计者理解时钟的方式去理解自然物质，我们便会有一门“关于自然物体的完善科学”[90]。若能了解任何两个物体的“微小构成部分”的形状、大小、质地和运动，我们便能预知它们的相互影响，其可靠性就像“我们对方形或三角形特性的确切了解一样”。

> 若能像钟表匠了解时钟（其机械影响使时钟运作）和锉刀（file，用它能改变任何齿轮的齿数）的机械影响那样，了解大黄（rhubarb）、毒芹（hemlock）、鸦片和人的微粒的机械影响，我们便能事先知道：大黄能通便，毒芹能杀人，鸦片能使人入睡。如同钟表匠事先知道：将小纸片置于摆轮（balance）上能使时钟停摆，直至取走纸片……（我们若知道）硝酸（aqua fortis）能溶解银子，硝酸与盐酸的混合液（aqua regia）能溶解金子，反之则不行，我们也许就会像金属匠那样容易理解转动钥匙（而不

是转动别的）何以能开锁了。[91]

洛克写道，遗憾的是，寻找这种“科学的”[92]知识却是徒劳，因为我们永远不能了解这种知识。这大多是由于我们的感觉功能尚不足以支持我们审察物体的细微部分，也是由于物质实体的复杂影响离我们太远，以至于我们无法察觉，另外还有一些难题也是原因。

洛克的悲观思想的一个方面似乎比实际更令人沮丧，而它只是反映了他那个时代的术语体系与当今不同。至少在当时的哲学教科书里，“科学”的意思是一门必然属于“真理”——能用证明几何定理的方式证明的那些“真理”——的学问。如今，我们已不要求经验性科学具备这种数学确定性，因此，这种缺失已不再那么令人沮丧。其实，洛克也没有为此沮丧，因为他相信科学会大有进步，而“实验哲学”（experimental philosophy）[93]已有所进步，那种哲学能为我们提供关于可能性（probability）——尽管不是确定性（certainty）——的可靠信息，并足以服务于实际目的。他又说，我们不具备更敏锐的感觉，不具备能使我们观察最微小事物的“显微镜式眼睛”[94]，这既是我们的幸运，也表明了上帝的智慧。若最微弱的声音能使我们分心，我们就不能去做事情。例如，我们看时钟时，若看到的是它的微观结构，便看不到它的指针，因此便不能知道时间。这似乎不是笑话。

如今，我们掌握了关于物质“微小构成部分”的大量知识。这是由于科学仪器的改进，但更主要是因为科学的一个显然被洛克低估了的方面，即理论的形成和对理论的检验；牛顿那个时代的科学家与当代的科学家的区别，毕竟不仅仅是后者有更为先进的显微镜。不过，微小物体的这种改进了的知识，依然不能使我们用数学家证明“方形或三角形特性”的方式，推导出物体的相互作用。应用物理学不像纯数学——的确也不像钟表匠的手艺那种知识——不是一门必然属于“真理”的学问。因此，洛克犯了两个错误：其一是他认为我们永远不能调查微观世界，其二是他误解了我们（若能）调查微观世界时获得的知识。问题出在他被拉向了两个方向：一方面，他确信物质的微观结构是物质行为的关键；另一方面，他又受到了“几何学是科学的典范”这一古希腊思想的影响。正因如此，他才难以设想真正的物理科学世界应有的样子。

洛克认为，我们虽然总是无法建立这样的科学，却有可能建立一种完善的道德科学。他认为，道德可被简化为证明（demonstration）；一位朋友[95]请他提出这种道德证明，他回答说自己没有时间，但他也的确大致说出了自己的想法：

> 无财产处无不义，这个命题就像《几何原本》中的一切证明那样确实：因为财产（property）的概念表示对一物的所有权，而不义（injustice）这个名称表示的概念，指的是对所有权的侵犯或破坏；这些如此界定的概念，以及这些附加给它们的名称，显然能使我确信这个命题为真，正如确信三角形的三个内角之和等于两个直角之和一样。[96]

但是，洛克的确是被他对几何学的崇拜误导了，因为这个思路只要把道德问题变成纯粹的语言之争，就能使我们推导出道德问题的答案。正如年轻的乔治·贝克莱在笔记中评论洛克的观点时所说：“要想证明道德，似乎只要编一部词典，查一查其中有什么就行了。”[97]很难想象这如何有助于回答关于行为的重大问题，洛克说那些问题部分地促使他写了《人类理解论》。

遗憾的是，洛克对一般知识的定义，也比其他许多话题都更适用于数学真理和其他必然真理：

> 我认为，知识不是别的，而是对我们种种概念的联系与一致，或不一致与矛盾的理解……有了这种理解，便有了知识；没有这种理解，虽然我们想象、猜测或相信，但我们仍然没有知

> 识。这是因为，当知道**白**不是**黑**，我们除了观察到这两个概念并不一致外，还能做些什么呢？当有了“**三角形的三个内角之和等于两个直角之和**”这个证明的最可靠保证，我们除了观察到那两个直角之和必然与三角形的三个内角之和一致的**相等性**（equality）外，还能做什么呢？[98]

考虑到洛克的这些假设，我们便不难知道他是怎样得出对知识的这种描述的。洛克说，审视你自己的头脑，你发现的便会是概念。他似乎认为知识是某种内在概念，因此知识就在于观察那些概念之间的关系。因此，我们依靠检查便可知道：“白”的概念不同于“黑”的概念，由此我们知道了“白不是黑”。但对知识的这种解释太不寻常了：被我们看作知识的许多日常例子，似乎都根本不符合洛克对知识的定义。想想“水在海平面的沸点是212华氏度”、“苏格拉底被判处了死刑”和“邻家的狗又病了”。这些事情，没有一件是只要审视我们自己的头脑便能知道的。它们要求某种形式的外部观察、实验或研究。洛克会在必要的时候宣布：我们通过观察我们自己的概念之间的关系（例如，在心中分析证据），了解了数学的真理。但他不得不做出结论说，每当“我们具有的那些概念之间缺少可被发现的联系……我们便完全无法获得普遍、确实的知识……而只能去观察和实验……”[99]

但是，洛克后来在他的《人类理解论》中，为一种次等形式的知识留下了余地。那种知识来自对外部世界的观察：

> 依靠感觉，我们注意到了我们身外事物的存在，虽然这种注意并不完全像我们的直觉知识或我们理性的推论（依靠我们头脑中的清晰的抽象概念）那么可靠，但它是一种保证，配得上知识之名……因为我认为，实言之，谁都不会有那么重的疑心，乃至怀疑自己见到、感觉到的事物的存在。[100]

这种“感觉的”知识（sensitive knowledge，这是洛克的说法）

不可能与洛克对知识的正式定义相一致，但洛克选择了常识，保持了理论上的一致性，而没有容忍一个结论，即我们并不了解自己的所见和所感。

他完全知道他关于思想的所有言论已引起了种种质疑：“头脑若只能觉察到自己的概念，怎么能知道它们与事物本身一致呢？”他仔细地思索了这个问题，却因深受常识的影响，以至于无法认真考虑笛卡尔提出的这些质疑。洛克写道，若有人说“我们一生中的所见、所闻、所感以及所尝、所想和所为，都只是一个长梦的一系列骗人显现”，“我一定会要他考虑一点：若一切都是一个梦，他就也只是个梦，他在梦里提出了问题。因此，让醒着的人回答他，并不太难”。洛克又说，即使此生只是个梦，我们仍然认为，我们在其中体验的痛苦和快乐都十分真实。[101]

不过，洛克虽然鄙视这种极端的怀疑论，但还是指出，我们关于物质世界的知识，其范围比很多人所想的狭窄得多。它“延及我们感觉的即时证据，仅涉及当时影响了感觉的具体物体，不会更广”。例如：

> 现在数百万人的确活着，虽然极有可能如此，但当我独自写下这句话时，我却没有被我们严格地称作“知识”的那种确定性；虽然这种极大的可能性能让我克服怀疑，我也有理由根据“如今世上有人”这个信念去做些事情，但这只是一种可能性，不是知识。[102]

笛卡尔本人不会如此谨慎。虽然认为必须认真回答“我怎么知道我不是在做梦？”这个问题的是笛卡尔，不是洛克，但最终减少了阐明知识的雄心的，却是洛克。

洛克毫无畏惧，把他中度的怀疑主义用在了当时的一些哲学争论上。笛卡尔（其实还有很多思想家）认为——至少是公开说过——纯物质不可能思考；洛克则认为，上帝绝无理由不创造出具有思维能力的纯物质实体。以我们的所知，我们完全不足以确定是否可能存在这种东西。这个观点被看作近乎异端邪说，也是洛克在给伍斯特城主教（bishop of Worcester）的信里争论的话题之一，那位主教宣布洛克的许多观点都破坏了宗教。在论述这个问题时，洛克提出了一个精明的观点——它迄今仍与思维和物质的争论有关。人们常说，无法想象毫无理性的物质材料会有意识，这一点反驳了一切把心思看作物质的说法。但洛克指出，非物质的心灵如何有意识，这也同样神秘难解，因此，意识令人感到困惑这个事实，也不能解决这个问题。[103]

洛克对心灵的思考，把他引向了对“个人身份”（personal identity）问题的思考，换言之，这个问题就是：在我人生的各个阶段，是什么使我成了同一个人？在当时的论坛上，这是个热门话题，因为人们普遍认为（或至少是希望），我们的肉体能在审判日复活，从此我们便有了第二次生命。这个观点引出了几个难题：那些构成我们现世肉体的物质微粒，必须重新聚合起来吗？若是如此，我若被一只食肉动物吃掉了，那会怎么样呢？笛卡尔说心灵与肉体互不相干，若这个说法是正确的，心灵为什么会对我肉体遇到的情况做出反应呢？如今的人们也有相关的困惑，但困惑者通常是科幻小说作家，而不是神学作家。例如，在《星际迷航》（*Star Trek*）里，人们按时乘坐一种输送光束（transporter beam）旅行，它在一个地方把人们“非物质化”（dematerialize），在另一个地方把人们装配起来。但这种光束携带的是原来那个人的原子，还是只是那些原子的信息呢？在这个系列剧的一些情节里，输送器出了错，在目的地产出了两个人（或许应当说两个身体）。这暗示了一点：它输送的只是信息，不是原子；旅行者的身体先被毁掉，到达目的地时，根据传输过来的蓝图，被用新材料重新创造出来。[104]

洛克若活着，大概会想知道，在这种情况下，那些旅行者的意识发生了什么变化。他把“人”（person）界定为一种具备自我意识的存在，它“能思考其真实的自己”。洛克还指出，在决定个人身份的不同时间、不同地点，它具有相同的意识。[105]关于是什么使意识始终同一，洛克未做多少讨论。但那似乎主要与记忆有关：“因为任何有智能的存在，都能用与以往行动时相同的意识，用与任何当前行动时相同的意识，重复以往任何行动的意念（idea）；到那时为止，它一直就是个人的自我（personal self）。”这个暗示的新颖之处是，它宣布：所有关于“人是由什么做成的”问题，都与个人身份问题毫不相关。复活的身体、被输送的身体，是否由与原初相同的物质材料构成，是否与原初身体之间存在最起码的物质关系，全都无关紧要。身体是否包括了任何非物质的心灵，也无关紧要。在判断假定的个人身份时，最重要的是意识和记忆。

洛克平静地承认，这个思想造成了一些古怪的结果。例如，人能改变身体：“一位王子的灵魂，以及王子关于自己以往生活的意识，若被他自己的灵魂抛弃，进入了一个修鞋匠的身体，修鞋匠立即就会变成与王子相同的人，只有王子的行动才能解释这个变化。”[106]若一个清醒者根本不记得自己醉酒时干了什么，那么，醉鬼和清醒者就完全是两个不同的人。但洛克指出，法律惩罚清醒者是完全合理的，即使他声称自己忘了醉酒时的行为，因为无法证明此人没在撒谎。洛克又说，可以把此事交给上帝解决，以确保他在审判日拿出的只有公正的奖惩。

洛克关于个人身份的讨论，是对这个主题的第一次持续的哲学研究。18世纪，几位思想家猛烈批评了洛克的这项研究。作为神学家、哲学家的巴特勒主教（Bishop Butler）* 等人指出，记忆预示了个人身

---

* 指约瑟夫·巴特勒（Joseph Butler，1692—1752年），英国主教、神学家、哲学家、护教论者。

份，因此不能用于界定个人身份：我也许认为我记得自己做过什么事情，但前提是我真的做过那件事。若一个年轻人记得自己的童年，老年时记得自己曾是年轻人，但不再记得童年，对此我们会怎么说？按照洛克的理论，结论似乎应当是：那年轻人与那儿童是同一个人，那老年人与那年轻人是同一个人，但那儿童与那老年人却不是同一个人。1741 年，诗人亚历山大·蒲柏（Alexander Pope，1688—1744 年）* 和几位朋友在讽刺小说《斯克莱布鲁斯回忆录》** 里大大地取笑了这样的讨论。斯克莱布鲁斯爱上了一对暹罗（连体）双胞胎之一，并跟她结了婚；但双胞胎中的另一个嫁给了另一个人。这导致了一系列热闹得可怕的官司，其核心争论是：那婚姻究竟涉及几个人？谁和谁结了婚？最终，两桩婚姻都散伙了。[107]

洛克一生未婚，但在他的生命即将完结时，却有与他特别亲近的女子达玛丽斯·马沙姆（Damaris Masham）的陪伴。达玛丽斯的父亲拉尔夫·卡德沃思（Ralph Cudworth）是一群哲学家的领袖，他们日后以"剑桥柏拉图主义者"闻名。达玛丽斯像所有女人一样，被禁止接受一切正规的高等教育，但她仍对哲学产生了浓厚的兴趣，并出版了两本哲学书。她 1681 年结识洛克时 20 多岁，而洛克已年近半百。他们很快彼此写信、写诗，洛克的签名是"菲兰德"（Philander）——文艺复兴时期文学里一个典型的名字，表示追逐女人的男人。达玛丽斯的签名是"斐洛柯丽亚"（Philoclea），这是菲利普·西德尼爵士（Sir Philip Sidney，1554—1586 年）*** 诗中的阿卡迪亚公爵之女

---

* 英国诗人、作家、翻译家。

** 全名《马提驽斯·斯克莱布鲁斯的非凡生活、工作及发现回忆录》（*Memories of the Extraordinary Life, Works and discoveries of Martinus Scriblerus*），是蒲柏和他在"斯克莱布鲁斯俱乐部"（Scriblerus Club）的 6 位友人的讽刺作品集，未完成。蒲柏写完的部分于 1741 年发表，讽刺了当时知识界的伪学问、恶劣趣味、愚蠢和对古人的荒唐尊崇。"马提驽斯·斯克莱布鲁斯"是蒲柏使用的假名。

*** 英国诗人、军人、政治家。

的名字［特尔斐神谕（Delphic Oracle）告诉公爵，他女儿将被一些不适当的情人偷走］。从洛克和达玛丽斯的书信看，两人好像互相爱慕，尽管这种相互爱慕之情不会是同时出现。

达玛丽斯在认识洛克四年后，嫁给了弗朗西斯·马沙姆爵士（此人是鳏夫，比她年长 13 岁），并搬进了爵士在埃塞克斯郡奥茨的房子。她与丈夫关系不好，向洛克抱怨她的厌倦。婚后六个月，她便格外渴望洛克的陪伴，因此洛克常去拜访她。1690 年圣诞节，洛克和牛顿都是她家的客人。此后不久，洛克永远地搬走了。达玛丽斯与洛克一同种花和讨论哲学。洛克的一个格外讨厌的批评者说，洛克成了“奥茨那座闺房的主管”[108]，但我们没有理由怀疑洛克与达玛丽斯的结合是纯柏拉图式的。

洛克于 1704 年 10 月 28 日在奥茨去世，据目前所知，当时似乎任何人都不在他身边。当时若有人在他身边，若他能再活三百年——按照他的个人身份理论，再活三百年并无什么区别——他就完全可能放弃那个理论，因为在这个话题的讨论之末，他加上了一项重要的告诫和一条激进的建议。他写道，目前我们对“能思考的事物，它就在我们体内”[109]一无所知，在这种情况下，假设同一个人在不同时间有不同的身体，这是可以原谅的。但若我们知道得更多，若我们能发现意识具有物质的基础，我们就必须采取不同的观点。

§

在《人类理解论》的“前言”中，洛克写了一段话，后来被人们（尤其被使用英语的哲学家们）视为对其学科（哲学）的正确目标的陈述：

> 学术界目前并非没有建筑大师，其宏伟的设计，将在推动科学进步方面留下令后人赞美的永久纪念碑；但我们绝不能希望人

人都成为波义耳或西德纳姆。在一个产生了伟大的惠更斯、无与伦比的牛顿先生（以及其他同类人物）这些大师的时代，受雇为杂工，清理一下地面，扫除通往知识之路上的垃圾，已堪称志向了。[110]

艾耶尔引用了洛克关于杂工（under-labourer）的见解，以支持他的一个观点：发现这个世界的真理是科学的任务，哲学只是分析科学家们的陈述。[111]不过，他过分拘泥于洛克之言的字面意义了。我们没有理由认为，洛克在面对牛顿这位巨人时的谦逊之辞就是一切后世的思想家们的宣言。但事实上，莱布尼茨的工作（我们将在之后讨论）比洛克的工作更具雄心。洛克满足于一片一片地修补知识大厦；而莱布尼茨想建立一个完整的世界体系，它能解释几乎一切事物。

5

彗星的幕间曲：培尔

1680 年是哲学史上值得关注的一年，因为那年出了一件并不比其他事情重要的事情，还出了一本关于这件算不上（重要的）事件（non-event）的书，其作者是一位如今很少人听说过的哲学家。那件事情是一颗格外明亮的彗星划过天空。人们普遍惧怕它，认为它是来自上帝的警告，但预期的灾祸并未降临。那本书就是《关于一颗彗星出现的各种思考》（*Various Thoughts on the Occasion of a Comet*）[*]。它蒙上了恶名，因为它头一次宣布：无神论者的社会可能不是无道德的社会。《关于一颗彗星出现的各种思考》开启了皮埃尔·培尔的文学生涯。他在法国农村长大，成年后大多数时间生活在荷兰。他父亲是法国的一位胡格诺教（Huguenot，即法国的加尔文教）牧师。培尔本人不是无神论者，但当见到恶劣的论据时他能认出来，更知道对无神论的一些普遍恐惧毫无根据。他还擅长辩证论——伏尔泰认为培尔是“留下了著作的最伟大的辩证论者”[1]。18 世纪，培尔的其他许多热情崇拜者包括托马斯·杰弗逊和普鲁士的腓特烈大帝（Frederick the Great of Prussian）。18 世纪很多哲学家，尤其是大卫·休谟，都

---

* 法文原名为《论 1680 年彗星出现的书信》（*Pensées diverses écrites à un docteur de Sorbonne à l'occasion de la Comète qui parut au mois de décembre 1680*）。

汲取了培尔的《历史批判辞典》里的思想观点，这部辞典结构古怪，有600多万字，被恰当地描述为“一切启蒙哲学的武库”[2]。

历史上，彗星似乎预示过很多不幸事件：从公元前480年波斯国王薛西斯（Xerxes）入侵希腊，到两千年之后的西班牙王后之死。迦太基的陷落，恺撒之死，尼禄的暴政，诺曼人征服不列颠，以及数不清的其他灾难，都被疑为事前出现了彗星，或出现了被看作彗星的其他景象。[3] 人们都说，15世纪的一位教皇加里斯都三世（Callixtus Ⅲ）祛除过这些带来毁灭的天体之一。[4] 那故事其实是个神话。但1680年的那颗彗星，无疑被很多布道者看作来自上帝的明确标记，表明当时就是悔悟的良机。欧洲和北美出版了数百种关于此事的小册子。那种小册子最早见于德国，在那里议论这个题目的作者们特别容易受骗，心情十分沮丧。

当时，培尔是法国东北部一所加尔文教大学的教授。他说，好奇者和受惊吓者不断地向他提出关于彗星的问题，因此他决定解释一个问题：为什么以彗星传送信息不是上帝的本性？《关于一颗彗星出现的各种思考》源起于培尔关于这个题目的一些文章，出版于1682年，当时他已迁居鹿特丹。此书列出了十多个理由，对彗星的意义和其他各种迷信提出了疑问。它在读者头脑里引起了雪崩般的争论：例如，对此书结构的一种分析发现，其第七条理由的七个证据其实是对“彗星何以并不预示罪恶”的第七条理由面临的第一个反驳的第四项答复。[5]

对于“彗星是上帝的警告”的思想，培尔最具独创性的观点是：用一些令人敬畏的现象传递宗教信息，往往会适得其反，损害宗教，鼓励人们对一些伪神的崇拜。《圣经》说得很清楚：上帝是容易嫉妒的神，痛恨偶像崇拜，可见上帝不会以此种方式使用彗星。耶稣降生前出现了彗星，上帝想以此表明什么？那些彗星只能使异教徒对其异教信仰更加热心。彗星毕竟不会明确地表示警告。彗星出现时，并未带着任何特定的神祇印记。例如，古罗马人往往认为彗星在提醒他们，要他们向朱庇特献上更多的贡品。即使在基督教时代，基督教徒也是少数，"人们大多依然崇拜偶像，或已成了伊斯兰教信徒"。彗星往往会"在世界各地鼓励虚假的、亵渎神圣的宗教仪式"并"增加去麦加朝圣的人数"，既然如此，上帝何必派出彗星呢？[6]

培尔说，也许一些人会说，上帝痛恨无神论甚至超过了痛恨偶像崇拜。若上帝认为相信伪神比不相信任何神好一些，那么他派遣彗星去吓唬人们、使人们放弃无神论，便很有道理。正是在这个背景下，培尔提出了他那个关于道德与宗教的建议。人们把无神论看作可怕的事物，认为上帝对无神论的痛恨，必定会超过对崇拜伪神的痛恨，其主要原因是他们认为无神论会造成分裂社会的邪恶。但培尔十分详细地指出，无神论不一定会造成这种结果。在他那个时代，这个问题无法得到明确的解决，因为根本见不到知名的无神论者，而后来的事实证明培尔的看法是正确的。例如，在斯堪的纳维亚，无神论传播很广，但邪恶和混乱却很有限。[7]

培尔怀疑一个无神论的社会终将是无道德的社会的观点，其主要理由是：人们的行动大多出于自己的性向和性格，而不是出于他们公开承认的那些原则。那么，如何解释基督教国家中存在的邪恶呢？同样，无神论者自然也需要尊重和赞成其他人，而这有助于他们像其他任何人一样保持良好的行为。培尔认为，在某种意义上，无神论者的道德是有缺陷的，因为无神论不能使他们出于对上帝的爱去行动，但他们的实际行动可能不会像人们害怕的那么坏。因此，正如培尔的一位崇拜者在 18 世纪初所言，"一个无神论者会是个很有道德的人，我们对此不该感到奇怪，就像我们不该对过着非常邪恶的生活的基督徒感到奇怪一样"[8]。

若无神论并不一定导致道德崩溃，我们就没有理由认为上帝（当然，他被设定为基督教的上帝）会赞成异教徒或伊斯兰教徒而不赞成无神论者，而在这种情况下，上帝便毫无派遣彗星的动机。培尔说，天上的这些东西也许就是自然现象，可以用自然规律去解释。

培尔这本书出版五年后，一些相关的规律就被发现了。牛顿援引天文学家哈雷（Edmund Halley，1656—1742 年）的观察证明：彗星在太阳系中运行，是遵照运动与重力规律设定的时间表，而不是遵照任何看似的宗教日程表。1759 年出现了一颗彗星，其日期非常接近哈雷的预测，此后，对彗星的超自然解释便几乎销声匿迹了，至少在受过教育的人们当中。但对彗星的恐惧并未消失。由于人类预测全球灾难的兴趣经久不衰，人们对彗星的认识有了变化：从认为它们是超自然的警告，变成了认为它们是被误导的、可能危害地球的导弹。牛顿在剑桥大学的后继者计算出：公元前 2349 年引起诺亚大洪水的那颗彗星，将在 2255 年再次出现，并会造成同样可怕的后果。1773 年和 1832 年，欧洲一些地方出现了恐慌，因为一些错误的天文计算报告使人们相信一颗彗星将与地球相撞。

培尔第二部重要的哲学著作，谈到了落到他在法国的家人头上的一场真正的灾难。根据 1598 年的一道皇家法令，即南特敕令（Edict of Nantes），法国信奉清教的少数人群获得了一些宗教自由；南特敕令是结束法国宗教战争的措施之一。到了 17 世纪 70 年代，法国却再次出现了对清教徒的严重迫害。南特敕令于 1685 年被废除。那年，培尔的长兄死在了监狱里，本来他只要同意皈依天主教就会被释放。次年，培尔出版了一本为宗教宽容辩护的书，其辩护像书名一样笨拙——《对〈新约·路加福音〉第 14 章第 23 节“勉强人进来，坐满我的屋子”* 的哲学评论》（*A Philosophical Commentary on These Works of the Gospel*，*Luke* 14：23，“*Compel them to Come In*，*That My House May Be Full*”）。但至少，这本书为宗教自由的辩护像洛克

* 此句译文见《新旧约全书》1984 年中文版（“神版”）《新约》部分第 85 页。

那部更有名的《论宗教宽容》一样有力，后者的写作时间与这本《哲学评论》大致相同，但三年之后才出版。像霍布斯《利维坦》的后半部分一样，也像斯宾诺莎《神学政治论》的大部分内容一样，培尔这本《哲学评论》也包含了对《圣经》的大量分析，而这正是此书如今读者不多的一个原因。

根据圣·奥古斯丁一些书信中一篇很有影响的评论，《路加福音》里的这段话是对宗教正确性的担保，直接出自耶稣本人之口。数个世纪以来，它一直被引用，来为一种做法辩护，即迫害异教徒：若他们拒绝改弦更张，我们就杀死他们。培尔几乎毫不费力地证明了这是对《圣经》故事的误读，值得质疑。那故事表面上讲的是一次晚宴，但培尔的主要观点是关于良心（conscience）的本质。培尔认为，上帝会要求人们按照他们自己最深刻的信念行事，前提是这些信念来自对真理最认真、最仔细的探求。若非如此，上帝为什么赋予人们良心呢？可见，强迫怀有其他信仰的人们践行一种信仰，便不可能是正确的做法。真诚的错误绝非罪恶，不该受到惩罚。为说明这个观点，培尔使用了马丁·盖尔（Martin Guerre）的例子，此人是法国农夫，1548 年从他的村子消失，似乎在 1556 年返回。马丁之妻深信 1556 年出现的那个自称马丁的人的确是她丈夫，并与他生过两个孩子。但三年以后，真正的马丁·盖尔回来了，那个假冒者遂被以欺骗和诱奸罪处死。那女子真心相信那个假冒者是她丈夫，因此并未被判有罪。培尔指出，同样，“真诚的异教徒，甚至不信教者”都不该为其真诚的信仰而吃苦。[9]

不仅如此，培尔还指出，每个异教徒都深信自己是真正的信徒，其他人才是异教徒。因此，若鼓励迫害异教，其结果将是无尽的流血。培尔论证说，这一定不是耶稣所想。此外，强迫人们接受某种信仰也是无效的做法，因为信仰来自内心的坚定信念，不能随意改变。培尔的结论是：宗教强制是毫无意义的、没有理性的和非基督教的。

即使非基督教的宗教也应被宽容待之，只要其信徒是真诚的，我们也应宽容那些极不符合正统的基督教教派，例如索齐尼教派（Socinian）* ——他们承认耶稣为上帝代言，却不承认耶稣的神性。

不过，培尔对天主教徒却有所保留。天主教徒是一个特殊问题，因为他们似乎不能停止迫害其他的教徒。他指出，天主教徒强制迫害异教徒和非天主教徒，若是出于其良心的指导，从某种意义上说，他们就不是在犯罪，但即便如此，迫害也必须停止。[10]

宗教宽容是培尔反复讨论的两个神学争论议题之一。另一个争论议题是所谓“恶”（evil）的问题。受迫害者忍受的苦役，只是苦海中的点点水滴罢了：若上帝是善良的、无所不能的，他为什么允许他创造的生灵遭受这么多苦难呢？培尔在他的《历史批判辞典》中说：“人是邪恶的、悲惨的。人必须苦苦活上五到六年，方能完全相信这两条真理。”你无论到了什么地方，都会见到同样的事情，“人类苦难和邪恶的纪念碑随处可见：监狱、医院、绞架和乞丐。在这里，你能看见曾经繁荣的城市的废墟；而在另一些地方，你甚至连废墟都见不到”[11]。培尔并不满足于对“恶”的存在的一切通常解释。例如，人们常说，人们彼此伤害是上帝赋予人们的自由意志使然，因此是人类的错误；但培尔反驳道，上帝必定料到了人会用他的自由意志作恶，因此，上帝给人自由意志就像知道一个人会用刀杀人却还给他刀。培尔又说：“任何允许女儿去跳舞的好母亲，若知道女儿一定会屈服于诱惑、失去贞节，都一定会撤销先前的允许。”[12]若说上帝允许人们反叛，是为了让耶稣去挽救他们，这就使上帝像“这样一位父亲：他允许孩子们摔断自己的腿，好让他向每个人显示他修理断骨的高超技术”[13]。

培尔得出结论：“在一种最伟大、无限善良、无限圣洁、无限强大的存在的治理下，竟然引进了‘恶’，这不但无法解释，而且不可

---

* 16 世纪意大利的唯一神教派（unitarian），否认耶稣的神性。

理解。”[14]但培尔并不是想要证明上帝是邪恶的，或是虚弱的，或根本不存在——至少他并未声称自己在这么做。培尔自己承认的目标使他的读者相信：对上帝的仁慈和全能的相信，必须仅仅建立在信仰的基础之上，因为人类的理性太虚弱，无法解释这些终极的奥秘。正如他指出的，质疑式的推理“在一个方面很有价值，那就是使人们意识到自己的蒙昧，因此求助于上天，并服从信仰的权威”[15]。

培尔的一些读者认为，这种说法是一种老练的诡计。很多怀疑培尔的教徒，以及后来很多崇拜培尔的非教徒，都认为培尔是在破坏基督教，却口称捍卫基督教。若非如此，他为什么如此频繁地破坏神学的观点和命题（例如无神论者之邪恶、对“恶”的传统解释和有效支持了信仰的日常迷信）呢？正如我们将看到的，大卫·休谟后来的确利用了培尔这个受到质疑的话题（参见本书第 7 章），但我们没有充分的理由认为培尔是休谟那种彻底的不信教者（infidel）。与休谟不同，培尔是他那个教会的活跃成员，没有记录表明他私下参加过任何无信仰的活动。

也许，培尔的信仰有时很强，有时很弱，这与他的智力禀赋是一致的，它经常遭到质疑，也不符合一成不变的教条。培尔被皮浪怀疑主义（Pyrrhonism）* 深深吸引，把它的特点概括为“争论一切事物的艺术，总是把一个人的判断悬置起来”[16]。正因为他对古代怀疑主义观点的运用，后世哲学家们才最经常地从《历史批判辞典》中借用了它们，因此培尔有时自然会觉得这些观点很有力量。他写道，皮浪的怀疑主义在宗教中有时是危险的——不应走得太远，以至于把“上帝存在”这个判断悬置起来——但是，对科学和政治、对一些更细致的神学观点，中度的怀疑主义态度是正确的。培尔最深刻的信念似乎是，人类的理性是脆弱的、有限的。在这方面，人们不能合理地领会上帝

* 指古希腊哲学家皮浪的极端怀疑主义哲学（怀疑一切）。

的善便是一例。因此，人们必须以苏格拉底和皮浪的精神，不断地探究和质疑，绝不应满足于自己的智力。

有个故事说，一位法国主教让培尔谈谈自己的宗教信仰。据说培尔答道："我是个很好的新教徒* ……因为我抗议所说的一切和所做的一切。"[17]无论他是否真的说过这句话，这都概括了他的精神。培尔对几乎一切事物采取的批判态度，使他成为 18 世纪及之后自认为启蒙主义者的思想家们心中苏格拉底式的人物。

---

* 新教徒（protestant）的直译是"抗议者"，指欧洲宗教改革者对罗马教会宣传的教义和教会生活弊端的抗议。培尔的答话使用了此词的原义。

6

可能最佳的折中：莱布尼茨

丹尼斯·狄德罗写道："一个人用自己的才能与莱布尼茨的才能相较时，会忍不住扔掉自己写的书，到一个安静的角落里去死。"[1] 狄德罗是35卷本巴黎《百科全书》中许多文章的作者，也是这本书的精神指导，其本人就是一位伟大的思想家。他并不经常赞成莱布尼茨的观点，只读过莱布尼茨著作的一小部分。但他相当熟悉莱布尼茨的工作和活动，因此知道"愕然敬畏"（stupefied awe）是唯一适于描述对莱布尼茨工作的最初反应的词组。戈特弗里德·莱布尼茨1646年生于莱比锡，是继亚里士多德之后最伟大的博学者，尚无第三个人能与这两人比肩而立。

莱布尼茨只选择性地出版了其一小部分著作，其大部分著作仍被冷落在档案里。除了哲学，使他被后人记住的主要是他在数学、逻辑学和物理学方面的成就，而即使在那些领域里，其著作也只有大约十分之一被印刷出版。莱布尼茨是微积分学的两位独立发现者之一，微积分学是分析连续变速的主要工具。牛顿首先发展了这门学问，但后来才出版了相关著作。当今数学家们使用的正是莱布尼茨的符号、术语和方法。莱布尼茨还发明了一种先进的机械计算器；他发展了"1"和"0"的二进制算法，它是日后数字式计算机的基础。此外，若他的数理逻辑学著作更早面世，他本来会被视为数理逻辑学之父（数理逻辑学可被比作思想领域的代数学)。莱布尼茨的大多数逻辑学著作直到19世纪才出版,就在另一些数学家开始开发类似的思想之后。在物理学方面,他对动力学做出了重要贡献,其理论已接近“动能”(kinetic energy)的现代概念。

莱布尼茨的论文中,不大可能还有尚待挖掘的、具有同等价值的数学宝藏,但仍有一些令人惊异的东西浮现出来,例如他打算制作的密码机(cipher machine)。2001年,他于1688年为神圣罗马帝国皇帝利奥波德一世(Leopold Ⅰ)准备的备忘录终于出版了。2012年,那份备忘录详细说明的一种机器被做成了能实际操作的模型。事实表明,这台机器比在20世纪初期之前使用的所有密码设备都更有效。莱布尼茨的密码机采用了他发明的机械计算器,旨在像写出字母那样迅速、轻松地编写和解译密码,但利奥波德皇帝似乎对此不感兴趣。[2]

莱布尼茨的秘书估计,他主人的文献多达100多万页。德国下萨克森州的州立图书馆保存着莱布尼茨的5万多页手稿,包括大约15 000封信;按目前进度计算,出版完莱布尼茨的全部著作,尚需两个多世纪的时间。至于这些材料涉及的范围,除了狄德罗提到的莱布尼茨对历史学、数学、神学、逻辑学、伦理学、物理学、法律学和形而上学的贡献,还应加上他对化学、医学、生物学、自然史、哲学、语源学、地质学、建筑学、政治学和工艺学的贡献。莱布尼茨去世一年后,一首呈交给法兰西科学院的莱布尼茨颂词,也赞扬了他的拉丁语诗文。还有人提到了他的矿石及化石的精美收藏。

他没做过的事情很少,其中之一就是作曲。若莱布尼茨是作曲家,他的交响曲便大多都会是未完成的。他惯于从这个计划迅速转到下一个计划,因为他会被某件事情吸引了目光而丢下未完成的作品。一个令人吃惊的事例,就是他没有写完布仑斯维克-吕讷堡公爵(ducal Brunswick-Lüneburg)的家族起源史,莱布尼茨在一生大部分时间中都是这位公爵的主要雇员。这部历史本来计划从8世纪写起,写到 17 世纪止，莱布尼茨虽然断断续续地写了将近 30 年，但当他去世时仅仅写到了 1005 年，这个终点刚好未能赶上圭尔夫王朝（Guelf dynasty）的兴起，而那个王朝是他那位盛怒的雇主最感兴趣的时期。注定这个计划的失败的——至少从长期受苦的布伦斯维克-吕讷堡家族的角度看——是莱布尼茨无法抑制的好奇心和他的一个强烈愿望，即把他自己许多心爱的计划付诸实施。在写公爵家族史时，莱布尼茨并未从中世纪的欧洲开始，而是情不自禁地一直回溯到了地球及其矿物的形成，追述最早的人类迁移；他还浏览了全欧的经院图书馆，以寻找可能存在的有关文件。他还经常在毫不相干的小道上埋头行走，干一些令人匪夷所思的事情，例如揭露关于教皇若安（Pope Joan，拉丁语名 Ioannes Anglicus）* 的神话。

有人说，莱布尼茨的活动“几乎一直混乱不堪”[3]，其原因除了他对知识无休止的酷爱之外，还有他对宫廷和付钱给他的当权者的责任，以及他敦促他们去实施的、为了公众利益提出的众多计划。正如他的秘书所言，莱布尼茨也许曾经“持续不断地研究”，有时好几个星期都不起身离开椅子[4]；但他与亚里士多德不同，因为他有很多实际工作和让他满怀热情之事。在那些使他离开椅子的工作中，最耗时的是他解决其雇主在德国北部哈茨山区银矿的排水问题的尝试。17 世纪 80 年代，莱布尼茨访问了这些矿山不下 30 次，设计了很多风车和抽水泵，但全都失败了。他说，故意为难他的工人们破坏了他的计划，因为他们担心自己丢了工作。[5] 矿业史学家们说，真正的问题在于莱布尼茨做了力所不及的事情，而撰写论述“力”的概念的专题学术论文，以及他设计的机器在他身边反复被毁，都分散了他的注意力。

---

* 据欧洲 13 世纪传说，此女隐瞒了自己的性别，在中世纪当过几年罗马教皇，但在位时与人通奸，在祈祷节（Ianiculo）走向罗马教皇官邸途中当众分娩，遂被逐出教会。事见薄伽丘（Giovanni Boccaccio，1313—1375 年）著《名女》（*De Mulieribus Claris*）第 101 章。但近代很多学者都认为这个故事是杜撰的。

关于莱布尼茨在其他领域的无数发明和提议的成败，我们所知不多，也许其中很多都从未离开过他头脑里那块广阔的画板。它们包括一种改进钟表的设计、各种航海设备、压缩空气引擎、捕鱼机、改进的钉子、白兰地配方、高效蒸锅、潜艇、炼钢新技术、蒸汽喷嘴、一种脱盐法，还有一种能使人躲开追赶者的带弹簧的鞋。莱布尼茨设计的弹性鞋子，无疑属于尼古拉斯·吉姆克莱克爵士（Sir Nicholas Gimcrack）[6]*的设想，此人是当时一部英国喜剧里的一位荒唐可笑的科学家。精力旺盛的发明者的共同命运是，他们的一些思想在后人看来似乎很可笑。

莱布尼茨在说服利奥波德皇帝相信他的密码机的优点时，还提出了一些计划，包括一个保险计划、开办一家生产矿物染料的工厂和改进铸币。可以理解，哲学家们和数学家们会希望莱布尼茨一直坐在书桌旁，专心去做他擅长的事情。但这种态度忽视了莱布尼茨的一些最深的动机，忽视了他所处的时代环境和地方环境。正如他在写给利奥波德皇帝的一篇简介中所解释的，他从很年轻时起就"把心思指向了公共利益"[7]。他在17世纪80年代劝说其他权威实施的其他计划包括：一种职业培训制度、一种公共保健制度和一种年金方案。他后来写道，贫困、失业和受教育不足是造成不幸的主要原因，所以，消除这些时弊的战斗就是改善公共福利的关键。[8]这场战斗要求人们插手商业世界、弄脏双手，因为：

> 必须为穷人提供谋生手段。我们不但要做慈善……而且要关心农业，为工匠提供材料和市场，教育穷人（以使他们的产品更好），以及……杜绝制造业和商业中的恶劣行为。[9]

---

* 此人是沙德韦尔作品《鉴赏家》中的人物。托马斯·沙德韦尔（Thomas Shadwell，约1642—1692年）是英国诗人、剧作家。吉姆克莱克（gimcrack）的原义是"华而不实的"。

科学、哲学和神学研究，也会在造福人类方面发挥作用，因为那些研究揭示了世界（人们在其中发现自己）的运作，揭示了人们为获得幸福而必须去做的事情。因此，莱布尼茨在其书房内外的活动便都是为了同一个目的，至少他认为如此。他想要探究运动的规律，想要把神学建立在坚实的基础上，想要改革医疗保健制度，还想要制造出更好的捕鼠器，这些活动全都旨在增进公共利益。

莱布尼茨决定为贵族工作，而没有去过一种纯学术的生活。罗素对此极为反感，他写道，莱布尼茨选择了一种“体面的”（courtly）活法，它使莱布尼茨“对王公贵族表示了不该有的尊重，而尽力取悦他们则更是浪费时间，实在可悲”[10]。罗素不需要贵族的保护——他本人就是贵族——也似乎不喜欢具备莱布尼茨那种才能的大臣。莱布尼茨更像文职人员或政府顾问，而不像奉承者、（宫廷）斟酒官或提供娱乐之辈。莱布尼茨的雇主都是地方上的统治者：无论你想做成什么事情，你都必须游说他们，为他们工作。正如莱布尼茨本人所言：“增加人们总体福利的最有效方式，应是说服那些伟大的君王及其大臣们……”[11]

莱布尼茨的一些保护人和熟人也对哲学感兴趣，例如普鲁士的索菲-夏洛特王后（Queen Sophie-Charlotte，布仑斯维克公爵之女）。其他人无疑并不喜欢哲学，其中也许包括奥尔良公爵夫人（Duchess of Orléans），她说莱布尼茨是少数没有臭味儿的知识人士之一，这句话表明了她对心智之事的态度。[12]罗素在他的《西方哲学史》（*History of Western Philosophy*）里说，莱布尼茨虽然是“一切时代最有知识的人之一”[13]，却可耻地选择只发布一些不会惹恼贵族和神学家的浅薄思想，把他最佳的哲学思想留给了自己。[14] * 这项指控有失公允。莱布尼茨的哲学并非公开是一种、私下是另一种，而是单一的形而上学

---

* 此指莱布尼茨在遭到安托万·阿尔诺反对后，取消了一本著作的出版。

体系，尽管经过了一些变动，局部也算不上完整，但始终是一种不断延展的体系，其主要部分大多巧妙地结合在一起："我几乎无法将它们撕裂开来。熟悉了其中一个部分的人，必定也会熟悉其他所有的部分……"[15]这种原则，也见于他为学术杂志撰写的一些文章，见于一些书信，见于他供别人传阅的少量概述，还见于他的两部哲学著作，它们都因他和索菲-夏洛特的讨论而写。其中一部著作有关对洛克的《人类理解论》的批判性评论，并希望洛克予以回复，而洛克去世后，莱布尼茨便把那本书放在了一旁。另一部著作出版于莱布尼茨年过花甲之时，为一些他认为最重要的观点公开辩护，包括为他的著名学说"我们的世界是可能的最好的世界"的扩展辩护。后一部著作的写作时间要晚得多。

即使就形而上学理论而言，莱布尼茨的哲学体系也极为独特，换言之，他的理论阐述了被设想为支撑着日常经验的现实（reality）和科学发现。康德把莱布尼茨的哲学称作"一个中了魔法的世界"（enchanted world）。[16]黑格尔发现它"就像一部形而上学传奇"（metaphysical romance）。[17]而在罗素看来，它就像某种"童话故事"[18]。莱布尼茨在他50岁前后开始详细地讲述他的哲学。

莱布尼茨把现实的基本元素称为"单子"（monad），这个词来自表示"单元"（unit）的希腊语。单子是"自成一体的世界，除了联系上帝，不联系任何依附物（dependency）"[19]。这些"真正的自然原子"[20]是独立自主的，不能彼此影响：它们"没有供事物进出的窗口"[21]。它们的运数（destiny）独立地发展，遵循着各自的蓝图。因此，正如流行的佛教格言所说，（它们的）一切变化均自内而来。

莱布尼茨把他的单子称为"原子"（atom），这并不是说它们就是物质的最小单位。其实，单子本身根本不是物质，但每个被创造出来的单子不知为什么都结合着一点儿物质。他想使用"原子"的希腊语的本源意思，即"不可切割的"和"不可分裂的"；他认为，物质是无限可分的，因此根本不存在“物质的最小片段”这种东西。所以，任何真正的“原子”单位都必定是非物质的。莱布尼茨认为，一定存在这种最终的结构单元（building-blocks）。他似乎感到，没有这种不可分割的结构单元，事物便没有局部，也根本不可能有宇宙。

莱布尼茨论证说，由于单子根本没有局部，它们就既不能分裂，也不能增长。世界被创造出来时，每一个单子就存在了（只有一个例外），而唯有当整个世界终结时，单子才会消失。那个例外就是上帝，上帝是最强大的单子，但他在某些方面不同于其他一切单子。莱布尼茨的上帝具备一神论者之神的全部通常特征：他永恒、完美、全知全能，是万物仁慈的创造者，并且从不与像物质那么低等的东西结合。

单子被一种“前定的和谐”（pre-established harmony）调和（cor-ordinate）在了一起，而“前定的和谐”是在上帝创造每一个单子、植入其未来一切活动的种子时就安排好的。[22]莱布尼茨解释说，这种情况就像：

> 几个不同的乐师或唱诗班分别奏、唱各自的部分。他们虽然看不见彼此，甚至听不见彼此的演奏，但依然能完全一致，每个人都演奏着自己的音符。因此，某个听见了他们全部声音的人便会发现其中有一种绝妙的和谐。[23]

这让人想到了关于两座虽然同步但互不相连的时钟的比喻。在前几代哲学家里，有人用这个比喻描述身心关系（参见本书第1章）。当一座显示12点时，另一座也敲响了正午的钟声；当我想抬起我的一只胳膊时，那只胳膊便抬起来了——但根据这个理论，无论是其中哪一种情况，都是一个事件造成了另一事件。莱布尼茨用“两座时钟”这个概念解释了身心的协调，也解释了单子的和谐行为。

虽然每一个单子都和其他所有单子毫不相关（除了上帝），但在某种意义上，它反映了其他每一个单子的状态。因此，每一个单子便都是一面“宇宙的镜子”[24]。它不但包含着“每件发生在它身上的事情的痕迹”[25]，而且包含着“每件发生在宇宙中的事情的痕迹，但唯有上帝才能看出那些事情”[26]。莱布尼茨把这些痕迹称为“知觉”（perception），尽管其中很多据说都是无意识的。每个被创造出来的单子，都仅仅是模糊地记录着其他所有单子。莱布尼茨把这种状况比作一个聆听大海涛声的人：“我听见了每一个浪发出的涛声，它们构成了整体的涛声，而我却无法区分它们。”[27]

单子的“知觉”各不相同，因为它们都从独一无二的角度反映了宇宙，这些知觉随着未来的发展而变化。这些变化来自内部，总是如此。一切单子都有一种固有的倾向（tendency），或像莱布尼茨所称，“欲望”（appetition），即从一种状态进展到另一种状态。只有高级单子才具备有意识的欲望和促使它们行动的清晰目标，但当所有的单子尽力实现其被植入的定命时，它们都具有某种自我实现（self-realisation）的驱动力。莱布尼茨认为，所有的活动都要求以某种生命为前提，因此可以说每个单子都是有生命的。

我们以及有形宇宙中的其余内容，怎样适应这个中了魔法的世界呢？莱布尼茨竭力回答这个问题，但他只确定了两件事情：其一，单子是唯一具备“绝对真实”[28]特征的物体；其二，单子就是头脑（mind）或很像头脑，因为它们有知觉、有欲望。

如今，哲学家们已不大进行关于绝对真实的讨论了。某个事物要么存在，要么不存在，没有中间状态。但在莱布尼茨那个时代，真实性是逐步呈现出来的，其部分原因是哲学家们已继承了“物质”（substance）这个概念，根据这个概念，某些事物独立地存在，另一些事物则只是次等地存在（参见本书第 3 章）。莱布尼茨把物质界定义为一种“完整的存在”（a complete being）[29]或“自存的存在”（a being which subsists in itself）[30]。他认为，单子是唯一的真物质，因为只有单子才是自身完整的。一切物体和物质力都以某种方式“来自”单子。[31]可是，说物体来自单子，这究竟是什么意思呢？

莱布尼茨想独立回答这个问题，其方法就是把物质比作彩虹和日晕（有时能见到的太阳周围的光环）。这个概念是：彩虹人人可见，也有自然的基础，但它其实并不在它出现的位置上；同样，物质实体也几乎不是它们呈现的样子，而只是单子以某种方式投射出来的外表。这个比喻太牵强，没有多少帮助。彩虹和日晕来自光的作用：在地球的大气中，光照在水滴或冰晶上，便造就了它们。但是，单子——它不同于光、水和冰——不是物质的，因此我们并不清楚为什么说桌子、椅子或高山也像其他一切事物那样来自单子。

莱布尼茨曾在某处写道，物质世界就像所有单子共同协调出来的一个梦：唯有“用彼此和谐运作的单子的知觉”才能解释物质世界。[32]他的意思大概是，日常事物的真实性都以某种方式存在于单子在其无窗的孤立状态中观察到的私人影片的一致性中。每段影片都描绘了从一个单子的视点看到的世界。把那些影片合在一起，你就见到了宇宙。这个观念十分奇妙，但谁都无法弄清其结论是什么，也无法弄清怎样用莱布尼茨写出的其他论述去解释它。

莱布尼茨不肯走得像“那个否定物体真实性的爱尔兰人”[33]那么远。他说的是乔治·贝克莱——一位使用英语的哲学家，著名的怪人。他在其声名狼藉的著作《人类知识原理》（*Principles of Human Knowledge*）中说，物质这个概念毫无意义，除了上帝和一些头脑及其知觉，什么都不存在。他后来成了贝克莱主教，对洛克和其他一些支持“机械论哲学”的人进行了许多透彻的批判。贝克莱的一些论证十分巧妙，当今的哲学家们仍在热心地研究它们，尽管它们几乎都被看作他双倍荒谬的主要结论。贝克莱不但认为头脑及其知觉是宇宙的唯一内容，而且说这个命题是显而易见的，会被所有未被不良哲学败坏的普通人接受。莱布尼茨在他《人类知识原理》的阅读笔记中写道：“此处很多说法……都是正确的，与我的观点相近。但其表述似是而非，因为没有必要说物质是‘无’，只要说物质是一种像彩虹一样的现象便够了。”[34]

莱布尼茨似乎经常说，单子以某种方式存在于物体内部，“物质没有任何部分不存在单子”[35]。单子存在于物质内部，虽然它们不同于蛋黄存在于鸡蛋内部——例如，你永远无法从物质中抽出单子——但它们在构成每一片物质方面发挥着作用。我们来看看莱布尼茨对活物的描述：每一个通常被我们看作活物的物体，例如树、蜘蛛、长颈鹿和人，都有一个主导的单子，它以某种方式把构成该活物的物质组织起来。这个单子把活物的各个部分变成了一个运作的整体。至于活物的种类，则取决于其主导单子的复杂性，莱布尼茨称之为有关物体的“灵魂”（soul）。[36]若这个主导性单子具备较清晰的知觉和记忆，该活物便是动物。若不是如此，该活物便是植物。若这个主导性单子能合理地理解事物，该活物便要么是人，要么是天使。事实表明，世界上活物的数量大大超出了人的想象。物质世界中充满了活物，哪怕在那些肉眼看不见的地方也是如此。“在物质的最小部分里……存在一个活物的世界、生物的世界、动物的世界。”[37]其实，“宇宙的每一个微粒中都包含着一个由无数活物构成的世界”[38]，因此“宇宙中不存在任何荒芜的、不毛的或僵死的东西”[39]。

显微镜给莱布尼茨留下了极为深刻的印象。他 20 多岁时拜访过列文虎克（Antoni van Leeuwenhoek），此人是荷兰的布商，多少算是微生物学的发明者。当时，列文虎克刚刚发现了精子（spermatozoa），把它称作“雄性种子里的小动物”[40]。莱布尼茨通过列文虎克的透镜的所见认可了一个观点，即活物就像俄罗斯套娃：活物里还有活物。显微镜还揭示了白垩（chalk）是由海洋动物微小的壳构成的，因此，即使看似不是活物的东西也可能是由活物构成的。只要更多的人使用显微镜——“就是十万人也不算多”——莱布尼茨写道，人们就能更多地了解物质的性质，并把这些知识“运用于药物、食品和机械”[41]。

不过，使莱布尼茨相信每一粒尘埃中都有无数活物的，并不仅仅是精子和白垩。虽然显微镜为这个思想提供了令人欢迎的证据，但哲学思考却发挥了更大的作用。莱布尼茨认为，物质本身是“完全不活跃的”（passive）[42]，因此，要描述宇宙中的活动，我们就必须把某种有生命物加入物质。此外，出于各种理由，物质还必须“真的能被无限分割，每个部分都能被分为一些本身就能运动的部分”，因此，那些部分必定是由无数微小生物联合而成的，其中每个部分都有一个构成灵魂的活跃单子（active monad）。[43]

莱布尼茨对哲学的信念，首先来自他的一个愿望，即把以往的哲学协调和结合在一起。他曾写道：“真理分布得比人们想象的更广。”[44]几乎人人都力图获得一些真理，因此“许多思想学派的观点大多是正确的”[45]。他的目的是：挖掘以往各个时代的智慧，把它们荟萃成一种与最新科学工作一致的核心学说。他说，最后的综合“把柏拉图和德谟克利特结合了起来，把亚里士多德和笛卡尔结合了起来，把经院哲学和现代神学结合了起来，把道德和理性结合了起来”[46]。他的折中主义哲学（eclectic philosophy）也为其他许多哲学流派留下了余地。斯多葛主义者说一切都是相连的，这是正确的。毕达哥拉斯学派“将一切简化为和谐与数字”[47]的观点也有一定道理。古代怀疑论哲学家们“能被感觉到的（可被知觉的）事物……并不具备物质的真实性”的观点也是正确的。连犹太教喀巴拉秘教（Cabala）的虔诚信徒也有正确之处：他们把中世纪犹太教神秘主义与柏拉图主义后来的新版本结合了起来，当他们说“向万物中投入感情”时，他们也瞥见了真理。

莱布尼茨这些折中活动面临的最大挑战，就是要把大学神学家的亚里士多德派之经院主义，与刚刚流行的对物质和运动的新探索结合起来。这种匹配将把“现代机械论哲学与一些有知识的好心人的警告调和起来，那些人担心……我们离开非物质的存在太远，以致损害了我们的虔诚”[48]。现代自然观与传统自然观只是观察同一事物的不同视角，我们若理解了这一点，便会认为这两种自然观都有合理性：

> 总之，我们必须坚信世间的一切都能以两种方式解释：其一，解释有效原因，即推动事物发展的先前事件或环境；其二，解释终极原因，即推动事物发展方向的目的或目标……[49]

莱布尼茨把有效原因（或称机械原因）的领域称作“力量王国”，把终极原因的领域称作“智慧王国”。上帝“为了他的荣耀”支配着这两个王国，它们“处处彼此解释，却不会混淆或扰乱各自的规律”。

单子就是头脑或类似头脑的东西，它们使莱布尼茨再次找到了那些以目标为指向的“终极”原因。机械论哲学往往忽视它们，而虔诚者却发现：那些终极原因很适合解释一个由上帝主宰的宇宙。莱布尼茨认为，在日常物理学中，终极原因的确是多余的，但它们是形而上学——从更深刻的角度观察事物——不可或缺的。他写道，一切物理现象都可能“来自……某些机械原因，但这些机械规律的整体来自某些更高级的理性”[50]。因此，可以再说一遍：每一种理论都是正确的。

莱布尼茨这个调和一切的计划，并不仅限于哲学。它还延伸到了宗教。他成长于路德派教友（Lutheran）家庭，婉拒过梵蒂冈的图书馆馆长的职务，因为担任那个职务意味着皈依天主教。但他说，他若出生在天主教徒家庭，也很乐于一直做个天主教徒。基督教的各种主要版本，其实并无多少真正观点上的差别，因此最好还是保持自己的现状。他喜欢讲述一个听来的故事：伊丽莎白女王时代有一对英国兄弟，一个是清教徒，一个是天主教徒。两人不倦地争论，都想使对方皈依自己的信仰。结果，双方都被对方说服了，改变了信仰，因此两人的立场都改换了。[51]

莱布尼茨苦苦工作数十年，努力建立一套各主要教派都能接受的理论，以延续雨果·格劳秀斯（Hugo Grotius，1583—1645 年）的工作。格劳秀斯是荷兰的律师和外交家，写过一本手册，出版于莱布尼茨出生前20年，这本手册为基督教信仰提出了一种共同形式。格劳秀斯这本书被译成了很多种语言，供神职人员使用；但莱布尼茨的书却没有写完。像格劳秀斯一样，莱布尼茨试图在团结各个教会的各种外交谈判中发挥作用，但无一成功。莱布尼茨维护宗教派别间和平的主要策略，比洛克、培尔和（后来的）伏尔泰提倡的宗教宽容政策更具雄心，但更缺少可操作性。在强调容忍他人（即使你不赞成其观点）方面，莱布尼茨想说服人们相信：他们起初并非观点相左。

莱布尼茨甚至认为，中国的宗教其实比看上去更接近基督教，因此中国人也能接受基督教。他走得不像耶稣会传教士乔基姆·白晋（Joachim Bouvet，1656—1730 年）* 那么远——白晋认为：被视为《易经》作者的伏羲也许和先知以诺（Enoch）** 是同一个人。但当白晋神父告诉莱布尼茨，《易经》的卦爻图似乎解释了《圣经》的创世故事时，莱布尼茨就利用了这个绝妙的消息。莱布尼茨受了白晋的启发，做出了一个结论：《易经》的卦爻图（它们由 6 条断开的和未断开的线组成），代表了他刚发明的（或像如今证明的那样，再创造的）一种二进制算术的版本。这个事实的宗教意义是，按照莱布尼茨的理论，二进制算数的知识（它用 1 和 0 生成一切数字）揭示了对“事物起源于一（unity）和无（nothing）”[52] 这个顺序的理解。人们普遍认为，异教徒几乎无法接受《圣经》里“无”中生“有”的思想，这就意味着，让中国人接受基督教，其实并不像人们想象的那么难。莱布尼茨回顾古代以解释中国的文本和民间传说，旨在使它们听起来更像基督教。例如，虽然他不得不承认“中国学者不谈论地狱，也不谈论

* 白晋，又作白进，字明远，法国传教士，年轻时就读于耶稣会学校，接受了包括神学、语言学、哲学和自然科学的教育，对数学和物理学尤有兴趣。白晋于清康熙二十六年（1687 年）来到中国，留京供职，研究过《易经》，对近代中西文化交流做出过卓越的贡献。

** 据称为基督教伪经《以诺书》的作者。

炼狱（purgatory）”，但“其中一些人仍有可能相信（或在其他时候相信过）：群山里和森林中到处徘徊的游魂，它们来自某种炼狱”[53]。莱布尼茨写道，总之，“中国古代神学的内容是完整的，已除去了额外的错误，因此可用来解释基督教的伟大真理”[54]。

§

莱布尼茨在很年轻时就显示出了他的折中倾向和求知抱负。他 8 岁时就显示了自己是个天才的小学者，并被允许阅读其继父书房里他想读的任何书籍。其继父是莱比锡大学的道德哲学教授，在莱布尼茨 6 岁时去世。莱布尼茨在孩提时代读过很多书：古代作家的、基督教早期教父的、中世纪哲学家的、文艺复兴时期学者的以及一些现代思想家（包括霍布斯）的著作。他最喜欢的学科包括诗学、历史学和逻辑学。他 13 岁时打算改进亚里士多德的逻辑学，他的学校老师们劝他放弃了这番努力。

莱布尼茨 14 岁时考入了他继父生前任教的大学，在那里修习古代语言、修辞学、数学和哲学。莱布尼茨后来说，在这个阶段，他已在寻找一种方法，把传统学术思想与现代思想融合起来。无论那种方法是什么，在他还不到 20 岁时，他独特的哲学思想和创作计划都已初见端倪。他 20 岁以前完成的一篇论文，是对他日后所说的“人类思想的字母表”[55]的初次尝试。他想把它作为一种逻辑语言的基础，用它最终获得“万物的基本知识”[56]。在很多年当中，莱布尼茨一直时断时续地实施着这个计划，但并未发表其成果，也未能实现他年轻时的那些愿望。

莱布尼茨去世前两年曾想，若他不曾为完成其他一些任务而分心，若他能得到一些有才干的年轻人的帮助，他“本应仍然有希望创造出一种普遍的符号体系，其中一切理性的真理都能被简化为某种计算”[57]。他写道，这种发明将被证明是“一切科学的钥匙”[58]。读过乔治·艾略特的小说《米德尔马契》（*Middlemarch*）的人，或许能想起小说中那位着了魔的学者爱德华·卡苏朋（Edward Casaubon），卡苏朋毕生的工作就是那个未完成的寻找“一切神话学的钥匙”的计划——并且像莱布尼茨一样，卡苏朋也具有一个“包含着很多未发表的材料的头脑”[59]。但与卡苏朋的那个计划不同，莱布尼茨寻找一把普遍适用的钥匙的努力，最终获得了一些成果。他对数理逻辑学的先驱性发展就是这番努力的直接成果。

一种人造的语言能改善人们的推理论证，推动科学发展，这个观点已流行了很长一段时间。在莱布尼茨求学的大约 40 年前，笛卡尔已想到，一个人“若能正确地解释人类想象中那些构成人类全部思想的简单概念”，从理论上说，他就能创造一种语言，“它几乎不可能犯错……因此能使农夫比如今的哲学家更好地判断事物真相”[60]。笛卡尔似乎并未把太多的时间用于创造这样一种语言，尽管其他一些人花了不少时间。莱布尼茨方法的新颖之处，在于它强调了把数学和应用数学技术的概念运用于推理论证的艺术。他在他年轻时写的论文里赞扬了霍布斯，说霍布斯“正确地宣布了我们头脑所做的一切都是计算（computation）。而所谓计算，应理解为加上一个‘和’（sum）或者减去一个‘差’（difference）”[61]。通过给概念指定数字，通过用数学的方式操作概念，莱布尼茨相信，他提出的那种语言能把一切智能争论都简化成简单的计算材料。这种方法甚至能用来宣示宗教真理，因此传教士们会发现那些真理更易使不信教者信服。莱布尼茨创造的技术之一，就是用质数代表原初概念，用合数表示这些原初概念之和。这种设计后来被捷克数理逻辑学家库尔特·哥德尔（Kurt Gödel，1906—1978 年）开发，产生了 20 世纪数理逻辑学的两条最重要的定理。但事实表明，如此玩弄概念对数学之外的领域没有多少用处。[62]

有了莱比锡大学的哲学学位和法学学位的武装，莱布尼茨于 1666 年考入了纽伦堡附近的阿尔特多夫大学（University of Altdorf）法律系，不到 6 个星期就交了一篇博士论文。论文的内容是回答一些难以回答的民法问题。莱布尼茨认为，那些难题的答案总会来自国际法或自然法。法律系的教员们对论文印象深刻，短短几个月后就提出授予他教授职位。但是，21 岁的莱布尼茨想在更广阔的世界里走自己的路，谢绝了这项提议。不到一年，他的生活便形成了一种模式，他一直那样生活到去世。那种模式就是：在科学、哲学的领域和政治、外交的世界之间不断变换。

他的前两位保护人，一位是美因茨的冯申博大主教（Archbishop von Schönborn）——那个邦国联合体（agglomeration of states）的 8 位选帝侯之一，记得伏尔泰曾把那个邦联描述为既不神圣、亦非罗马、亦非帝国*；另一位是波因涅伯格男爵（Baron Boineburg）**。那位大主教派给莱布尼茨的工作是协助重拟法典，后来又派他当了美因茨城最高法院的法官。波因涅伯格把莱布尼茨聘为顾问、助手和图书管理人，两人成了朋友。不久，波因涅伯格让莱布尼茨参与了一项秘密工作，那正好发挥了莱布尼茨的逻辑学专长。1668 年，波兰王国王位空缺，一位国王候选人请波因涅伯格帮助他，波因涅伯格便吩咐莱布尼茨写一篇助选文，打算以一位虚构的波兰贵族的名义发表。莱布尼茨写了一本小册子，用伽利略、培根、霍布斯和笛卡尔的科学方法，根据大约 60 个前提及其必然的推论推导出了一个结论：那位候选人理应获胜。但由于印刷延误，那本书实际上直到该候选人落败之后才得以面世。

与此同时，莱布尼茨还在撰写物理学、哲学和神学方面的文字。

---

* 冯申博大主教：全名 Johann Philipp von Schönborn（1605 — 1673 年），神圣罗马帝国的世袭贵族，1647 年至 1673 年为美因茨城大主教选帝侯（Archbishop-Elector of Mainz）。此句所说的“邦国联合体”指神圣罗马帝国的选帝侯王国邦联。

** 波因涅伯格男爵：全名 Johann Christian von Boineburg（1622 —1672 年），曾任冯申博大主教选帝侯的首相。

这些题目在他头脑中密切相连，因为他感到研究物质和运动的新科学威胁到了他“生活中最重大的利益，威胁到了死后不朽的确定性，威胁到了他的一个希望，即希望上帝的仁慈有时会显现出来”[63]。能去除这个明显威胁的，正是哲学工作。作为调和宗教和这种新科学关系的第一步，年轻的莱布尼茨提出了种种论据，证明物质“不是自足的，若没有一条无实体原理［incorporeal principle，即非物质原理（non-physical principle)］，便不能存在”[64]。因此，莱布尼茨就比笛卡尔更进了一步，认为我们不仅不能用物质解释思想，反而要用思想去解释物质。

在美因茨时，莱布尼茨考虑过编写一部百科全书，把知识的所有分支组织起来。使他产生这个愿望的，也许是他整理波因涅伯格纷乱的藏书的经历。他还拟定过撰写一本巨著的计划，那本书将从科学原理和逻辑学写起，再证明上帝存在和灵魂不朽，然后为基督教的那些明确信仰辩护。莱布尼茨认为，上帝的三种本性（全知、全能、无比仁慈），圣化的面包（基督教圣餐仪式中的面包）代表的耶稣肉身，虽然不能得到确凿的证明，但哲学表明：它们至少是清晰明确、看似有理的。那本书的末尾将会讨论《圣经》经文和教会权威。那本书其实是一本供人人阅读的神学读物。

冯申博的宫廷是酝酿这些旨在调和一切的计划的理想之地，冯申博和波因涅伯格都从事过缔造教派之间和平的谈判。但美因茨城却几乎算不上欧洲科学和哲学的震源地（epicentre)。莱布尼茨在 20 多岁时就设法与其他地方的发明家及科学家联系了。

他给 83 岁的霍布斯写了一封过分溢美的信，为霍布斯论运动的著作喝彩，请霍布斯对头脑的性质多做一些论述。莱布尼茨虽然喜欢霍布斯“推理即计算”的思想，但还是反对霍布斯的唯物主义，劝霍布斯“担负起笛卡尔开始却未能完成的工作，即增强我们对不朽的期望”[65]。换言之，莱布尼茨想描述一种与身体毫无关系的头脑。晚年的莱布尼茨偶然产生了一个惊人的想象，它暗示了我们体内的某种东西是非物质的。为了证明这一点，他设想有一台机器，“其结构使它能思考、能感觉，并有知觉”[66]。现在设想这台机器被大大地加大了，“以至于我们能进入它，如同进入磨坊”。当在这台叮当作响的机器内部到处行走时，我们能见到什么呢？只能见到“彼此推动的各个部件”。我们一定“不会见到能解释知觉的任何东西”。这个小型的思维实验虽然不能说明任何事情，却恰恰表明了一种普遍的直觉。

在写给霍布斯的信里，莱布尼茨也称赞了这位老者的政治哲学，并提到了自己正按照霍布斯的思路构建一种法学理论。有人说霍布斯的著作宣扬了无神论、十分狂放，这完全错了，24 岁的莱布尼茨使霍布斯消除了这种疑虑。但仅仅数月之后，莱布尼茨（他一向都具备折中之才）却向他从前的一位老师表示了祝贺，因为那位老师猛烈批评了斯宾诺莎那本“狂放得令人无法容忍”的《神学政治论》。莱布尼茨写道，那本书完全基于霍布斯的思想。[67]霍布斯显然没有收到莱布尼茨那封信。莱布尼茨与斯宾诺莎本人的交流情况更好一些：他给斯宾诺莎寄去一篇光学论文，附带着过分的赞美之词，请这位大师做出评论，斯宾诺莎很快就寄回了评论。莱布尼茨也因自己和当时已经成名的阿尔诺的交情而自夸，把结识阿尔诺视为自己的成就。这个时期，莱布尼茨开始制造他的计算器，并接触了法国的数学家和英国皇家学会成员，给其中一些人留下了深刻印象。当时的他已到了应当设法结识其中一些人的时候了。幸运的是，波因涅伯格要派莱布尼茨到巴黎去完成一些外交和生意方面的任务。

莱布尼茨设法把留驻巴黎的时间延长到了四年半。他的外交使命毫无成效，尽管错不在他，而生意事务也不大让他费力，因此他有了大量的时间从事研究和讨论。他让自己沉浸在最新的数学、物理学和工艺学当中，花时间与重要的思想家（例如阿尔诺和马勒伯朗士）交流，并加深了对笛卡尔著作的理解。莱布尼茨在数学上的重要成就

（包括微积分）大多都是他在巴黎时取得的。在巴黎，他多少得到了荷兰大数学家惠更斯的指导。在一次访问伦敦时，莱布尼茨向英国皇家学会展示了他那台计算器的运作模型，此举使他成为英国皇家学会成员。那台计算器是第一台能直接进行乘除运算的机器，尽管它与莱布尼茨声称的不同——不能开平方和开立方。

莱布尼茨很想留在巴黎，但巴黎没有适合他的工作，因此，他接受了汉诺威公爵的提议，做了公爵的秘书和知识顾问。汉诺威成了莱布尼茨日后一生的基地。虽然他抓住了各种机会去旅行——这有时会惹恼多年中相继雇用他的三位公爵——但他在德国北方还是比较孤独，因此，他写了那么多的信便毫不奇怪了。45 岁以后，无论哪个时候，莱布尼茨通常都和一百多人通信。他没有使他从工作分心的家庭生活。根据他秘书的记述，他 55 岁时考虑过结婚，“但他心仪的那个女子要求给她一些考虑时间。这也让莱布尼茨有了考虑时间，因此他终生未婚”[68]。

在从巴黎去汉诺威任职的半路上，莱布尼茨于 1676 年 11 月在海牙短暂停留，和斯宾诺莎一起度过了几天，而斯宾诺莎在三个月后去世。在那几天中，他们谈论了荷兰的政治形势、笛卡尔的运动理论和莱布尼茨关于一种普遍语言的计划；但最使莱布尼茨感兴趣的，是斯宾诺莎思想的神学含义。两年后，莱布尼茨得到了一本于斯宾诺莎去世后出版的《伦理学》，并从中归纳出使此书成为危险书籍（dangerous book）的观点。其中之一，是莱布尼茨所说的斯宾诺莎的“致命的必然性”（fatal necessity）。[69]发生的一切事情都是因为它必然发生，这似乎没有给自由意志留下任何余地。斯宾诺莎的决定论（determinism）让莱布尼茨感到格外困扰，因为莱布尼茨本人就遇到过类似的事情。莱布尼茨很乐于说，他自己的命运始终符合基督教关于人的选择和道德责任的思想，与斯宾诺莎的命运不同。

莱布尼茨认为“自然的真正原子”都按照上帝事先植入的那些模

式运作："每一种物质发生的一切，都是上帝赋予它的最初状态的结果。"[70]莱布尼茨还认为，人的状况也是如此，人们所想、所做的一切甚至在人们出生之前就确定了——但这并不是说人们不能行使自由意志，因为做决定的能力是上帝事先植入人们头脑的事物之一。莱布尼茨认为，若一个人的行动出于深思熟虑的选择，而不是出于其他人的压力，那么这个行动就足以算作出于自由意志了；哪怕这个选择的结果是事先确定的，也无关紧要。

莱布尼茨认为，重要的是我们的选择是不是"必然的"（necessitated）。莱布尼茨在解释他对自由意志的描述时，很喜欢强调"无必然倾向的"事件和行动。[71]这个说法相当晦涩，因为他从未打算解释"倾向"（incline）一词的含义。不过，他的确解释了"必然的"一词的含义。莱布尼茨区分了两种必然性，并称之为"绝对的"（absolute）必然性和"假定的"（hypothetical）必然性。本身就是必然的事物（例如人们所说的数学真理），就带有绝对的必然性。在任何情况下，2加2都只能等于4——无论如何这个等式都是真的。但它却是与另外的事实或假定有关的必然性。例如，假定莱布尼茨终生未婚，其假定的必然性就是：他是单身汉。莱布尼茨认为，我们的行动（其实就是一切事件）也仅仅具有假定的必然性。上帝以他自己的方式安排了这个世界，因此一切事件都是必然的，但那些事件本身却不是必然的，因为上帝也许会以另一种方式安排它们。看似相当合理的是，莱布尼茨似乎已想到，这两种必然性的区别本身就足以挽救"自由意志"的概念。在这一点上，赞成莱布尼茨的哲学家并不多。用莱布尼茨自己举的例子来说，即使上帝并未选择创造犹大（Judas），他还是创造了犹大。因此就很难说，真正的犹大出卖耶稣的决定真的出于他自己的"自由"选择；正如莱布尼茨所言，这个可怜的人也许会做出相反的选择。上帝有可能把世界创造成另一种样子，因此犹大的出卖便似乎与绝对的必然没有关系，而这对犹大来说是一种安慰。[72]

莱布尼茨相信，一旦上帝决定自己要创造什么，事件便会按照某种固定的模式发展。这是为什么？回答这个问题似乎可以根据几个线索。一个是莱布尼茨的理论，即上帝的头脑中存在一种对共同构成一切状态和行动的每一种事物综合的“概念”（notion）。假定上帝决定让他创造的第一个男人不吃夏娃的苹果，按照莱布尼茨的理论，这个假定的男人便不会是“我们的亚当”，因为真正的亚当的“概念”包含着他屈从诱惑这个事实，这个男人却不是如此。其结论是，《圣经》里的亚当不可能不吃那个苹果，因为若非如此，他便会像莱布尼茨所说的那样，是“另一个亚当”了。[73]

莱布尼茨在思考一切时间和环境的固定性时的另一个线索，是他所说的“充足理由律”（the principle of sufficient reason）。该原理认为：“任何事情的发生，都不会没有它为什么以这种方式（而没有以另一种方式）发生的原因。”[74]他有时把这个模糊的原理表述为“不存在无因之果”[75]，有时则从“一切事物都是可以理解的”的角度去解释它，“每一个真理都有原因”[76]。当生命快要结束时，莱布尼茨在给塞缪尔·克拉克（Samuel Clarke，1675—1729 年）* 的一封回信中，与他争论了“充足理由律”；克拉克是英国神学家和科学家，牛顿的密友。克拉克承认这个原理是正确的，但反驳莱布尼茨说，事物之所以如此发展，其原因就是它们“往往不是别的，而纯粹是上帝的意志”[77]。莱布尼茨不能苟同这个观点：若上帝曾凭着一时心血来潮去决定一件事情，那这就与上帝的智慧和完美相矛盾了。上帝的选择“能使每一个事件都成为确定的，事件一旦确定便不能更改”，并总是出于“上帝的最高智慧”[78]。

莱布尼茨和克拉克争论的问题大多集中在空间、时间和物质上。

---

* 英国哲学家、神学家。

上帝为什么在那个时间创造世界，而不是在早一年或晚一年？同样，上帝为什么没有更换空间的区域，让西方成为东方，或让东方成为西方？克拉克说，上帝在选择这些事物时，当然是任意的，也不曾做出任何合理的解释。莱布尼茨回答说：不，上帝不曾做出过任何如此任意的决定，因为时间和空间纯粹是相对的。时间和空间并非独立存在的实体，而只是存在于物体之间的关系中，因此，假定上帝会像克拉克想象的那样行事，便毫无意义。例如，设想宇宙有更早的起源，就是想象时间以前还有时间，这是理论上的前后不一（爱因斯坦十分慷慨，把莱布尼茨的时空相对论看作他自己的相对论的先声。他写道，莱布尼茨反对把时空看作绝对的，这个观点其实已被证明是正确的，尽管“其论据不够充分”[79]）。

莱布尼茨把他的充足理由律看作一种工具，用来证明各种重要的真理。例如，它可以用来证明“不可能存在两个完全相同的物体”，因为若两个物体根本没有固有的区别，那就根本无法解释一个事实，即不同的地方有两个这样的物体。上帝把一个放在了这里，把另一个放在了那里，而不是相反（把前者放在那里，把后者放在这里），其可能的原因是什么呢？由于一切事物都必有原因，结论就是：你绝不会“在一个花园里发现两个同样的蛋、两片同样的树叶或两片同样的草叶”[80]。克拉克反驳道，莱布尼茨自以为对上帝的做事方式知道得很多：莱布尼茨如何能确定上帝其实并没有“某些聪明的理由，在宇宙的不同地方，把物质的很多部分都创造成一模一样”？克拉克的抱怨很能说明问题。事实上，莱布尼茨往往把他自己的头脑当作了上帝的头脑。他若想不出上帝为何做某件事情的理由，便以为上帝也想不出做那件事情的理由。莱布尼茨坚信自己能进入上帝的头脑，这个信念使他完全确信一点：这个世界是可能最好的世界，上帝何必创造另一个世界呢？

§

伏尔泰最著名的小说《赣第德》（*Candide*）里的那位万分困惑的主人公问道："若这个世界就是可能最好的世界，那其他世界究竟会是什么样儿？"[81] 在小说中，这个年轻人经历了许多灾祸，目睹了表明人类兽性的大量实例。赣第德刚刚逃过了里斯本大地震之灾。像伏尔泰小说中的许多灾祸一样，这个情节也有事实依据：当时欧洲的第四大城市里斯本发生了一次大地震。那天是 1755 年的万圣节，信徒们正在做弥撒。大地震及随后的洪水和大火使大约 3 万人死亡。赣第德躲过了这场自然灾害，却被一群乌合之众抓住了。那帮人在当地学术权威的劝说下，要烧死一些被怀疑犯有各种罪行的人（例如跟自己的教母结婚的人、皈依天主教后又改信犹太教的人），使里斯本不再受到进一步的损害。赣第德一如既往地在错误的时间出现在了错误的地方；他的同伴、哲学家邦葛罗斯博士（Dr Pangloss）也是如此。正是邦葛罗斯告诉他，这个世界就是可能最好的世界，而赣第德现在开始怀疑这个说法了。

小说快到结尾时，连邦葛罗斯都不得不承认他不再真的相信这个世界一切都好了，但他说他会继续公开宣传他那套令人开朗的理论，"因为我毕竟是个哲学家，不宜改变自己的想法"[82]。

伏尔泰把莱布尼茨看作邦葛罗斯。1710 年，莱布尼茨出版了一部很厚的著作，书名为《神正论文集，论上帝之善、人的自由及恶之起源》（*Essays in Theodicy on the Goodness of God, the Freedom of Man and the Origin of Evil*）。此书力图回应皮埃尔·培尔的论证；培尔认为，人以其智力不可能理解上帝创造的世界何以包含着这么多苦难。莱布尼茨认为，培尔过于轻易地放弃了努力，人完全有可能对"上帝能做什么"做出合理的解释。莱布尼茨发明了"神正论"（theodicy）一词，（其法语和拉丁语的形式）表示上帝对待人类的方式的正义性——按不信教者对它的解释，它表示一种为上帝开脱的艺术。除了证明其他一些事情，莱布尼茨还力图证明：上帝是经过全面考虑才创造出了"一切当中可能最好的（optimum）世界"的。[83]莱布尼茨认为，正是我们对宇宙的不完善理解，阻碍了我们领悟这个事实，阻碍了我们领悟上帝因此不该蒙受的一个罪名，即创造了一个比应有的世界更坏的世界。一本法国耶稣会的杂志在对莱布尼茨《神正论》的评论中，发明了"乐观主义"（optimisme）一词[84]，用它描述其令人震惊的学说，即这个世界是可能被创造出来的最好的世界。因此，伏尔泰的这本小说使这个词流行了起来。

哲学意义上的"乐观主义"，其含义比它现在通常的意义更极端。如今，一个乐观主义者只是这样一种人：他相信这个世界是平衡的，其中的善多于恶，或相信这个世界正在逐步改善，而不是像莱布尼茨认为的那样——它好得不能再好了。乐观主义还有一种较弱的形式，它更像一种态度或气质，而不像一种信念。这种乐观主义见于 20 世纪早期的美国儿童读物《波丽亚娜》（*Pollyanna*）。波丽亚娜喜欢玩"只求高兴"（just being glad）的游戏；该游戏的目的是"从一切当中找出让人高兴的事情"[85]。从理论上说，相当悲观的人也可能是个"波丽亚娜"。一个人可以相信这个世界大多是坏的，或相信事情在越变越糟，但仍然喜欢玩"只求高兴"这个游戏，这是为了让生活变得更可以忍受。犹太人的幽默就带着悲观的波丽亚娜的气质。

伏尔泰笔下的邦葛罗斯博士既像波丽亚娜，又像莱布尼茨所说的乐观主义者。他只看事物的光明面，直到灾祸终于使他精疲力竭。帮助他这样做的是他的一种本领：他能捏造出一些证据，以证明表面的灾祸背后隐藏着益处。例如，邦葛罗斯在染上了梅毒时推论说，若哥伦布没把梅毒从美洲带回欧洲，欧洲人也不会有巧克力了。[86]邦葛罗斯也打算破坏莱布尼茨"总体上说，这个世界是可能最好的世界"的理论，把它变成一个荒谬的思想：一个人碰上的每一件具体事情，都是该类事情中可能最好的。因此，邦葛罗斯在谈到他的前雇主桑德滕特隆克男爵（Baron Thunder-ten-tronckh）* 时，才说此人“拥有一切城堡中最美的城堡，其妻子在所有可能的男爵夫人中也最美”[87]。

当然，《赣第德》是讽刺小说，不是哲学论著。伏尔泰虽然有时尝试抽象地论证，但并不十分谙熟此道（而哲学家们通常都认为，《赣第德》并不只是戏谑之作）。《赣第德》虽然瓦解了某些粗劣的哲学乐观主义，却并未驳倒莱布尼茨本人对乐观主义的谨慎表述。我们将看到，更仔细的观察会表明：伏尔泰其实成功地指出了莱布尼茨理论中的致命错误，尽管他这么做时开了几个玩笑。

在其《神正论》的开始部分，莱布尼茨概述了有关人的堕落及其后果的基督教故事：

> 人面临着一个据说他会屈从的诱惑，由此造成了一系列错综复杂的可怕罪恶……这意味着死亡与疾病正在到来，还有其他上千种灾祸与困难……邪恶将成主宰，世间的美德将被压制……[88]

不仅如此，“若想到来生，情况还会更糟，因为只有少数人能得救，而……其余的人则会永远消失”。在将遭受永恒折磨的人中，还有无数从未听说过耶稣的不幸者。莱布尼茨指出，这些人都陷入了面对基督教信仰的“困难”[89]。不过，他仍然自信能“消除一些错误信念，它们把上帝描述为……一位绝对的君主，掌握着专制权力，不适合被人们爱慕，不值得被人们爱慕”[90]。

莱布尼茨消除那些错误信念的第一步，就是证明上帝的存在和本质，他为此专门写了一大段话。我们体验到的一切事物都是或然的（contingent），换言之，它们或许并不存在。那么，它们是怎样出现的呢？按照莱布尼茨的理论，唯一令人满意的回答必定涉及另一个实

---

* 邦葛罗斯的前雇主桑德滕特隆克男爵之女居内贡（Cunégonde）是赣第德的情人。

体——一个与世界分离的实体，“携带着其存在的理由”。这个实体一定具备智能，因为创造的过程会表现为种种不同的方式，而某个事物似乎只是从中挑选出来的一种而已。为了选择和创造出一切事物，这个智能实体“理应……具备绝对完美的力量、智慧和善良”[91]，但莱布尼茨对其中最后一个特性的论证很模糊。

莱布尼茨证明了必定存在一位无比仁慈、无比强大的上帝，并对此感到满意。他接着又说，这位上帝在决定创造哪一种世界时，“不可能做出别的选择，只能选出最好的”[92]。这是因为，若上帝选择了次好的或其他任何世界，其结论就是——上帝本可以做得更好，而这与“上帝是完美的”这个观念相冲突。莱布尼茨认为，现在这个总体上最好的世界中，完全可能存在大量的恶，因为“我们知道恶常会带来善，没有恶便得不到善”[93]。因此，从理论上说，即使是一个像我们这个世界一样悲惨的世界，也好过其他任何世界。莱布尼茨认为，现实情况就是如此：

> 诚然，一个人会想象出一些可能存在的世界，其中没有罪恶，没有不幸……同样是这些世界，却在善良方面远逊于我们这个世界。我无法向你们详细证明这一点，因为我怎么能了解并向你们陈述无穷无尽的事实，并把它们放在一起比较呢？

莱布尼茨写道，我们“以罪恶为理由，认识了耶稣基督本人”[94]。我们的头脑若宽广得足以了解宇宙——它是“一个整体，犹如海洋”[95]——当中的一切相互关联，我们便会懂得：为了获得更大的善，发生的一切坏事都必不可少，正如要认识耶稣就必须让罪恶存在（莱布尼茨认为，既有罪恶又有耶稣的世界，显然优于没有这两者的世界）。因此，虽然我们自己不能解释一点——为了总体的善，每一种灾祸、苦难的每一个最小部分何以都必不可少——但我们知道对于这个问题一定存在某些解释，因为若非如此，上帝也许就会以相反的方式做事。因此，上帝是值得热爱的，因为他做了能做的最好的事。值得注意的是，即使是比现实生活更不愉快得多的生活，也适用于莱布尼茨的这个观点。例如，即使宇宙中每一个生物在经历了短暂的、无法改变的悲惨生存之后，最终都被折磨至死，莱布尼茨仍然会坚持认为，出现这种情况，一定有某种神圣的理由。

在这一切观点当中，无一是全新的。如今，唯有莱布尼茨因其“我们这个世界是可能最好的世界”的理论而遭到了嘲笑，但这一观点在他之前、甚至在基督教产生之前很久就已经出现了。柏拉图在对话中表达过它，比莱布尼茨早19个世纪的斯多葛派哲学家们也曾以邦葛罗斯式的热情阐述过它。但唯有莱布尼茨倒霉，因为他招来了伏尔泰的轻蔑嘲笑。

柏拉图写道：那位创造了世界的能工巧匠，其作品一定是“最美的”，因为那位工匠“认为只要能做到，一切事物都应是好的，而不该有任何坏的事物”[96]。雅典斯多葛学派的两位主要人物克利西波斯（Chrysippus，约公元前280—前207年）和克里安西斯（Cleanthes，约公元前331—前232年）* 补充说：“神意并未忽略任何更有益于构成更佳安排的东西。这个世界的事情若能安排得更好，就一定会被安排得更好。”[97]像伏尔泰笔下的邦葛罗斯一样，克利西波斯也没忘了为神意的那些明显疏忽做出辩解。他指出：可怕的战争有助于解决人口过剩的难题，因此终归是有益的；残忍的野兽则能服务于一个有益的目的，即激发猎人的勇敢行动。[98]一些斯多葛主义者甚至比莱布尼茨走得更远，提倡一种超乐观主义（super-optimism）。他们认为，慷慨的神意会保证历史进程毫不走样地无穷反复，因此这个世界是个绝佳的世界。[99]

像基督教诞生前的斯多葛主义者一样，圣·奥古斯丁也认为，坏事的存在，只在于它们“从恶中引出了善”[100]；若你想到过上帝本应

---

* 克利西波斯：古希腊早期斯多葛学派哲学家。克里安西斯：古希腊早期斯多葛学派哲学家。

把事情安排得更好，你便可以断定自己一定是错了；事物是现在的样子，一定有隐秘的理由。不过，中世纪神学家们在判断上帝能否创造一个更好的世界时，并不总是直言不讳。一方面，上帝是绝对自由的，因此能创造一个他想要的世界——包括（假定地说）一个比他真正选择的世界更好的世界；另一方面，上帝是完美的，因此不可能创造出一个有瑕疵的世界。[101] 13 世纪的圣·托马斯·阿奎那论证说，不可能存在可能最好的世界这种事物，正如不可能存在可能最大的数字一样。唯有上帝的善才是无限的；上帝本身与其他任何生命，两者的善之间存在着等级无限的差距。对于上帝创造的任何既有的存在来说，都有一种更好的造物可能被上帝创造出来。因此，任何可能存在的世界都可被改善，办法就是增添一种比一切旧造物都更好的新造物。但阿奎那仍有一种重要的感觉：上帝不可能把现实世界变得更好。上帝本来能创造出一个不同的世界，其中的造物和安排都比现实世界的更好，而正因如此，那个世界才不能被改善。阿奎那认为，我们这个世界就像一幅拼图，其各个局部都处在应有的位置上。上帝本来可以用更好的局部做出另一幅拼图，但他已把这幅拼图完美地拼在了一起。[102]

可是，使一种安排优于另一种安排的，究竟是什么呢？对于这个问题的部分回答，给莱布尼茨留下了深刻印象的是马勒伯朗士在 17 世纪 70 年代提出的观点。按照这位哲学家兼神父的理论，我们这个世界的一个闪亮特征就是它受制于一些原则，那些原则“如此简单、自然，完全可以代表其创立者的无限智慧”[103]。上帝若一直在考虑地球上的事情，便丧失了尊严，因此他制定了物理规律，以使事物顺利地自行运作。不仅如此，这些规律还能解释他技艺上的一些明显欠缺。以畸形儿的出生为例。上帝做了英明的安排，使母亲的想象能影响未出生的婴儿，这能产生有益的结果，能帮助婴儿避免某些危险。若母亲害怕狮子，孩子也会通过遗传继承她这种恐惧，自动地规避狮子。但马勒伯朗士指出，这种独特机制的一种副产品，却是婴儿有时会长成母亲怀孕期间很想吃的那种水果的形状。[104]

少数畸形儿（pear-shaped* children）的出生，就是为维持普遍有效的遗传机制而付出的可以接受的代价。同样，雨漫无目的地落入海洋，而不是只落在耕种过的土地上，这也是运动定律令人赞叹的一致性使然。或许上帝也能创造出这样一个世界：它只在可能带来最大益处的时间和地点下雨。在这个意义上，马勒伯朗士愿意承认，上帝可能创造出一个“比我们居住的这个世界更完美的（more perfect）** ”世界[105]。但马勒伯朗士认为，这样一个世界的物理学规律想必会过于复杂。因此，上帝在“可能的世界（possible worlds）的无限性”当中做选择时，便挑出了那个“生成和保存其自身的方式最简单”的世界。[106]

莱布尼茨在巴黎结识了马勒伯朗士，很喜欢“可能的世界”这个概念，并在稍作修改后采用了马勒伯朗士的这个说法。在莱布尼茨看来，认为上帝无论如何都能创造出一个更完美的世界，这是误解。我们这个世界在简单的规律与令人满意的效果之间，保持着可能最好的平衡，因此，经过综合考虑，我们便应把这个世界看作可能最好的。

当伏尔泰得知里斯本大地震的消息时，莱布尼茨已去世近 40 年了。伏尔泰写信给一位朋友说：

> 先生，物理学可以成为一门残酷的科学。要弄清物理规律如何在这个可能最好的世界上制造了如此可怖的灾难，的确很难。在我们这个蚁堆上，十万只蚂蚁和我们的邻人，顷刻间便被毁灭了……[107]

---

* 直译为“梨形的”，这是 1982 年英阿马尔维纳斯群岛战争时英国皇家空军使用的俚语，表示“事情出了错”，形容坠毁战机的碎片呈梨形分布。它在此句中引申为“畸形”。

** 更完美的：“完美”已是形容词的最高级，因此这个说法虽是约定俗成，但不合逻辑。

有一个时期，伏尔泰一直在取笑莱布尼茨。十年前，他在另一封信中嘲讽地探究了一个说法，即“在这个可能最好的世界里，为什么这么多的人互相残杀”[108]。伏尔泰绝非悲观主义者：他批判过帕斯卡，因为帕斯卡认为人类的状况全是悲惨。但伏尔泰认为，即使如此，事情也并非全坏，而是很可能变好。他声称事情全坏乃是误解。在里斯本大地震短短几星期后，伏尔泰完成了他的《论里斯本之灾的诗》(*Poem on the Lisbon Disaster*)。[109]此诗斥责了“高喊‘一切都好’*的哲学家骗子们”[110]，让他们去面对里斯本的废墟。对于如此重大的恶事的唯一恰当和善良的反应，就是哀悼，就是盼望更好的事情到来，就是承认人智无法了解灾难，正如培尔在他论“恶”的著作中论证的那样。伏尔泰很厌恶一种思想：一种无情的哲学理论能证明人类受苦是必要的，因此受苦就不该使人过分烦恼。

卢梭写信给伏尔泰，批评了这首诗。卢梭认为，“我们经历的自然之恶（physical evil）……大多都是我们自己造成的”，里斯本的死亡人数，只不过是使我们误入歧途的现代生活方式造成的又一结果。若该城居民“不住那些高楼大厦，那场地震造成的破坏便不会那么严重，甚至会不值一提”。不仅如此，第一波地震后，该城那些过分看重物质的市民并未逃到安全之地，这也要怪他们自己，“这个人想回家拿衣服，那个人想回家拿报纸，还有人想回家拿自己的钱……有多少可怜的人为此丧了命?”[111]

卢梭认为，伏尔泰总是夸大这个世界上的不幸，因为他一直都找错了倾听的对象：富人的话不值一听，因为他们满足于虚幻的快乐，所以感到无聊；知识分子不喜欢体育活动，这使他们身体不佳，何况他们又想得太多，这使他们内心痛苦。只要伏尔泰对农民更关注一

---

* 一切都好（All is well），或作“一切都趋于至善”（Everything is going well）。莱布尼茨曾说：“在这个可能最好的世界中，一切都趋于至善。”参见人民文学出版社 1979 年版《法国文学史》（上册），第 354 页。

些——但人们都认为不是法国农民，因为法国农民被地主压迫——他就会发现更多对上帝的创造感到满意的人。卢梭像莱布尼茨一样，也往往能从生活看似令人不快的方面找出隐藏的益处。他的身体最终会被蛆虫吃掉，但那个身体“给土地施了肥”[112]，而土地能养活儿童。此外，卢梭又重复了莱布尼茨的观点：深信宇宙间万物相连，我们虽然无法确切证明一切苦难何以“对宇宙的存在都是不可避免的”，但可以根据上帝的完美推论说，不知为什么，那些苦难必定不可避免。卢梭得出结论说，“一切都好”的说法虽不准确，但从整体角度看，“一切都好”千真万确。[113]

遗憾的是，证明“恶”如何为更大的“善”所抵消的一切尝试都很可笑——这正是《赣第德》里邦葛罗斯博士的诡辩术想解释的观点。伏尔泰对莱布尼茨和卢梭的讥讽，刺中要害了吗？莱布尼茨说过，有限的头脑无法理解上帝计划的细节，因此，把莱布尼茨看作邦葛罗斯便似乎有失公允，因为邦葛罗斯很乐于向任何愿意听的人大讲那些细节。但实际上，莱布尼茨也抗拒不了像邦葛罗斯那样讲话的诱惑。例如，莱布尼茨解释说，虽然大多数人都将遭到永恒的诅咒，但现代天文学告诉我们，宇宙中存在着“数量无限的星球”[114]，这些星球上完全可能住着数不清的外星人，他们最终都进入了天堂。因此，我们不该以为，只因大多数人无疑都将遭到厄运，大多数有理性的生物也就都将遭到厄运。从可怕的局面中变出了快乐的结论，邦葛罗斯想必会为自己的这一招而自豪。

莱布尼茨《神正论》的高潮是个寓言故事；通过它，莱布尼茨“以最可能被大多数人理解的方式”回答了关于“恶”的问题。[115]雅典娜女神出现在朱庇特神庙大祭司西奥多勒斯（Theodorus）的梦里，让他看到了一座皇宫，宫内有无数个大厅，分别代表各种可能的宇宙。皇宫具有金字塔的结构，底边无限长，其顶端的那个大厅就是现实世界——因此也是可能最好的世界。仔细观察这些大厅，可以知道历史若按不同方式发展会发生什么事情。雅典娜以公元前6世纪末罗马王国早期历史中的一个事件为例：罗马王国末代国王最小的儿子塞克斯特斯·塔昆纽斯（Sextus Tarquinius）强奸了友人之妻卢克雷蒂娅（Lucretia）。卢克雷蒂娅自杀身亡。她的受辱与死激起了推翻君主制的起义，由此罗马共和国建立，从而最终促成了罗马帝国的诞生。因此，按照那位女神的说法，那个强奸事件就是为了“引出更大的事情”[116]。雅典娜让西奥多勒斯看到了一个大厅（一个可能的世界），其中的塞克斯特斯（或一个长得极像真塞克斯特斯的人）没有犯强奸罪，而是过着平静、快乐的生活，买了一个小菜园种菜。[117]我们和西奥多勒斯想必都会认为，对此人来说，这样一个世界也许令人愉快；但说到底，它却并不像现实世界那么好，因为其中没有罗马帝国（这个次等的世界似乎是伏尔泰那本小说最后一行的回声：赣第德对邦葛罗斯说，他们必须停止哲学讨论，去种他们的园子*。这两个情节的相似也许是偶然的，但看上去却像对莱布尼茨的嘲弄）。

若卢克雷蒂娅没有被强奸，便没有罗马帝国，而这个帝国的另一种政治安排也许更为可取。这个暗示果真比邦葛罗斯“没有梅毒，我们便没有吃上巧克力的福分”的说法更有道理吗？在这个问题上，莱布尼茨和邦葛罗斯的唯一区别是：莱布尼茨藏在了雅典娜女神后面，借雅典娜之口（而不是亲口）说出了他那些邦葛罗斯式的推断。他这么做是因为他陷入了两难境地：一方面，根据他的公开立场，有限的头脑不可能为所有具体的罪恶辩解，因为它无法看清使那些罪恶成为不可避免的全部相互关联。另一方面，莱布尼茨又最不愿放弃所有具体的例子（它们能说明这个世界上的好事如何多于坏事），因为这会使他的观点过于接近培尔。培尔认为，唯有信仰（而非理性）才能把

---

* 此书最后一行是赣第德的话：“说得好，可还是种咱们的园子要紧”（Cela est bien dit，mais il faut cultiver notre jardin）。

这个世界的“恶”和上帝的“善”调和起来。莱布尼茨只能用理性证明一位完美的上帝必定会以某种方式把事情安排得最好，但举不出支持这个观点的任何事例。倘若如此，莱布尼茨所做的，便并不比培尔解释上帝之谜的工作多些什么。莱布尼茨试图对这个问题做出更具体的解释，却因此使自己遭到了伏尔泰的讥讽，便毫不奇怪了。

§

1716 年 11 月，在《神正论》出版 6 年以后，莱布尼茨在汉诺威去世，那部书是他生前唯一成书的哲学著作。他生命最后几年充满了希望、计划和大量的工作，其中也有失望。他那位主要的雇主、汉诺威选帝侯乔治·路德维希（George Ludwig，他成功地继承了英国王位，成为乔治一世）不让他搬到伦敦，这使他很失望。没得到曾使他能在维也纳和巴黎垂钓的那些工作，也使莱布尼茨心情沮丧。但是，莱布尼茨也受到了俄国沙皇彼得大帝的重视，被委任为他的科学顾问。他还被查理六世皇帝（Emperor Charles Ⅵ，1685—1740 年）* 派到了神圣罗马帝国两大最高法院之一去工作。

乔治国王要莱布尼茨必须留在汉诺威，直到写完那部没完没了的家族史——它已被耽搁了数十年。这位国王也许还觉得，当牛顿（牛顿是他的新臣民当中最有名的）的支持者们谴责莱布尼茨，说莱布尼茨剽窃了这位伟大的英国人关于计算的著作时，继续支持莱布尼茨是有失明智之举（莱布尼茨并未剽窃，但这在当时知者不多）。这段时间，莱布尼茨正在与克拉克的通信中全力批评牛顿的许多观点。除了批评牛顿关于时空的论文，莱布尼茨还拒绝接受牛顿的一个思想：没有上帝的按时干预，宇宙中的运动便会慢慢停下来。莱布尼茨认为，牛顿的这一命题其实是对上帝的侮辱：这个观点暗示上帝是位低劣的

* 神圣罗马帝国皇帝，出生于奥地利。

工匠，不能造出一种能自行运作的机制。克拉克则认为，亵渎了上帝的正是莱布尼茨的物理学，因为它留给上帝去做的事情太少了。莱布尼茨也怀疑牛顿提出的万有引力概念——它似乎涉及一种能在很长距离间运作的、看似神秘的力。像当时许多思想家一样，莱布尼茨也质疑这样一种力，因为它与机械论哲学并不相容，那种哲学认为，“不靠接触和运动，任何东西都不能自然移动”[118]。莱布尼茨未能理解的是，机械论哲学在取代了亚里士多德和神秘术士们对自然的描述之后，其本身现在已需要做出大幅度的修正了。

莱布尼茨始终无暇整理他那部神学和哲学的综合论著，他一直在请朋友们阅览这部著作。他在 1710 年写的一封信里说，《神正论》只是这样一部巨著的“先驱”。[119]但事实表明，其后从他笔端呈现的唯一哲学著作，只是一篇对他的观点的简明、通俗的总结。缺少巨著，最终看来也许不算什么重大损失。毕竟，莱布尼茨在评论别人的著作或抛出让人思考的思想时，似乎总是处在最佳状态。莱布尼茨对洛克《人类理解论》的评论写于 1703—1705 年，评论虽然以笨拙、凌乱的对话为形式，但在很多地方都深刻得令人目眩。例如，洛克认为，拥有产权就是拥有对某物的权利，破坏一种权利乃是不义之举，因此，若无产权便无不义。但莱布尼茨指出，拥有某物通常意味着对该物的独家权利，因此，若物品属于公众，便不存在日常意义上的产权，但仍有可能存在不义（例如不准某人使用公物）。莱布尼茨的评论经常包括一些别出心裁的例子，例如一位王子变成了鹦鹉、一个盲人以为猩红色像小号声的故事。这些生动的思维实验常常被当作反驳洛克的有效观点。

莱布尼茨生命最后两三年中的工作包括撰写一篇关于中国思想的最长的论文、改进他发明的计算器，但更多是撰写圭尔夫王朝史。他还抽出时间，编辑并润色了一位朋友写的一篇关于宇宙学的 15 000 行拉丁语长诗。此外，他还不倦地说服他那些保护人支持他那些心爱的计划（如重修教堂、成立科学院），还提出了一些渐进式改革的建议（如培训医生和药剂师的计划）。

这个世界既已完美无缺，为什么还要努力改进它呢？这个问题，有时似乎是伏尔泰批评莱布尼茨的要点。伏尔泰认为，莱布尼茨“把人类描述得十分善良，以使我们知道我们应当感到彻底满意，使我们认为上帝已不能为我们做得更多”[120]。莱布尼茨确实相信上帝已不能为我们做得更多，但这并不是说我们努力为自己多做一些事就毫无意义。莱布尼茨曾阐述过这个观点：

> 至于未来……我们不应可笑地站在原地，抱着双臂，等待上帝将为我们做的事情，（相反，）我们只要能知道上帝的意愿是什么，就必须按照我们认为的上帝的意愿行动起来，尽力为普遍的善做出贡献……[121]

伏尔泰说，“我们这个世界是可能最好的世界”的理论“导致了失望”[122]。但这个理论并未让莱布尼茨失望，他是如今所说的、完整意义上的乐观主义者。进步“永不停止”[123]，这意味着人们很快就会变得“更加幸福无比”[124]。在莱布尼茨最后的几篇文章里，有一篇宣布说：

> 事情一定会向着更好发展，无论是渐进地还是跃进地。虽然事情有时似乎变坏了，但这应被看作类似于一种情况：我们有时会为了更有力地跃进而后退几步。[125]

7

论动物性：休谟

如今，承认自己是莱布尼茨派、洛克派或霍布斯派哲学家的人很少，而承认自己是休谟派哲学家的人似乎很多。2009 年，有人对哲学家做了一次大型问卷调查，要他们挑选出自己最认同的已故哲学家，结果大卫·休谟（他 1711 年生于爱丁堡，1776 年去世）名列第一。在这场特殊的比赛中，亚里士多德、康德和维特根斯坦并列亚军。[1]

有三件事情可以解释休谟何以是哲学家们心中的榜样。第一个原因是他的搅乱安宁之才。自从休谟出版了写于其二十几岁的《人性论》，他一直都被视为一个格外令人不安的人。康德写道[*]，休谟的著作把他从“教条的沉睡”[2]中搅醒，使他走上了建立自己的哲学的道路。与休谟同代的苏格兰著名哲学家托马斯·里德（Thomas Reid，1710—1796 年）也记述了类似的经历。[3]18 世纪和 19 世纪的一些作家认为休谟的著作首先是有害的和有破坏性的；但 20 世纪初期以后，人们看待休谟著作的普遍态度就变友善了。如今，休谟的观点不再被看作令人极为困惑，而通常被看作极具挑战性。

休谟极富魅力的第二个原因是“自然主义”（naturalism）的兴

---

* 此书全名为《任何一种能够作为科学出现的未来形而上学导论》（*Prolegomena to Any Future Metaphysics That Will Be Able to Present Itself as a Science*）。

起。哲学里的自然主义包含很多成分，它们都在休谟的著作中占有显著地位。与莱布尼茨判然有别，休谟不依靠上帝的概念解释问题。他从未真心地乞灵于超自然，也不承认宗教是开悟之源。宗教本身是一种自然现象，应从心理的和历史的角度去解释。休谟还强调了人与动物的相似性。我们将看到：这种以动物学分析人类的方法，正是休谟的知识论的一个与众不同的特点。达尔文的著作《人类的由来》（*Descent of Man*）指出："人与高级哺乳动物的精神机制并无本质的区别。"[4] 在此书出版一个多世纪之前，休谟就得出了与之相似的结论。总之，休谟认为，研究人类，也应使用那些分析自然界其余对象的方法——这个观点在我们这个时代比在休谟那个时代更为常见。

休谟和蔼的好脾气和善良的性格应算作第三个原因。他有唤起好感的本领，甚至能唤起一些有才智的对手的好感。在巴黎（他 50 多岁时在那里住过两年），休谟以"好人大卫"（le bon David）之称闻名。他在爱丁堡的一些朋友称他为"圣大卫"（St. David）。某一晚，一个兴致勃勃的英国青年用粉笔把"圣大卫街"几个字写在了休谟住宅的外墙上，此后，这个名称流行起来，如今已成了那条街的正式名称。这位"圣大卫"染上了一些更有名的圣徒的"修士般的美德"[5]。休谟说，禁食、苦修、禁欲等做法，其实应被算作恶习，因为它们丝毫无益于社会，却"愚钝了智能，硬化了心肠，模糊了幻想，变坏了脾气"。虽然这种"阴郁、浮躁的宗教狂"死后会"在日历上留下位置"，但他们"生前几乎不会受到赞美，几乎得不到亲友和社会的接纳；唯有那些像他们一样的精神混乱、性情阴郁者，才会赞美和接纳他们"。

休谟去世一年后，他的好友亚当·斯密（Adam Smith，1723—1790 年，曾为道德哲学教授）发表了一篇文章，记述了看望临终的休谟时的情景：

> 我们这位最杰出的、永志不忘的朋友就这样逝去了，人们无疑对其哲学观点各执己见……但对其人品和行为，众人的评价却鲜有不一。的确，比起我认识的其他任何人，他的脾气似乎更为平和，更令人欣然。即使在他命运最低落的时候，他那种极度的、必要的节俭也从未妨碍他……做出慈善、慷慨之举……总之，我总是将他（生前和死后）看作最接近脆弱的人性也会承认的“智慧完美的有德者”理念的人。[6]

当时受过教育的读者或许已在柏拉图对苏格拉底之死的叙述中听到过以上词句的回声：“我们的这位志同道合者，就这样逝去了……可以公正地说，在我们这个时代，在我们所知的一切人当中，他是最英勇、最有智慧、最正直的人。”[7]

斯密这篇饱含真情的颂词招来了一番谩骂。就在休谟死前，斯密出版了革命性的著作《国富论》（*The Wealth of Nation*），此书后来成了现代经济学的基础教科书。但很快引起了骚动的，正是斯密对休谟的极度赞美：斯密告诉一位朋友，“它带给我的谩骂，比我对大不列颠经济制度的抨击本身多了十倍”[8]。麻烦在于，很多人都知道休谟绝非宗教的朋友。一些人看到一个不信宗教者被描绘成了好人，遂勃然大怒；不仅如此，休谟平静、愉快地面对自己的死亡，也使听者心惊。

斯密在这篇颂词里讲到，当他去看望临死前的休谟时，休谟正阅读一篇讽刺卡隆（Charon，古希腊神话中的船夫，送死者渡过冥河到阴间去）的古文。在那篇讽刺文章里，各种灵魂都乞求卡隆，以拖延各自的行程。休谟“与众不同，杜撰出了一些滑稽的借口，打算说给卡隆听，还想象出了卡隆可能做出的一些颇不友好的回答”。休谟先说，他打算多要些时间，以编辑他一些著作的新版；但卡隆可能会反驳说，对更多的版本和更多的拖延来说，这个版本只是个序曲。因此，根据斯密的记述，休谟便想出了另一条对策：

> “耐心点儿，好卡隆，我一直都在努力打开众人的眼睛。我若能多活几年，便能满意地看到一些盛行的迷信体系的崩溃了。”但卡隆大发脾气，文雅尽失：“好几百年来都没有过这种事儿。你以为我一定会租给你这么长一段时间吗？赶紧上船吧，你这懒惰的、到处闲逛的无赖。”[9]*

为使公众接受这个笑话，斯密减少了它的锋芒。他在一封私信中提到，休谟想象的，是让卡隆等一等，“直到我能欣然目睹教堂关门，教士都被派去做他们该做的事”[10]。另一个目睹过此景的人报告说，休谟的原话并不是“一些盛行的迷信体系”，而是“基督教的迷信”。这是个重要的区别。那个时代，泛泛地批评迷信或狂热能被接受，但得体（decorum）的行为规则不允许一切对基督教本身的明确批评。一字不差地引用休谟的原话会导致更坏的后果。像休谟一样，斯密也敏锐地意识到了那条区分两类作家的细线：一类是其作品不被赞成但尚可容忍，另一类是其书不准摆在人们家里。

另一个探望这位临死前的“圣大卫”的人，是约翰逊博士的助手和传记作者詹姆斯·博斯韦尔（James Boswell，1740—1795 年）。他对这个“邪恶者”之死怀着病态的迷恋。博斯韦尔在他的日志中写道：

> 我必须满足我的一种强烈的好奇心：哪怕死亡就在眼前，他是否仍不相信来生？他现在说的话，他说那番话时的态度，使我相信了他仍不相信来生。我问他是否不可能有来生。他答道，煤块放在火上，有可能并不燃烧。他接着说，以为我们会永远存

---

* 斯密说休谟阅读的是琉善（Lucian of Samosata，约 125—约 192 年）的《死者对话》，但其实是《向下之旅》。琉善，罗马帝国时期用希腊语写作的修辞学家、讽刺诗人，出生于叙利亚，自称亚述人（Assyrian）。

在，这是一种最不合理的幻想。[11]

这使博斯韦尔不安："一个能力如此强大的人，临死时在说服人们相信他正化作乌有；当真的面对他时，我不禁生出了一阵阵短暂的怀疑。"博斯韦尔常和约翰逊博士讨论休谟那种令人不安的状况。为使博斯韦尔安心，约翰逊对他说，休谟说自己不怕死，这也许是在说谎。[12]博斯韦尔报道说，休谟"对他死了以后不是他，并没感到不安；对他出生之前不是他，也没感到不安"[13]。约翰逊反驳说："他疯了。"约翰逊本人一直生活在对死亡的恐惧中。他告诉博斯韦尔，他"一生都在尽力避免想到死亡"[14]。根据后来在牛津的一次布道时的说法，基督徒完全应当用正直的约翰逊之死去对照邪恶的休谟之死。一个基督徒应当对死亡感到焦虑，因为事实表明他毕竟可能受到了诅咒。那篇布道辞推断说，因此，"不信教者的信心或平静便绝不是对他有利的论据"[15]。

休谟似乎喜欢适度地折磨一下禁得起惊吓的博斯韦尔。他对博斯韦尔说，他"没有任何宗教信仰"[16]——他从未公开承认过这一点——他又直言不讳地说，每一种宗教的道德观都很坏。另外，休谟说，如果他听说一个人信教，他的结论就是那个人是无赖，这似乎并不是在说笑……约翰逊认为，休谟也许看似好人，这是因为他的美德从未经历过任何真正的考验。约翰逊对博斯韦尔说，不信教者在舒适的环境中也许显得无害，但若他们花光了自己的钱，其表现就会大不相同，因为这种人没有任何能使其抗拒诱惑的原则。约翰逊还说，他绝不会相信"跟年轻女人在一起的男人，因为那男人始终面对着诱惑。休谟和其他一些多疑的改革者都很虚荣，都会不惜任何代价地满足自己"[17]。

这个观点的一个瑕疵，对博斯韦尔来说本应格外明显，但他好像并未发现那个瑕疵。虽然博斯韦尔信奉的宗教原则能保护他，但他却是个不知餍足的放荡者，其征服异性的记录比他的同代人卡萨诺瓦还多。[18]博斯韦尔往往先痛苦地、悔恨地向妻子坦白他的不忠，再走出家门，继续他的不忠行为。尽管如此，他还是认为，真正应当规避的是休谟这位“多疑的改革者”。博斯韦尔小心翼翼地告诉约翰逊：“我和休谟先生一向关系融洽，但我已对他坦言，我不知道我与他为伍对不对。”[19]

§

休谟的父亲是爱丁堡的一位律师兼绅士农民（gentleman-farmer），其家族的十几代人都住在贝里克希尔。这个家族可以追溯到15世纪初的武士骑士（warrior-knight），以世代伯爵辈出闻名，但该家族中的休谟这一支已不再富有。休谟年幼时，父亲去世，他哥哥继承了一小笔财产。休谟在14岁离开大学后*，最初学习法律，但法律让他厌恶；因此，他把激情投入到了各种形式的文学里。他18岁时私下埋头于哲学研究，哲学给他带来了一种神秘的疾病，也给他带来了某种重要发现——这个活跃青年认为的重要发现。5年以后，休谟的疾病发作，休谟写信给伦敦的一位医生，要他给些建议。休谟描述了他的症状和思路：

> 每一个认识哲学家或批评家的人都知道：这两门学科都没有建立任何东西。除了无休止的争论，它们几乎没包含其他任何东西……通过对这些学科的检验，我发现自己心中某种大胆的脾性正在渐长，它往往不服从这些学科里的任何权威，而是带领我去寻找更新的媒介，我可以通过它去建立真理。经过很多研究和思考，在我大约18岁时，我终于仿佛见到了一幅新的思想图景，它让我欣喜若狂……[20]

---

* 休谟12岁（一说是10岁）进入爱丁堡大学，14岁时离开，未毕业。

我们不清楚这个最初的启示究竟发挥了多大作用，但休谟在21岁时就做出了结论：传统的“道德哲学”的症结是它没有建立在认真观察人性的基础上。休谟所说的“道德哲学”不但指伦理学，而且指全部人类科学，包括政治学、艺术批评以及思想和感情研究。他抱怨说，当前这些学科“全都建立在臆想上，而不是建立在经验上”[21]，因此，我们必须按照培根和其他改革者开创的改革自然研究的方法对其进行改革。物理学必须以考察外部世界为基础，同样，人类科学也应以考察我们的精神活动为基础。休谟想拓展这个主题，写满了很多张纸；但他的疾恙——当地一位医生称之为“博学者患的病”[22]，一笑置之——使他难以集中精力，难以把自己的思想表达清楚。他悉心钻研文学，亟待休息一段时间，因此提出到英格兰的布里斯托尔给一个商人当办事员。

休谟的从商职业只持续了短短数月。其后，他在法国生活了三年，大部分时间住在位于卢瓦尔河谷的拉弗莱什（一个世纪前，笛卡尔曾就读于那里的耶稣会学院）。那个地方物价低，休谟还能接触到那所学院的丰富藏书。他有时也和耶稣会修士们一起讨论。他在一封信中说，有一次，一个修士给他讲了“他们修道院里表演的荒唐奇迹”[23]。休谟立刻产生了一个想法：必须怀疑一切此类报告。那个修士显然找不出其中的毛病，只好说它一定是错了，因为若说它是对的，就等于怀疑《圣经》。

法国的风光不同于英国，这个变化仿佛治好了休谟的病，因为他在拉弗莱什写完了《人性论》一书的前两部分。此书的广告说它是把推理的实验方法引入道德哲学的一个尝试。在它的导言中，休谟热情地描述了一个前景，那就是“一个完整的科学体系，建立在一个几乎全新的基础上，而唯有在那个基础上它才安全”[24]。他说，《人性论》最终将包括五个部分，分别论述知性、“激情”（情感和欲望）、道德、政治和艺术。休谟只写出了前三个部分，尽管他后来写出了关于政治

（包括经济学）和艺术的各种短文。这些文章（尤其是那些讨论经济学的文章）和六卷本《英国史》的销量大大好于他的其他著作。在19世纪后期之前，休谟的《英国史》一直都是关于这个题目的标准著作。

§

休谟在27岁时发表了《人性论》的第一部分，但事实很快证明：很多读者都对它感到困惑。因此，休谟发表了一篇类似综述（或摘要）的文字，以强调此书的要点。这篇“摘要”（abstract）把大部分篇幅用于一个精妙的推理论证，它后来被称为“归纳法问题”（the problem of induction）——尽管休谟本人认为它至多只是提出了一个问题。他的论证意在证明，我们的知识基于有限经验，鼓励人们以谦虚态度对待知识。

归纳法可以大致地定义为根据经验做出推断。牛顿写道：“自然哲学”（科学）中的最佳方法始于“进行实验和观察，以及……用归纳法从中得出普遍结论”[25]。休谟指出，这也是我们在日常生活中采取的方法。我们发现面包往往能为我们提供营养，因此期望它将来也能如此。换言之，我们从以往的经验中推导出了一个普遍结论，即面包有营养。休谟认为，此类推导被哲学家们忽略了。他写道：

> 在解释形成证明（数学的证明）过程中的知性运作时，推理论证通常都非常充分，但在解释可能性、解释生命和行动完全依赖的其他证据时，推理论证却过于简明……[26]

为了弥补这个疏忽，休谟分析了一个与台球有关的简单例子：

> 若看见一个球沿着直线向另一个球滚动，我马上会得出结论说：这两个球将相撞，第二个球将要运动。这是由因及果的推理，也是我们生活中一切推理的本质：我们过往的信念全都建立

> 在它的基础上，它产生了除几何学和算术之外的一切哲学（科学）。若能根据两球相撞解释此类推理，我们便应能够描述头脑在一切情况下的运作。[27]

我们到底为什么会得出结论：若第一个球撞击了第二个球，后者便会动？休谟指出，我们的思考不可能是任何类似数学证明的东西。我们证明不了第二个球必定会动，因为它没有“必定”。我们自信地预期它被撞击后会滚向桌子的另一边，但我们也知道：从理论上说，它也可能不动。这让人想起了博斯韦尔问休谟是否有来生时休谟的回答。休谟暗示：有，这在理论上是可能的——就像煤块也可能不会在火中燃烧。当然，他确信煤其实会在炉膛里燃烧，正如他确信自己不会在地狱中被焚烧。但他不愿自称能证明这两种情况。同样，任何证明第二个台球一定会动的打算也都与他的想法格格不入。这样的证明太过分了，因为它会排除一些本不该排除的东西。

若没有任何证据能证明第二个球会动，正如没有任何证据能证明一个煤块会燃烧，我们的信心又从何而来呢？休谟认为，在任何一个台球上，我们都不会找到能让我们知道它会推动另一个台球的任何东西。相反，我们的预期来自我们对许多台球（或类似物体）的观察，它们全都按照同一种方式行动：

> 每个原因相似的行为，总会产生相似的结果……我用相同或类似的球、在相同或类似的环境中做实验时发现：一个球的运动和碰撞总会使另一个球运动。[28]

因此，我们对这种因果推理的信心，便来自我们在自然中观察到的规律性。一般而言，“一切以经验为据的推理都建立在一个猜想上：自然的进程始终如一”[29]——或按照休谟的说法，“未来与过去之间存在着一致性”。

这个猜想本身又建立在什么之上呢？休谟认为，任何证明都不能确立它，正如没有任何东西能证明某个特定的球必定会动或一个煤块必会燃烧。同样，这样的证明也太过分了。毕竟，在某一天，自然的进程可能并未“始终如一”。

若无法证明未来会与过去一致，我们是否至少能提供某种证据，证明两者有可能一致呢？休谟认为，在某种意义上，我们不能——不能真的如此，因为那只会让我们陷入循环论证。“若有人问我：你为什么会根据某些其他事件，去预期某些事件？我会回答说，人们发现它们通常都会如此。而这个回答似乎完全能被接受。但若现在有人要我再进一步，提供某种独立的证据，去证明‘未来将与过去相同’的原理，我除了说‘过去一直如此’之外，还能提供什么证据呢？”休谟认为这算不上一种回答，因为它其实并未给“我”已说过的话（过去乃是未来的向导）增加什么。“我”只会完全重复“我”自己的话。

在休谟看来，这一切的结论就是：从根本上说，我们的预期和预测都是一种“习惯”（habit）或“惯例”（custom）。根据观察到的现象做出预期，这完全就是我们的习惯。休谟在他后来的著作中指出，这种习惯“完全是一种本能或一种机械力，其运作不为我们所知”[30]。他还说，人和动物都有这个习惯。

这是否意味着我们依赖的因果推理其实是非理性的呢？休谟有时会做出这样的表述：“因此，指导生活的并非理性，而是习惯。唯有习惯才会使头脑假定未来会与过去一致。”[31]但休谟此处使用的是“理性”（reason）一词的狭义，其目的仅仅在于否认因果推理建立在这种特殊的“理性”之上。他把这种特殊的推理称作“证明式推理，或涉及概念关系的推理”[32]。在构建数学证明或从定义或概念引出结论时，我们进行的就是这种推理。从古希腊时期开始，人们通常都把这种通过推理获得的知识看作更高级、更纯粹，也许还是唯一真正的知识。在某种程度上，休谟也走上了这种表述方式的老路：他把数学称为“更完美知识的标本”，把概念的关系称为“我们知识机能的正当对象”[33]。但是，他用更多时间讨论了另一种不那么高贵的思维形式，人和动物都具备这种思维。这种平凡的形式并不用于思考“概念的关系”，而是用于思考休谟所说的“事实”（matters of fact）。事实就是或可改变的环境：检查概念的关系或构成数学证明，都不能发现这种环境。要找出这种环境，必须依靠观察和因果推理。休谟远未给因果推理贴上“非理性”的标签，而是把它称为“合理的”（just）[34]，并常常称它为“实验推理”（experimental reasoning）。这种推理虽然源自直觉或习惯，但仍算理性的一种形式。

休谟常常夸大“事实推理”（inference about matters of fact）在我们生活中的作用，并在论述中故意贬低一些更高级认知形式的作用。《人性论》出版后，他很快发表了一篇文章。其中写道：“与动物相比，人的完美智慧少得多，人对自身完美智慧的认识，也比动物对人的认识少得多……”[35]换言之，人更接近动物，而非更接近上帝。完美的智慧当然是上帝的特征。上帝不必求助于凭借有限经验做出的推断，因为他能靠一个捷径（shortcut）了解一切真理。关于这个捷径的确切性质，哲学家们意见不一。我们已知道，莱布尼茨认为上帝的头脑中存在着每一个对象的“综合概念”，用数学的方法，能从这个概念中演绎出各种真理。按照莱布尼茨的理论，人类科学渴望达到这种神的洞察力的完美境界。休谟却毫无这种渴望。休谟断定：即使存在这种神的捷径，人也像其他动物一样，几乎发现不了它。

休谟在其《人性论》中说，很多哲学家的标志就是把理性描述得过于高不可攀，“他们以为，这种高妙、精良的思维不但纯粹的动物不能企及，甚至连我们人类当中的儿童和一般人亦不能企及”[36]。休谟似乎很清楚：野兽也像正常的人一样，“都天生具备一定程度的思想和理性”[37]。人类让手段服从于目的，小心地采取一些策略，以寻求快乐，规避痛苦；动物也是如此。休谟区分了野兽的两种明显智能。第一种是动物的日常行为。例如，狗学会了根据其主人发出的某种声调联想到它将挨打。第二种是一些“能增进其族类繁衍的”、本能的“精明性”[38]。例如，鸟儿似乎完全知道怎样照看它们的卵。因此，常识仿佛在说，在这两种情况下，我们都应寻找相似的原因，正如解剖学家在不同物种中寻找相似的生理机制一样。有一点似乎很清楚，那就是野兽“绝不会凭借任何推理得出这样一个普遍结论：它们不曾认识的对象与它们认识的对象相似”。换言之，野兽能进行观察，能根据观察到的现象做出行动，但它们之所以如此，一定不是因为它们已想出了自然统一性原理。休谟认为，动物因此便为他对因果推理的阐述提供了“强有力的确证”，因为就动物而言，“经验仅凭借习惯即可控制它们”，这似乎是无法否认的。[39]

关于动物理性的争论已经持续了很久，其中大多数观点都未对动物表示多少敬意。亚里士多德认为，一切低于人类的动物都没有理性、智力甚至信念。[40]在总体上，柏拉图似乎认为，唯有由人投胎再生的动物才有理性，而投胎似乎是很常见的现象。[41]承认动物自身具有理性的少数古代作者之一是普鲁塔克（Plutarch，约 46—120 年）[42]，他这种宽厚的态度被 16 世纪的蒙田复活了。蒙田尖锐地问道：若动物根本没有思想或理性，人怎么能教会狗导盲这种复杂技能呢？[43]

但是，大多数早期的现代思想家只肯承认动物具有最少的智能。17 世纪的霍布斯和莱布尼茨认为，虽然动物能从经验中学习，但这完全单单依靠经验，因而它们并不具备作为人的标志的理性知识。霍布斯写道，仅凭观察获得的技能知识（know-how）是一种十分低级的知识。它“并不来自（动物和人都能进行的）推理，而只是对以往事件过程的记忆……正确的推理产生的真理，却无一不是普遍的、永恒的、不可改变的”[44]。莱布尼茨也指出，“野兽完全受先例的指导”，“从不设法形成必要的主张”[45]。

因此，休谟思路的方向与霍布斯和莱布尼茨的截然相反：霍布斯和莱布尼茨认为，根据经验做出推断并无多少意义，因为连动物都能做那种事情；休谟却满足于认为，理性一定比人们理解的更简单，因为连动物都能运用某种理性。莱布尼茨对理性的要求很高。他写道，理性“能建立可靠的规则……还能在必然的推论的说服力中发现不可打破的联系”[46]。但是，这种“必然的推论”“不可打破的联系”和霍布斯的“永恒的、不可改变的真理”，恰恰都是休谟认为人和动物都无法理解的，至少“事实”即是如此。

休谟是否走得太远了呢？若我们的日常推理其实与动物的日常推理相同，为什么我们做得比动物好得多？当然，我们与动物不同，因为我们能评估和解释我们的推理原则。这是否有意义呢？休谟讨论了两个问题：“人的推理能力为什么大大强于动物？这个人为什么大大强于那个人？”[47]他解释道，使一种动物强于另一种动物的因素有很多，正是这些因素造就了物种间的某些差别。一种动物的“注意力、记忆力和观察力”也许强于另一种动物，这意味着前者的信念会以较好的资料为基础。能辨认有关的环境，这对动物有益，而它要求动物具备“注意力、精确性和敏锐性”，这三种特性在个体物种中的分配并不均衡。同样，一些动物的经验也可能比另一些动物的经验更丰富。就一些人而言，他们的经验会更多来自阅读和观察。一些人往往直接跳到结论，另一些人则往往受制于其教育背景或党派关系的偏见。换言之，一些动物会比其他动物更像绵羊——的确，其中一些人真的就是绵羊。以上这一切都能解释一点：在根据经验做出推断方面，为什么一种动物强于另一种动物。

休谟还提出了一些规则，“我们应当用它们去调整我们涉及因果的判断”[48]。这些规则会帮助我们“学会区分偶然的环境和有效的原因”。例如，若结果由数种因素造成，我们在根据过少的例子得出结论时便应格外谨慎。休谟指出，构成这些忠告都不难，但“极难实际运用它们”，因为筛选证据时必须加倍小心。[49]总之，最可靠的策略就是全力扩大观察和实验的范围。

为什么应当相信更广泛的经验会造就更可靠的推断呢？也许休谟会用他通常的方式回答说，因为以往的经验表明就是如此；我们必须满足于此，任何提供更多证据的尝试都会使我们陷入循环论证。但是，休谟和他以后的哲学家们往往并不满足于此。正如20世纪的一位哲学家所说：根据经验做出推断的做法，是“见不得人的家丑，被休谟最先发现了”[50]。推断（extrapolation）是“科学的光荣”，却是“哲学的丑闻”，因为我们无法准确地解释为什么应当认为推断是合理的[51]。罗素在1927年写道：“归纳法（induction）也许造成了全部知识理论中最大的难题。诚然，每一条科学规律都建立在归纳法之上，但我们还是难以理解为什么应当相信它是一种有效的逻辑过程。”[52]如今仍有关于这个谜题的很多讨论：最近出版的一部哲学百科全书，区分出了解决这个问题的9种不相上下的方法。[53]但休谟远远没有把这种局面看作“丑闻”，而是赞扬了一个事实：我们把过去用作未来的指南，这与其说是出于逻辑，不如说是出于直觉。休谟写道，我们天生惯于根据经验做出推断，这是幸事，因为我们的生活依赖于我们的这种能力：

> 依靠头脑的这种运作，我们从相似的原因推断相似的结果，反之亦然。对全部人类的存活来说，这种运作是必不可少的，乃至我们信任它而依靠它去进行我们理性的一些靠不住的推理，也并非不可能，这种推理进行得很慢；婴儿在出生后最初几年里，显然不能进行任何程度的推理；即使在最佳情况下，在人生的各个年龄和时期当中，这种运作也都极易出错。天然的日常智慧通过某种直觉或机械倾向，去完成如此必不可少的行动，则更令人放心。[54]

休谟认为，我们若有规律地观察到两个事件先后出现，便会预期一个事件之后出现另一事件。我们的这种倾向是一种自然现象，很像牛顿所说的万有引力。它是头脑中的事物之间的某种“引力”（attraction），很像空间中物体之间的万有引力。[55]休谟把头脑的内容分成了两类，它们都受制于引力或“联想”（association）的原则。更活跃、更生动的心理现象是“印象”（impression）——他用这个术语勉强表示感觉，也表示情感和欲望。更精致的心理现象是“思想或概念”（thoughts or ideas）。[56]当我们思考我们的“印象”时，头脑中会产生思想或概念。多种因素都会使头脑很容易从某种思想感情转到另一种思想感情。例如，我们想到巴黎时，头脑中便会跳出关于熟悉的街道的记忆。我们若看到一个台球向另一个台球滚去，便会预期它们相撞。我们心生嫉妒时，常会唤醒恶意的冲动。

洛克只把头脑如此从一个概念跳到另一个概念的倾向看作非理性和困惑的来源；休谟则认为，良好的思考和不良的思考都包括“概念联想”（association of ideas）[57]，因为精神引力的力量是“我们思想的唯一纽带，它们其实就是构筑我们宇宙的混凝土；在很大程度上，头脑的一切运作都依靠它们”[58]。休谟说，他对这一点的强调是他对思维科学的主要贡献。休谟的思维科学中的另一个新成分，是他强调了要从模糊的概念追溯到生动的印象。他认为，我们的一切思想都以某种方式来自我们感受的印象；我们若能找出那些造成了概念的具体印象，便能更清楚地理解那个概念。寻找印象有时会一无所获，两手空空；在这种情况下，我们应当心存怀疑。例如，当我们对某个作者使用的概念感到困惑时，若根本找不到可能引出那个概念的恰当印象，就应得出结论说：任何使用那个概念的人都是在胡扯。[59]

休谟认为，他的哲学在某些方面类似于牛顿的物理学。他也援引了一种能影响思维内容的、万有引力般的力，也受到了牛顿一个做法的鼓舞，即放弃对事物根本性质的推断。休谟对人类理解力的范围提出了质疑：我们若能足够认真地从经验中学习，便能辨认出事件的模式，而这能使我们预见和探究因果之变。但从某种意义上说，我们又无法洞见事物的核心。休谟写道，同样，“牛顿的哲学”也要求人们“坦率地承认人类对某些超越人类能力的对象的无知”[60]。作为真正相信牛顿学说的人，我们应当“把我们的推测限制于我们感觉对象的外表（appearance），而不可进入关于那些对象真正性质的探讨……”[61]

正是牛顿研究万有引力的方式，使休谟把牛顿看作了精神同道。牛顿在其《自然哲学的数学原理》一书的末尾说，他已通过证明物体间存在一种引力，解释了“天空的现象和我们海洋的现象”，“那种引力的作用与固体物质的数量成比例，其行动四处扩展，延伸到无限远的距离，总是随着平面距离的增加而减少”[62]。但牛顿接着写道：

> 我尚不能根据现象推断出这些引力的特性，也并未捏造假定（hypotheses），因为不以现象为据的推断无论是什么，都必须称为假定；而无论是形而上学的还是物理学的假定，抑或基于超自然性质的或机械论的假定，在实验哲学（experimental philosophy）中全都毫无位置。

牛顿解释说，正是依靠实验哲学的方法，他才发现了运动规律和万有引力规律，“万有引力确实存在，并遵循一些规律运作，我们已确定了那些规律，它们已足以解释一切运动……”

牛顿似乎满足于描述和量化万有引力造成的那些可观察到的后果，而对万有引力何以发挥远距离的影响，并未提供任何更深层的解释；同样，休谟也说，试图“超越经验”、“发现”思维或物质的“终极性质”是毫无意义的。[63]休谟在其《英国史》中写道，牛顿的著名成就之一，就是他虽然“似乎揭开了一些自然奥秘的帷幕”，但也“让自然的一些终极秘密重新归于朦胧，它们曾存在于朦胧中，并将永远存在于朦胧中”[64]。

但是，休谟也许过分地解读了牛顿关于假定的说法。牛顿从未暗示说他预期我们永远解释不了万有引力。他只是尚未对它做出可靠得足以被视为强于推断的充分解释。他当时的建树已足以使他立身学界，但他对一位朋友说，他想“用更多的时间去思考”万有引力。[65]他后来对万有引力做了一些猜测。[66]这个故事尚未完结。

爱因斯坦把万有引力描述为时空弯曲（curvature of space-time）的结果，这个观点如今已被看作被充分确证的而不再是纯粹的“假定”了。万有引力是可能被牛顿和休谟称作“实验哲学”的一种真正成分，这有助于使万有引力的运作不再显得那么神秘。即使休谟学习了广义相对论，他无疑仍会希望强调人类知识的脆弱性，强调必须小心谨慎。他很可能也会承认一点：在预言我们的认知能力时，我们亦须小心谨慎。

§

休谟说：“任何一部文学创作都不曾像我的《人性论》那么不幸……它一出印厂便成了死胎，无声无臭，甚至没有激起狂热者的抱怨。”[67]这其实是个夸张的说法。《人性论》得到了英国、法国和德国杂志的评论，并在哲学家当中引发了相当多的低声议论。可是，它并未像休谟一直希望的那样真的引发一场知识革命。休谟责备自己。他认为，“青春与创新的热情”使他过早地出版了《人性论》。[68]休谟虽然从未正式否认这本书的那些核心思想，但恳求读者忽略这本“幼稚的”作品，要求读者只根据他后来的一些著作去评价他。[69]大体上说，读者们并未按照休谟的这个要求去做。

在《人性论》出版后的两年里，休谟的一些文学、道德和政治散文广受欢迎，这令他满意，并帮他克服了《人性论》遇冷带来的失望。但另一个失望接踵而来。休谟在 30 多岁时，曾应邀申请爱丁堡大学伦理学教授一职。一些人因为《人性论》而反对休谟的候选资格：来自对手阵营的一本小册子指控说，休谟否定了是非之间天然的、根本的区别，为“一些直接导致无神论的原则”辩护[70]，“使道德之泉枯竭”[71]。休谟在等待爱丁堡大学的工作消息时，还从事着一份报酬优厚的工作——当英国一位年轻贵族安南戴尔侯爵（Marquess of Annandale）的家庭教师和陪同，此人很欣赏休谟的文章。这位侯爵的精神不稳定，这起初似乎不算什么大问题。休谟找出时间写作，写了一本小册子，反驳那些反对他的言论。他抗议说，他并未怀疑是非之别，只是否定了“一些观点，它们认为道德的性质与数学和一些抽象科学的真理相同”[72]，就像一些神学家认为的那样。道德诉诸我们的感情——它不是诉诸计算和推理的事情。针对被说成怀疑主义者的指控，休谟回答说，他的怀疑主义，仅仅旨在鼓励人们论证时采取谦恭的态度。一个月之后的 1745 年 6 月，休谟得知自己没有得到爱丁堡大学的教职。

这个教授职位很可能不适合休谟，因为其职责之一是每星期一都讲一次“论基督教真理”的课。[73]休谟在英国逗留了一年，陪同那位精神不太正常的侯爵，直到侯爵发的脾气更加暴烈。他最终被解雇了。其后，他为远亲圣·克莱尔中将（Lieutenant-General St. Clair）工作，其使命起初似乎是去魁北克远征，但他们最终是进攻了布列塔尼的一个小镇。休谟喜欢这个职位，并有了一些时间从事自己的研究，但从军事角度看，这次使命几乎可说是荒唐可笑的。伏尔泰在他的一本历史著作中特别提及此事，作为笑料。

从陪伴那位疯狂的侯爵时起，休谟一直打算重写《人性论》中的思想，使之更清晰易懂。他断定，《人性论》的失败“是由于其写法，而并非其见解不当”[74]。休谟哲学的第一个新版本是一组相互关联的散文，如今被称为《人类理解研究》（*An Enquiry Concerning Human Understanding*），出版于他 37 岁生日前后。当时，他正在意大利的都灵与圣·克莱尔一道完成一项外交使命。这些散文不但比《人性论》的相应部分写得更简明流畅，而且更为大胆。它们对宗教的暗示更明显，但仍然表达得比较委婉。休谟写出了一个观点，这涉及在拉弗莱什时使他震惊的那些奇迹，而由于担心造成过多的冒犯，他没有把那个观点写进《人性论》。

《人性论》有一些模糊之处——尚不成熟的休谟似乎有时怀疑自己提出的问题。但《人类理解研究》这部新作的高潮部分直言不讳地说：

> 我们在遍览群书时……必须进行什么大破坏呢？拿起任何一本书——例如神学或经院哲学的书，我们都可以问，此书是否包含关于量或数的抽象推理？没有。它是否包含对事实和存在的经验性推理？没有。那就将它付之一炬吧，因为其中除了诡辩和谬误，别无其他。[75]

这项挑战被称为“休谟之叉”（Hume's Fork）*，因为它在“概念关系”（relations of ideas）和“事实”之间画出了一条分界线。概念的推理能产生确实的证明，但仅能产生数学知识和说明一些小事。事实的推理能产生更真实的信息，但这种知识“完全以经验为基础”，“显然不能用于证明”[76]。在一切学科中，历史学、天文学、政治学和医学属于后一阵营，几何学和代数学属于前一阵营。可是，神学和经院哲学属于哪个阵营呢？它们研究的是“概念关系”还是“事实”呢？休谟认为，问题在于它们往往非鱼非禽，因此属于篝火**。它们有时戴着伪数学的面具，仅仅提供关于上帝的存在或来生的纯抽象证明。但此类证明毫不奏效，因为只有“实验推理”才能告诉我们实际存在什么，其方法是从某事的原因或结果推断出它的存在。当神学试

---

* 休谟之叉：这是后世哲学家对休谟知识观的描述。休谟在《人类理解研究》中区分了两类知识：一类是分析性的、必然的（analytic，necessary）知识，即先天的（apriori）知识；另一类是综合性的、或然的（synthetic，contingent）知识，即后天的（posteriori）知识。

** 此句原文为“neither fish nor fowl，and therefor belong on the bonfire”，其意为不伦不类之物只能用于烧火。

图说服我们相信上帝的存在与不朽时，它只能在“得到了实验的支持”的意义上说它具有“理性的基础”[77]。神学若要使用“实验推理”的方法，就必须用“实验推理”的标准去判断自身。这意味着我们必须注意我们经验的有限性，以应有的谨慎看待一切基于我们有限经验的、雄心勃勃的推论。

正是以这个思路，休谟在《人类理解研究》中检验了两个宗教话题：所谓“设计论证”（argument from design）和关于奇迹的报告的可信性。“设计论证”是对上帝存在的一种归纳论证。我们在大自然里看到了被认为是复杂技艺标志的东西，并根据我们对一个事实的体验做出推断。那个事实是，钟表之类的人工制品都是钟表匠或其他手艺人做出来的——我们推断这个世界是一位神一般的工匠制造出来的。牛顿持有的这个观点被人们普遍接受了。在一篇论证这个观点的文章里，牛顿以动物的生理为例：

> 无神论对人类一无所知，令人憎恶，乃至从未有多少人自称无神论者。所有的鸟类、野兽和人类，其左右两半身体全都极为相似（除了内脏），这难道是偶然的吗？……各种动物眼睛的构造都极为忠实地适应视觉，乃至任何工艺大师都不能改进它们，其原因何在？盲人知道光吗？知道何为光的折射吗？知道光的折射以最奇妙的方式适应了一切动物眼睛对它的利用吗？这些见解和类似的见解，一直都在（并将永远）劝说人类相信：有一种创造了万物、掌管着万物的存在，因此我们应当畏之惧之。[78]

休谟在他自己和他对这个观点的批判之间，设了几个绝缘层。发动正面进攻，这几乎毫无意义，因为当时最好的科学家全都承认这个观点。何况，质疑被普遍视为上帝存在的明显证据的东西，还会被看作否认上帝本身。因此，休谟便把他的思想安进了“一位酷爱怀疑论悖论的朋友”的口中，并自称记述的是此人之言。[79]休谟说：“我绝不会赞成他那些观点。”这位朋友欲为伊壁鸠鲁代言。伊壁鸠鲁是古希腊人，常常谈论的是“众神”（the gods），而不是上帝（God）。

休谟笔下那个伊壁鸠鲁代言人的主要观点是：“设计论证”把证明工匠的证据当作证明上帝的证据，这是一大飞跃（a large leap）。根据我们对可获得的证据的分析，即使这个世界真的显示出了它被设计的标志，其设计者或设计者们也很可能与我们对上帝的传统认识大不相同：

> 若只能根据结果判断原因，我们就绝不该认为，原因的特性会多于造成结果所需的特性。我们亦不可根据哪条正确的推理规则，从原因退回，并从中推断出其他结果，因为那会超出我们所知的、唯有该原因才会造成的结果……因此，若承认众神是宇宙的存在及其秩序的作者，其结论就是：众神具备了其技艺所显示的、恰如其分的力量、智能和善意。但我们无法进一步证明其他任何东西，除非我们能借助夸张和阿谀去弥补“设计论证”的缺陷。[80]

我们不妨再次思考一下牛顿的“设计论证”说：他是怎样根据眼睛的性质，或根据任何数量的看似合理的设计标志，推论出“一种……掌管着万物的存在，因此我们应当畏之惧之”的结论的——更不用说推论出（他认为）上帝具备的其他特性了（例如，牛顿在同一篇文章中提到的上帝具备最高的智慧、正义和善良）？按照我们对这位工匠的技艺的认识，我们只能说，这位工匠处理其材料的能力是有限的。他也许已不再具备那些能力，或已完全不再存在了。而在这种情况下，我们几乎不必惧怕他。关于设计的任何证据本身，当然都不能推出结论说设计者是（或曾是）无比正义的或善良的。

我们若熟悉关于某种既有的事物，做出某些推论便是合理的。例如，我们观察到了许多人，我们看见他们通常都有两只脚，因此，我们若在沙漠中见到类似一只人脚的足印，就由此推断“可能还有一只脚留下了足印，只是时间或其他偶然因素把它抹掉了”，这似乎是合理的。[81]同样，我们熟悉许多工匠，也熟悉他们怎样工作；因此，若我们见到一件复杂的、明显的人工制品（如钟表），这种熟悉性便会让我们推论出其制造者的某些情况，例如他（或她）可能不是盲人。但根据一位绝无仅有的神圣工匠的作品，我们推导不出任何结论，因为我们手头没有任何关于这位神圣工匠的、能从中引出结论的信息：

> 我们只能根据这位神（deity）的作品认识他。他是宇宙间唯一的存在，不属于任何种属（species or genus）。我们不能用类比推理（analogy），不能根据他那些能被我们感知的特征或性质，推断出他的任何特征或属性。

因此，休谟笔下那位伊壁鸠鲁信徒宣布：

> 哲学家们啊……就让你们的众神适应其目前的自然外表吧，切莫按照胡思乱想去改变这些外表，使它们适应你们欣然地说你们的神明具备的那些特征。[82]

人们从自然里的设计标志中合理地收集神的信息，以弥补对其神的信息的匮乏，其方式之一就是通过奇迹（miracle）。奇迹的作用，是证明先知和其他神圣人物的言论的权威性。若某人能把水变成红酒，或能在水面上行走，或能让死者复活——人们认为，这些奇迹必须有神的帮助或合作才能实现——那么，这些奇迹制造者不得不说的、关于其神的本质和欲望的话，便理应具有某种可信性。但是，我们该对关于奇迹的报告相信多少呢？

对拉弗莱什那个令他震惊的奇迹的报告，休谟很自豪，“我觉得自己很了不起，我发现了一个论证……它若是对的，便可永远地消除各种各样的迷信妄念”[83]。对休谟那些信奉新教的英格兰和苏格兰读者来说，“迷信”是影射“天主教”的一种方式。天主教徒相信的奇迹故事比新教徒还多，因此取笑天主教徒的轻信便绝非死罪。休谟没有宣布奇迹绝不可能发生，但他认为，可能性的天平总是不利于宗教奇迹的报告*，因此，承认任何一条关于奇迹的报告，想必都是一件涉及信仰而非涉及理性的事。

在日常生活中，若一个故事似乎不大可能，我们便会怀疑故事来源的真实性。这个证据通常可靠吗？那份出版物是否在说假话？按照17世纪的一本书（它如今仍是这个话题的标准著作）——《逻辑学，或思维的艺术》（参见本书第1章有关段落）的说法，判断这些情况下的证据涉及两个因素：一个是“外部的”因素，它们与证据或报告有关；另一个是“内部的”因素，它们“属于事实本身”，也即所报告事件的内在似然性（intrinsic likelihood）。[84]这本书的作者们虽然区分了这两个因素，却忽视了“内部的”因素，仅仅关注了“外部的”因素。休谟对这个话题的贡献是强调了此举乃是大错。奇迹错综复杂的不可能性（我们往往低估了这种不可能性），想必会影响我们判断奇迹证据的方式。

按照那些撰写这本书的天主教神学家的观点，人们根本不必相信《圣徒传》（*The Lives of Saints*，13世纪的一本著名传记集）叙述的奇迹。那些神学家写道，这种古代闲聊的汇编“充满了太多这样的故事，单凭它们的证言，我们根本没有理由确定故事中的任何事情”[85]。但圣·奥古斯丁验证过的奇迹是另一回事。应当承认，圣·奥古斯丁在他的《忏悔录》或《上帝之城》（*City of God*）中所说的一切都是真实的。圣·奥古斯丁讲到了“就发生在他眼前的”奇迹，讲到了他“验证了的、奇迹目睹者讲给他的”奇迹。圣·奥古斯丁最高的可信

---

* 原文为“the balance of probabilities would always weigh against reports of religious miracles”。此句说得比较委婉（可视为understatement），意为发生宗教奇迹的概率极低。

性，来自在“实验推理”中发现的推理的常见种类。例如，圣·奥古斯丁与其他作者不同，他从不虚构事实；他是受过教育的人，这种人往往不像其他人那么容易轻信；他是公众人物，写过论撒谎之恶的文章，这使他不可能去冒他本人被揭露为撒谎者的风险。这些观点都是合理的，来自我们对可靠性的经验，来自我们对不同环境中人们行为的经验。但《逻辑学，或思维的艺术》的作者们没有利用另一类经验，它们是我们关于自然规律的信念的基础。根据定义，奇迹涉及“违反自然规律”；休谟指出，“确凿的、不可改变的经验”证实了自然规律。[86]因此，任何关于奇迹的报告都对立于全部的证据，而有关的自然规律最初都建立在那些证据之上。例如，牛顿的万有引力定律不会被看作一条真正的自然规律，除非人们发现那些行星也遵循这条规律运作。所以，任何宣称某颗离开了原轨的行星违反了这个规律的说法，都一定对立于我们对行星的了解。

奇迹被看作违反了自然规律，我们必须把奇迹看作本来就极不可能发生。由此看，我们日常的证据标准就太不严格，不能用于判断奇迹。正如最近一位评论者所言，可以用医学化验的例子说明休谟关于不可能性（improbability）的观点。[87]假定某种疾病只感染了100万人中的一个人，而该病医学化验结果为阳性的准确率为99%，即每100个化验结果为阳性的受试者里有99人真的患病，仅1人幸免。现在假定你自己接受了化验，结果呈阳性，你是否应当以此为据，得出结论说你可能患了该病呢？对于这个问题，很多人都答错了，因为他们并未充分地考虑到该病的极度罕见性。即使你的检验结果呈阳性，你仍然可能是100人中那一个化验结果出了错的人，而不是100万人中那一个真的患了该病的人。

对于奇迹的报告，就像非常罕见的疾病的阳性化验报告，我们必须极为谨慎地对待它们，因为无论出错或欺骗的可能性有多小，其可能性仍然大于奇迹发生的可能性。因此，休谟写道，我们应当采纳一条格言——“任何证据都不足以证明奇迹，除非存在这样一种证据：其中的谎言比它想证明的事实更神奇”[88]。

休谟同意，关于奇迹的报告在理论上符合这项高标准。但那些报告果真如此吗？休谟认为，历史表明那些报告并非如此。他列出了几个使奇迹见证人格外令人怀疑的因素。例如，见到奇迹的似乎大多是未受过教育的人：“相信奇迹的多为愚昧的蛮族。而在从不承认奇迹的文明人当中，相信奇迹者所信的奇迹故事，都是从其愚昧野蛮的祖先那里听来的。”[89]我们还应考虑到一个事实：人们喜欢谈论奇异的、令人震惊的事情，因此关于奇迹的消息才会在一个村子里像绯闻那样广为流传。众所周知，人们在讲述这类故事时往往会添油加醋。“奇迹激起的惊讶与好奇令人愉悦……往往会使人们相信那些事件。”[90]弗朗西斯·培根指出，人们尤其应当怀疑那些“以某种方式依赖于宗教”的故事。[91]休谟赞成这个观点。首先，宗教动机易使人们比通常更粗心；其次，虔诚的信徒甚至会明知一个故事是假的，“却仍然为了促进宗教这项如此神圣的事业，怀着世上最美好的意愿，去相信那个故事”。大体上看，那些宗教奇迹报告的动人记录都不利于他们：

> 古往今来，伪造奇迹、预言、超自然事件的众多例子虽然已被反证揭穿，或被其本身的荒谬性揭穿，但仍足以证明人类的一种强大倾向，即酷爱非凡的、奇异的事物；而与此倾向有关的一切，都理应受到质疑。[92]

这些话，似乎是约翰逊博士赞成休谟的唯一言论。这位博士对博斯韦尔说，休谟认为“目击者更可能是在撒谎或产生了误解，而（奇迹）并非真的发生了……”是正确的。[93]但约翰逊认为这没有关系，因为“基督教的启示不但被奇迹证实，而且和预言有关”（休谟的确说过他的论证也适用于分析预言的传说）。

在《人类理解研究》的末尾，休谟讨论了怀疑论的几种极端形式，以吓唬读者，使读者承认：他那种较为适度的怀疑是一种合理的妥协。例如笛卡尔的“普遍怀疑”（universal doubt）：它和我们一起，悬置了对我们一切机能的信任，直到我们能拿出某种绝对可靠的证据来证明那些机能的真实性。[94]休谟指出，这种操作如同挖了一个很深的洞，深到谁都不能从洞中出来。普遍怀疑将“完全无法治愈”[95]，因为其疗法的命运也像笛卡尔对上帝的求助一样，两者都假定上帝不愿欺骗我们。它们本身就容易受到种种怀疑。其他各种激进的怀疑论都集中于具体的科学发现上，都想从那些发现中得出不确定的结论。例如，知觉的性质会促使人们想知道是否存在任何物质世界。我们难道没发现“除了形象或知觉，头脑中不会出现任何东西”吗？若我们的头脑与外界对象之间根本不存在“直接交流”（我们认为这种交流造成我们有知觉），我们怎能断定真的存在这种外界对象呢？[96]

休谟认为，这种思路的鲜明标志，是它们“不承认任何回答，产生不了任何确定的信念”[97]。我们也许不能在教室里驳斥它们，但我们一旦斗胆走出教室，便不会继续相信它们。休谟写道：“过度的怀疑论原则，其最大的颠覆者是行动，是使用，是平常生活中的职业。”这些原则一旦被“置于我们天性的更强大原则的对面，便会化为青烟，把最坚决的怀疑论者放在与其他凡人一样的位置上”[98]。休谟指出，这很幸运，因为任何悬置对一切事物的判断的尝试，都是自杀之举。“一切讨论、一切行动都会立即停止，人们会一直处在彻底昏睡的状态中，直到未被满足的自然需要了结了他们的悲惨生存。”[99]

休谟指出，尽管如此，从长远角度看，认真思索怀疑论的观点仍有很多益处。少量的皮浪怀疑主义通过关注我们的推理的脆弱性和局限性，有助于鼓励对知识的谦逊态度。[100]例如，笛卡尔笼统地要求我们：不可依靠任何信念，直到对该信念一切可能的怀疑都有了答案。这个要求虽太过分，但的确通过排除有偏见的、轻率的思考，聪明地质疑了我们信奉的一些原则。休谟对我们日常推理方式（它建立在对未来容易出错的预期上）的分析，旨在提醒人们在做推论时应十分谨慎。它使我们想到我们是多么容易犯错。他说过，没有任何东西能使我们做出“未来将与过去相同”的推论，“除了我们天生的习惯或某种直觉，而像其他直觉一样，那种直觉也容易出错，容易欺骗我们”[101]。

一些话题很适于作为“人类的有限理解力”[102]的佐证，另一些话题则会诱使我们忘掉我们的局限性。“应把它们用作诗人、演说家的修饰，或用作神父和政治家的技艺。”正是通过把这个观点发挥到极致，休谟挥起了他的“叉子”。当某个神父或政治家想说服我们相信某个有问题的理论时，我们应当要求知道：支持该理论的，是可以发现的“事实”的谨慎推论，是“概念关系”的缜密推论，还是仅仅某种混乱的推理（它达不到前两种推论的要求）？休谟认为，神学推论往往就是这种杂交之物（misbegotten hybrid）。

关于道德的善和美的推理又如何呢？伦理学和美学也像神学一样值得怀疑吗？不一定如此，前提是它们承认那些真正的价值，承认关于那些价值的推论。休谟认为，道德价值和艺术价值“都像趣味和情感一样，不大适于作为理解的对象。无论道德美还是自然美，它们都更适于被感觉，而不适于被理解”[103]。不过，从某种意义上说，理解的机能仍然涉及道德思考。休谟在《道德原理探究》（*An Enquiry Concerning the Principles of Morals*）中详细阐述了这个思想；休谟刚过 40 岁时出版了此书，他曾自认为这是他著作中“无与伦比的最佳之作”[104]。

像纯数学之外的所有正当学科一样，伦理学也必须“建立在事实与观察的基础上”[105]。《道德原理探究》的首要目的，是以平常的实验方法揭示美德或“个人优点”（personal merit）的性质。[106]先找出常被人们称赞的行动和性格的性质，再分析这些性质的共同点，我们便能发现“道德的基础”。[107]事实表明，这个基础就是非常广义的“公共效用”(public utility)。[108]休谟的调查结果是，“任何一种品质，若对于一个人自己或别人没有用处或不令人愉悦，谁都不会把它誉为美德或道德卓越”[109]。

英国法学家、哲学家杰里米·边沁（Jeremy Bentham，1748—1832年）在读到休谟关于道德的讨论时，“顿感恍然大悟* ”[110]。休谟的做法，使边沁开始提倡把“最多数人的最大幸福”作为“衡量是非的标准”[111]。这个后来被称为“功利主义”（utilitarianism）的思想，通常在两个方面超过了休谟的思想。休谟的分析并未暗示是非能被精确地量化。他的初衷并不是提倡什么。休谟意在描述人们真正看重的东西，而不是告诉人们应看重什么。

休谟解释道，人们看重“公共效用”，是因为人们“推崇人类的幸福，憎恶人们遭受的苦难”[112]。正如我们已看到的，休谟深刻地批判了霍布斯的一个思想，即人人都仅仅寻求自己的满足（参见本书第2章）。休谟认为，人们同情他人，就像人们渴望增进自己的安康一样自然。正是由于这些感情和欲望在道德中的作用，价值才会像休谟所说的那样，更适于被感觉，而不适于被理解。我们赞成仁慈并因此称之为美德，是因为我们从人类的繁盛中获得的快乐。接着，似乎应当说，若人类具备一套截然不同的天然感情，我们的道德便会大不相同。例如，人们可能会普遍地认为，折磨孩子（尤其是自己的孩子）是短暂人生中最令人愉快的事。若有了这样的感情，我们人类也许就会把一切能使生命早夭的行为或能增加折磨孩子的机会的行为，看作有用的、值得称赞的行为。休谟并未提出这些古怪的思想。他大概认为，这种推断像极端怀疑论一样毫无意义，与真实生活毫无关系。他相信，人类其实具备一套完全一致的情感，至少那些作为道德基础的

---

* “恍然大悟”的原文是“scales had fallen from my eyes”（直译为“我眼睛上的鳞片掉了下来”），为俗语，出自《新约·使徒行传》第9章第18节。

情感是完全一致的，它们建立在总体人类一向共有的“特定身体构造”上。[113]这些情感是唯一重要的情感。

休谟认为，与这些感情合作的理性是我们人类天生具备的，在我们的道德思维中起着重要作用，因为只有理性“才能在对品质和行动的好恶中指导我们，指出它们给社会及其拥有者带来的有益结果”[114]。换言之，虽然使我们喜欢被我们视为有益于人类的行为的是我们的感情，但告诉我们那些行动确实有益的，却是理性。

但是，哲学家们和神学家们往往夸大理性在道德中的作用。正如我们看到的，洛克认为道德可以简化为类似几何学的东西。牛顿的朋友、曾与莱布尼茨争论的塞缪尔·克拉克则力图“从必然性、永恒理性和事物比例中推导出基本的道德责任”[115]。当休谟在《人性论》中的一个著名段落中讨论这种推导时，他提醒读者注意一个事实，即这些推论不知为何从事实跳到了价值：

> 在我迄今见到的各种道德理论中，我总会发现其作者有时会离开平常的推理方式，去证明上帝的存在或评论人类事务。我突然惊讶地发现：命题与“是”（is）或“不是”（is not）的通常结合不见了，却没有一个命题不与“应当”（ought）或“不应当”（ought not）相连。这个变化虽然不易察觉，却是最终的结果。这种“应当”和“不应当”表示了某种新关系或新判断，因此，我们必须研究和解释它们。同时，我们还应当合理地解释如何从与之迥异的其他关系中推导出这种新关系，而这似乎是一个完全不可想象的要求。[116]

休谟继续说，通过追问“‘是’中如何变出了‘应当’”，我们便能知道“恶德（vice）与美德（virtue）之别”究竟是什么。[117]休谟接着指出，这个区别在于我们对事物的感情，而不在事物本身。这段话的上下文似乎是说，这个常被讨论的段落，其要义仍然是强调情感和愿望这些要素在道德中的根本作用。任何道德理论重视的，都必定是这些要素，而不是克拉克所说的"必然性、永恒理性和事物比例"的抽象概念。

在道德中，宗教是一种不起根本作用的东西。休谟认为，宗教在道德中其实毫无作用。在休谟的《道德原理探究》中，只有一处真正提到了上帝，这还见于该书一篇附录的末尾。休谟写道，一切动物的趣味和情感"最终都来自最高意志（supreme will），它赋予每个生物各自的特殊本性"[118]。因此，在某种意义上，上帝乃是道德之源，因为他赋予我们道德所依赖的种种感情。这样有礼貌地向上帝点头告别，是休谟对待宗教的典型的圆滑策略。

每当批判宗教观点时，休谟都声称自己只是在批判"伪宗教"[119]迷信的、狂热的、固执的过分之处。为了遵守得体的原则，他以"真正的"（宗教）多样性的忠实捍卫者的面目出现，却并不深究那种多样性的细节。他还注意决不同时批判宗教的全部基础。[120]例如，休谟的《宗教的自然史》（*Natural History of Religion*）叙述了信仰的原因与结果，虽然批判了"信教具有坚实的道德理由"的思想，但似乎又认为信教存在一些良好的智力理由，例如"设计论证"。在他的《自然宗教对话录》中，他虽然驳倒了那些智力理由，但似乎又在说，在启示（《圣经》和奇迹）的基础上相信上帝是可以接受的。他在《人类理解研究》里质疑了奇迹故事，却又佯称，信仰会以某种方式补偿奇迹的不可信性。

休谟曾对一位朋友说，他对 1762 年巴黎当局下令逮捕卢梭毫不奇怪。这个莽夫（指卢梭）在其小说《爱弥儿》（*Émile*）中"并没给他的情感蒙上防备的面纱"[121]；此书是关于教育的专论，被当局看作对抗关于"原罪"的教义。《爱弥儿》曾被格外令人厌恶，因为卢梭不顾体面，用自己的名字出版了一本异端之书。休谟的《人性论》等早期著作都是匿名出版的；人们大多知道谁是作者，但匿名是一种值得嘉许的谦虚标志，有助于减少争议。

休谟本人披上面纱，则不只是为了避免惩罚或专业人士的辱骂，尽管这种实际考虑也不容忽视。英国最后一次对渎神者执行死刑发生在爱丁堡，时间是休谟出生前 14 年，据说当时的一名学生托马斯·艾肯海德（Thomas Aikenhead）因强烈谴责《圣经》而被处以火刑。另一位多疑的托马斯——英国神学家托马斯·伍尔斯顿（Thomas Woolston）则因散布对奇迹的怀疑而被判渎神罪，死在了狱中，时间大约是年轻的休谟在拉弗莱什与一位耶稣会修士谈论奇迹这个话题的一两年前。但是，对自由思想家的类似严惩，在休谟在世时的英国迅速减少了。苏格兰教会中的一派打算开除当时已很有名的中年休谟的教籍，却失败了，其原因可能是足够多的教会人士已认识到：开除教籍对教会声誉的损害超过了对休谟声誉的损害。

若休谟只想逃避迫害，他本可以在他隐瞒下来、直到他平安地躺进坟墓后再出版的著作中放弃那种圆滑策略，但他并未如此。他保留到去世后出版的著作，其措辞也如同其他著作一样令人放心。即使在休谟认为走得太远、不会被世人接受之处，他也都措辞谨慎。在一篇他去世后发表的论“不朽”的文章里，他披着通常的虔诚面纱，告诉读者，“正是福音书，唯有福音书，才发现了生命和不朽”[122]。然后，他援引了一些证据，说明可以认为存在来生（afterlife）。在休谟去世后发表的一篇论“自杀”的文章里，他先指出“上帝的神意……主宰一切”，使读者放心，然后才批判了“自杀是反对上帝的罪”的传统观念。[123]休谟想改变尽可能多的读者的观点，并知道改变读者观点的最有效办法是温和的诱导。他精心撰写自己的著作，使少数开明的读者理解他那些离题之言，使半开明的读者对他的观点感到舒服、最终自信地接受它们。扔掉一切面纱（尽管它们往往很薄），其危险是会使一些读者震惊于他的大胆无耻，掉头逃开，使他失去诱导他们的机会。这种考虑见于休谟去世后出版的著作，也见于他的其他著作。

分析休谟论宗教的著作，还必须虑及他所处的环境和他的个性。他的许多朋友都是性情温和的教士。他姐姐（他挚爱的姐姐比他多活了许多年）也像他们的母亲一样虔诚。休谟天生就不会得罪这些人。

休谟给几位朋友看了《自然宗教对话录》的手稿，其中一些人认为，即使此书在休谟去世后出版，其颠覆性也过大。一些朋友担心此书的面纱过薄，认为最好根本就不要出版，亚当·斯密便是其中一位。休谟曾希望，他随卡隆进入地府后，斯密能把此书交给出版社。因此，他设法让斯密相信此举很安全，说“没有什么比这本书写得更谨慎、更巧妙了”[124]。事实表明，休谟这句话没有说错。此书写得十分巧妙，以至于一些读者仍然看不透它的面纱。因此，一篇很有影响的综述才会说休谟向“设计论证”“投降了”（caved in）[125*]，该综述的内容是一些基于《自然宗教对话录》的、有关达尔文进化论的报道。这种误读的部分原因是其作者未能理解：18 世纪一位性情温和的作者为什么没有利用坟墓的保护，没有用 21 世纪的评论家那种傲慢的、挑衅性的方式写作。

休谟的《自然宗教对话录》仿照西塞罗（Cicero，公元前 106—前 43 年）的《众神的本质》（*The Nature of Gods*）写成。《众神的本质》讲述了一个伊壁鸠鲁主义者、一个斯多葛主义者和一个怀疑论者之间的一次辩论。在休谟的这本书里，该书三个主要人物是：(1) 达米亚（Demea），叙述者说他在为“顽固的、不可改变的正统观念”辩护[126]；(2) 菲洛（Philo），他是个“无忧无虑的怀疑论者”；(3) 克里安西斯（Cleanthes），他提出了一种传统形式的“设计论证”，因此反映出一种“准确的哲学倾向”（accurate philosophical turn）。克里安西斯被写成了此次辩论的获胜者：叙述者最后宣布，菲洛胜了达米亚，但

---

* 此为丹尼特的观点。丹尼尔·丹尼特（Daniel Dennett，1942 年生）是美国哲学家、作家、认知科学家。

克里安西斯提出的那些原则“离真理更近”。不过，休谟还是让菲洛说出了最有力的观点；而最接近休谟其他著作的思想的，也正是菲洛的观点。但是，不能把菲洛看作终于毫无顾虑地说出了自己想法的休谟。菲洛暗示自己是个“清醒的、虔诚的基督徒”[127]，还说他“不知道有谁比他的宗教感更深”[128]。这显然不是揭去面纱的休谟所说的话。菲洛是休谟利用的工具，并非休谟本人。正是主要借助菲洛，休谟才在《自然宗教对话录》的书页里洒上了他的火药，留下了这本有待出版的著作*，以使其中的观点有幸引燃其读者的头脑。

菲洛阐明了休谟的《人类理解研究》中那位伊壁鸠鲁代言人提出的观点，暗暗借鉴了在关于上帝本质证明的结论中能借鉴的全部意义。被菲洛留下来的上帝，其独特的行为方式根本不像上帝。菲洛在那场辩论末尾所做的总结，似乎承认了一个思想，即自然界是由某种智能设计出来的：

> 倘若全部自然神学自动地化作了一个简单的（但有几分模糊的）、至少是尚未被阐明的命题：**宇宙中的秩序之一因或多因(cause or causes of order)，或许都以某种方式与人的智能有几分相似**。倘若这个命题不能扩展、变化，或人们不能对它做出更具体的解释；倘若不能推论说它能影响人的生活，或不能将其看作任何行动或不行动之源；倘若这个类比（尽管并不完美）不能再推进一步……最爱探究、最爱沉思、最虔诚的人除了在哲学上明确地赞成这个命题外，还能做什么呢……[129]

说这个命题“有几分模糊”，这实在是轻描淡写。它的模糊性极强，堪比无神论。菲洛曾在前几页指出：“大自然的一切运作……无论是萝卜的腐烂，还是动物的繁衍，（或是）……人的思想结构，也许都

---

* 休谟的《自然宗教对话录》出版于1779年（休谟于1776年去世），对18世纪盛行的“设计论证”做了毁灭性的批判。

以某种方式彼此有几分相似。”[130]换言之，一切自然过程（值得注意的是，菲洛把思维或智能也看作自然过程）也许都以某种方式彼此相似。接着，菲洛似乎承认了一点，“自然中的奇迹是某种类似智能的事物造成的”这个观点，与“奇迹是一种自然过程的结果”的观点是一致的，因为他认为，一切自然过程都以某种方式与智能相似。因此，在菲洛看来，说“宇宙中的秩序之因以某种方式类似于头脑(mind)”，就等于说“宇宙中的秩序之因以某种方式类似于正在腐烂的萝卜（a rotting turnip)”。宗教信徒若是愿意，可以用第一种说法让自己安心。不过，他们也许总有一天会知道这种说法过于笼统。

菲洛指出，明智的有神论者和无神论者都应承认，在这个问题上，他们都不知道他们的区别何在：

> 于是，我向这些互相对立的人大喊：你们争论的主题是什么？有神论者认为，最初的智能与人的理性大不相同。无神论者认为，秩序的最初原则以某种方式和人的理性有几分相似。先生们，难道你们愿意辩论（两者的相似）程度吗？难道你们愿意进行一场既不承认任何确切意义，因此也不承认任何确定性的争论吗？[131]

在此，菲洛似乎表达了休谟本人的情感。休谟常会批判宗教信徒的教条主义，而不是用他自己的信条指责他们。他 50 岁出头时曾以外交官的身份住在巴黎，但似乎发现了法国宗教信徒的教条主义方式十分粗鄙。

§

休谟 1763 年来到巴黎的英国大使馆时已是知名文人，一些沙龙正热切地盼望着他。一年之前，博斯韦尔曾在他的日记里把休谟誉为“英国最伟大的作家”[132]。当时，休谟的声望首先来自他的《英国史》，也来自他《政治论集》(*Political Discourses*）中的文章，其中大多在讨论经济。四分之一个世纪之后，亚当·斯密对这些文章论述的许多主题做了充分阐发。斯密慷慨地写道，据他所知，休谟是第一位指出“商业和制造业的发展往往能促进自由和好政府的出现”的作者。[133]

休谟在巴黎的两位最亲密的朋友，是《百科全书》的编纂者狄德罗和达朗贝尔。在不同的时期，这两人都是霍尔巴赫男爵（Baron d'Hollbach，1723—1789 年）* 的沙龙里的常客，这些沙龙历史悠久。18 世纪 70 年代，霍尔巴赫成了第一批在世时即出版著作宣传无神论的思想家之一，尽管他那本书是用假名在法国境外发表的。尽管霍尔巴赫喜欢夸大他那个小集团（卢梭称之为“霍尔巴赫的圈子”）中无神论者的人数，但其中一定有为数不少的非无神论者。[134]霍尔巴赫的午餐和晚会吸引了一些著名的外国访客，包括休谟、斯密、本杰明·富兰克林（Benjamin Franklin，1706—1790 年），还有爱德华·吉本（Edward Gibbon，1737—1794 年），他是休谟的年轻崇拜者，其著作《罗马帝国衰亡史》（*Decline and Fall of the Roman Empire*）在休谟去世那年出版。吉本在自传里提到了霍尔巴赫小集团和巴黎一些知识分子的“不宽容的热情”：“他们嘲笑休谟的怀疑主义，宣扬无神论的信条，以嘲弄和轻蔑的态度咒骂一切宗教信徒。”[135]吉本所说的“怀疑主义”（scepticism），如今被称为“不可知论”（agnosticism）。休谟怀疑（或者说，根据他的哲学，他理应怀疑）一种观点，即“上帝的存在”这个问题一定会得到令人信服的回答。但由于他似乎根本不相信上帝，他或许也可算作一个不完全的无神论者。

若说霍尔巴赫的那些热情的无神论者嘲笑了休谟的谨慎，那休谟也反过来嘲笑了他们。此事很像一场温和的交锋。休谟参加沙龙活动数月后给一位老友写信说：“这里的文人们确实很令人愉快。”[136]在“好人大卫”在巴黎度过的愉快时光中，唯一使他不开心的事情来自

---

* 法国唯物主义哲学家、作家、《百科全书》编纂者，启蒙运动中的杰出人物。

卢梭。

休谟很欣赏卢梭的思想独立，但也认为卢梭的一些观点十分古怪。例如，他不同意卢梭对现代社会的阴郁看法。他把卢梭的小说《新爱洛依丝》（*Julie, or New Heloise*）视为杰作，却对《社会契约论》（*Social Contract*）评价不高。当卢梭最初因《爱弥儿》陷入麻烦时，休谟听从了两人的共同朋友德·布弗勒伯爵夫人（Comtess de Boufflers）的建议，给卢梭写信，提出要帮助卢梭去英国避难。他对卢梭说，他尊重卢梭，"既尊重您天才的力量，也尊重您思想的伟大"[137]。休谟即将离开巴黎时重申了这个提议，卢梭接受了它。1766 年 1 月，两人一同去了英国，但霍尔巴赫警告休谟说这是个巨大的错误。卢梭素有恩将仇报、处处见到阴谋* 的历史。霍尔巴赫对即将离开巴黎的休谟说："您不了解此人。我明白地告诉您，您正用自己的胸口温暖一条毒蛇。"[138]

这句话初看上去是言过其实。3 月时，休谟给一位朋友写信，赞扬卢梭举止文雅、为人谦逊，但也指出，这位"一切人中最独特之人"[139]格外容易激动。卢梭没有上过多少学，"也的确没有多少知识：在他全部人生中，他只会感觉；而在这方面，他的敏感超过了我见过的任何一个人……"卢梭有过一次妄想症的短暂爆发：他想象休谟做了一些冒犯了他的小事，便谴责休谟。但此事不到一个小时就烟消云散了。这对不大可能成为朋友的人又含泪拥抱了。休谟说："我想，我一生中没有哪个场面比这更令人感动了。"但数月之后，卢梭却开始相信休谟引诱他去英国是为了毁坏他的名声，于是公开谴责休谟，说休谟正密谋反对他。卢梭在他的《忏悔录》中断定：那个阴谋的策划者是德·布弗勒伯爵夫人和另一位企图控制他的法国女子。[140]休谟后来写道，卢梭"长期以来一直有些疯狂，这次显然是疯了"[141]。两

* 恩将仇报：原文为"bitting the hand that fed him"，其直译为"反咬给他喂食的手"。处处见到阴谋：原文为"seeing conspiracies everywhere"，指卢梭似有被迫害妄想症。

人的这场争吵被登了报，休谟觉得必须公布自己的真实经历。卢梭于次年返回了法国。

其后，休谟又活了9年，大多数时间住在爱丁堡，但也在伦敦政府担任过11个月的副国务秘书。休谟在写完《英国史》最后一卷（该书在他暂居巴黎以前出版）后很少写作。他的出版商要他再写一些历史著作。据完全可信的新闻报道，休谟回答说他“太老、太胖、太懒、太富了”[142]。他最后的文学活动包括修订《自然宗教对话录》，修订工作是他在病中最后几个月里完成的。他十分在意自己去世后留给读者的话，显然也十分在意那些读者对他的评论。正如我们将要看到的，卢梭若是知道一些人在他死后说了些什么，便会有理由得出一个结论：他的妄想症已被证明有理，这个世界比他还疯狂。

8

启蒙运动为我们带来了什么：伏尔泰、卢梭和启蒙思想家

两位长眠者的骨灰安放在巴黎的先贤祠地宫中，彼此相对。1791年，即攻占巴士底狱的两年之后，伏尔泰成了被法国大革命领袖们安葬于此的第一批国民英雄之一。1794年，随着罗伯斯庇尔（Robespierre）被处绞刑，法国大革命最血腥的阶段结束了，卢梭的骨灰被安放在了那个地宫中伏尔泰的骨灰对面。这二人在生前的大部分时间里都是死对头。1760年，卢梭写信给伏尔泰，坦言“我恨你”[1]。两年之后，卢梭发表了一篇论教育的文章，伏尔泰闻讯后，毅然散布消息说，这个冒牌教育家抛弃过自己的5个亲生幼子。伏尔泰还恶作剧似地断言卢梭造成了这些孩子的亲祖母之死，尽管当时她还活着。伏尔泰曾开玩笑说，《社会契约论》的这位著名作者“并不随和”[2]。此话当然是真的，卢梭亦未否认：“我一向都不适应文明社会，其中除了恼人之事、责任和义务，别无其他……我的独立天性，总是使我不能忍受任何想与人共同生活者必须忍受的那些限制。”[3]

这两人都在法国大革命爆发前的1778年去世，也都不大可能是这场革命的主角。卢梭写道，他“对革命怀有最大的反感”，并“一向主张保留现存制度”[4]。尽管他指出，直接民主制，即由聚集起来的大众进行选举的制度——最适于小型城邦（small city-state），但他也

认为君主制最适合法国这种大型国家。伏尔泰也支持君主主义，想必不会赞成处死法王路易十六（Louis ⅩⅥ于1793年被革命者送上了断头台）。伏尔泰在很多方面都是平民解放的斗士，却绝不愿自己被当作平民。他购置了大量不动产，变得很富有，跻身低等贵族之列。他的财富最初来自出售他的著作和他戏剧演出的收入。后来，他的财富大大增加，来自他作为国际银行家的活动。他还利用一位数学家为他指出的法国彩票业的一个漏洞发了大财。但总的来看，伏尔泰对他的上千名村民来说是一位格外慷慨的恩人，有时还跟他们一起劳动——莳弄他的园子，像他笔下那个最著名的文学人物赣第德一样。他却不特别主张平等（egalitarian）："启蒙时代将只能启蒙少数诚实者"，他给一位朋友写信说，"俗众总是盲目狂热的"[5]。

此外，伏尔泰又是现存制度（尤其是天主教会）的最具讽刺力、最无情的灾难。他对神职人员滥用权力的猛烈批判，他为宗教宽容的辩护，他对几件臭名昭著的司法误判的干预，都得到了日后激进派（尤其是那些旨在使法国"抛弃对基督的信仰"的激进派）的赞扬。像18世纪许多批判教会者一样，伏尔泰也相信某种上帝，但对耶稣不大感兴趣。一则看似可信的逸事说，伏尔泰黎明时与一位客人登上了一座小山，匍匐在旭日前，大声喊道："强大有力的上帝，我相信！"然后一本正经地对他那位同伴说："至于那位**先生**（monsieur），即上帝的儿子，以及那位**夫人**（madame），即他的母亲，那就完全是另一回事啦！"[6] 伏尔泰在他的《哲学辞典》（*Philosophical Dictionary*）里宣布，正统宗教"是一切能想到的愚蠢和混乱之源；它是狂热盲从与国内不和之母；它是人类之敌"[7]。

卢梭赞美"《福音书》纯粹、简单的宗教"[8]，他认为这种宗教的要义是人人皆兄弟。但他对大多数神学教条几乎毫不尊重，以致保守的神职人员把他看作了危险的敌人，而那些抛弃基督信仰的人把他视为鼓舞者。他坚信"人天生善良……而使人们变得邪恶的正是（我们的）制度”[9]。这个观点通常被看作与“原罪”（original sin）的教义相冲突。像伏尔泰一样，卢梭也认为，要避免无政府状态，对上帝的信仰是必需的。他还赞成霍布斯“国家应当控制官方宗教的细节”的观点。但卢梭提出的公民宗教的信条是最少的，它们只包括“一位全能的、有智慧的、仁慈的、具备先见和意志的上帝的存在；来生；正义的快乐；对邪恶者的惩罚；社会契约和法律的神圣不可侵犯”[10]。

这种被稀释了的基督教，几乎不足以使约瑟夫·德·梅斯特（Joseph de Maistre，1753—1821 年）这种保守的教士感到满意，此人是法国的一位博学者，据说其对天主教信仰的虔诚超过了教皇，其保皇思想的激进超过了国王。梅斯特及其同伴认为，破坏教会权威者应受谴责，应被视为做出了革命那种血腥放肆之举，正是伏尔泰和卢梭提出的那些原则杀死了那些被送上断头台的人：

> 把伏尔泰和卢梭看作（法国革命的）领袖是正确的……六十年来，伏尔泰那些有害的文章腐蚀了基督教这座庄严大厦的根基，大厦的倒塌震惊了欧洲。正是卢梭蛊惑人心的花言巧语，引诱了想象力多于理性的民众。他到处散布对权威的嘲讽，宣传造反精神。他提出了一些极坏的原则，而我们见到的由它们造成的恐怖，只是它们当前造成的后果。[11]

拿破仑认为，卢梭以某种方式“为法国革命铺就了道路”[12]。法国大革命的一些领袖（包括罗伯斯庇尔）的确把自己看作卢梭的追随者。[13]《社会契约论》中的大量思想似乎天生就是旧政权之敌。书中指出，协议（agreement）是“合法权威”[14]的唯一基础，而普通的法国人根本不曾与其统治者达成使他们满意的协议。《社会契约论》讨论了将一切公民联合起来的共同利益（common interest），描述了不平等的罪恶。这本书激动人心的第一句话“人生而自由，却无往不在枷锁之中”[15]，听上去就像在号召起义，尽管卢梭并未这样想。

很难从卢梭的文章中猜测到他的意图，这不但因为他在一处强调的东西会频频地在另一处被否认，而且因为他极为怪异。“我天生就和我认识的任何人都不同”，卢梭在他的《忏悔录》中写道，“我甚至敢说我和世界上的任何人都不同”[16]。因此，我们不应总看他词句的表面意义，正如他本人在一封信中提醒的那样：“我使用的词极少具有普通的意义；与您交流的，正是我的心。您也许有一天会知道：那个词的含义不像其他一些词。”[17]卢梭心中没有任何东西使他拥护暴君的独裁，但《社会契约论》，尤其是他提出的那个定义不佳的概念“公共意志”（general will）*，往往被理解成为暴君独裁提供了智力支持。

一个社会真正的利益和诉求体现为卢梭所说的社会的“公共意志”，但是，卢梭对这种意志的内容的表述却并不那么直言不讳。“大众……往往不知道自己要什么，因为他们几乎不知道什么对自己有益。”[18]因此，更理解公民的真正需要的人便必须指导公民——必要时必须强迫公民。卢梭说，大众有时必须“被强制自由”（be forced to be free）[19]**。罗素在1946年写道，这种情感使卢梭成了“伪民主的独裁政治哲学的发明者”[20]。罗素认为，其推论就是“希特勒是卢梭造就的”。罗素指出：

> 卢梭的“公共意志”学说使领导者与其人民之间神秘的同一性成了可能，它无须投票箱那种平凡装置的确认……它在实践中的第一批成果就是罗伯斯庇尔的统治；卢梭学说的部分结果就是俄国和德国的独裁（尤其是后者）。[21]

---

* 法语为 volonté générale，指以追求国家利益为主的政治社会意志。卢梭提出的另一概念是“全体意志”（will of all），法语为 volonté de tous，指以追求私利为前提的个人意志的总和。

** 卢梭主张，社会个体成员必须服从公共意志，否则法律便应强迫他服从，即“被强制自由”，因为法律代表公民的根本利益，不是对个人自由的限制，而是表达了个人自由。

这走得太远了，因为卢梭出生前就有许多暴君，其中一些无疑都认为自己的统治是民众真正需要的。即使说卢梭罪在发明了独裁者的政治哲学，也不能说其罪是创造了那些独裁者。

卢梭的一段经历，本该让他享有安葬于伏尔泰墓边的荣誉。当卢梭三十多岁住在巴黎时，伏尔泰已五十多岁了。卢梭崇拜这位年长者，给他写了一封充满赞誉之词的信。置身于为狄德罗和达朗贝尔的《百科全书》撰稿的知识分子当中，最初，卢梭似乎感到很惬意。他应邀撰写了其中几篇关于音乐的文章，成了狄德罗的朋友。但在1749年，狄德罗因其几篇被诬为具有颠覆性的文章而入狱。在去监狱探望狄德罗的路上，卢梭头昏眼花地坐在了一棵树下，突然得到了启示，由此改变了一切。他看到了第戎学院（Academy of Dijon）的一则征文比赛广告，突然领悟到自己知道该学院提出的那个问题的答案。那个问题是“艺术和科学的恢复是否能净化道德?”卢梭得到的启示的要义是：社会毁坏了一切。当时的知识发展便是一例，它带来的害处多于益处。这种思想成了卢梭哲学的基石，使他与伏尔泰和狄德罗的圈子中的知识分子产生了争执——其实，那些争执似乎直接针对那些人。正如卢梭在其应征文章的前言中所说，他批评的是“当今最受尊崇的一切……但我已表明了立场，也应毫无痛苦地取悦……那些追随时尚的人”[22]。

卢梭的文章在征文比赛中获了奖，这使他第一次获得了声誉。该文首先承认：近来，人类已在理解人本身、理解自然方面迈出了几大步。几个世纪以前，欧洲处于“比愚昧更糟的状态”，因为它深深陷入了经院哲学的行话与混乱的泥潭。[23]如今的欧洲已“高度启蒙”（highly enlightened）。[24]但遗憾的是，“我们头脑的腐败，却与艺术和科学的改善成了正比”[25]。卢梭解释说，古埃及和古希腊也出现过这种情况，“在那里，科学的进步很快造就了淫乱的世风”。罗马帝国自出现各种淫秽作家后也腐败了，而有幸“防止了无益知识的传染”的国家民众才是有道德的和快乐的。[26]罗马人正是开始学习道德之后才实践了道德。罗马人被他们的哲学家毁了，其结果就是“无视军纪，蔑视农业，人们结成小宗派，忘记了自己的国家”[27]。

卢梭的文章说，艺术和科学不但造成了恶劣行为，而且其本身就是我们恶德的产物。艺术是“由奢侈滋养的”[28]，天文学“出自迷信”（天文学由占星术发展而成），物理学是“懒惰的好奇心”造就的，几何学则是“贪婪”的后代（因几何学最先用于丈量土地）。通常来说，科学把我们引入了错误，因为犯错比不犯错容易。科学在提出其研究对象方面毫无效果。[29]例如，物理学毫无意义地试图解释“电的无法解释的奥秘”。科学“造成的结果是危险的”。卢梭认为，由于科学是懒惰的产物，其本身便造成了懒惰。科学并未使我们更易于治理、更快乐、更少堕落。相反，科学削弱了宗教和爱国主义，导致了国家的崩溃。在后来的一本著作中，卢梭宣布“推理精神和哲学精神……默默地瓦解了每一个社会的真正基础”[30]。他还指出，智力工作不利于健康。更好的消遣活动是在乡间长时间散步和务农（卢梭对它们并无第一手经验）。

读者也许还记得，卢梭认为新技术往往是有害的（参见本书第2章）。在为第戎学院征文比赛写的文章里，他甚至谴责了印刷术。他认为印刷术是一种“可怕的技艺”，因为它能使“人类头脑的错误和放纵永久地存在下去”。由于这种令人遗憾的发明，各种作者（例如斯宾诺莎）的“有害思想”都将永远到处传播。[31]卢梭并未提到一个事实：印刷术也帮忙传播了他的一些与主流思想相反的、关于“快乐的愚昧状态”[32]的思想。在一段典型的令人恼火的评论中，卢梭声称苏格拉底本人就赞美过无知造成的愚昧。[33]苏格拉底从未像卢梭那样暗示说愚昧本身是可取的。卢梭总结道，我们的后代若有智慧，便会向天高喊：

全能的上帝啊！你控制了人们的思想，把我们从我们祖先致命的艺术和科学中解救了出来，把愚昧、天真和贫穷还给了我们，只有它们才使我们快乐，才在你眼中被视为珍宝。[34]

这个世界的一些部分现已“高度启蒙”，这个说法在18世纪中期被伏尔泰和其他很多人重复。其实，作为智力运动的启蒙运动的一个规定性特征，就是像近来一位历史学家所说的那样，其成员都“认为自己生活在一个启蒙的时代”[35]。与愤愤抱怨的卢梭不同，伏尔泰及其精神的追随者们相信，总的来说，生活在这样的时代是件好事。伏尔泰在他论路易十四时代的书中写道，这个“快乐的时代……见证了人类思想上的一场革命”[36]，这场革命始于培根、伽利略和笛卡尔，造就了“世界历史上一个最开明的时代”[37]。《百科全书》于1751年问世，其中的文章提到了一个“充满光明的”“哲学的世纪”。[38]大约20年后，另一位作者满怀热情地说：“理性的帝国在日益扩大。”

狄德罗的合作编纂人达朗贝尔在《百科全书》中发表的“绪论”成了启蒙运动的宣言，道出了这场运动中那些主角的名字。培根、笛卡尔、牛顿和洛克等重要的天才人物认为：“人们的思想应被看作人们的主人。”[39]他们帮助人们战胜了“种种偏见”，克服了“对古人的盲目崇拜”[40]。一切重大的思想体系都将被否定，以利于谨慎地收集事实。笛卡尔将因他的质疑态度而受到称赞（尽管他尊重“天生固有的”概念，这多少有几分误入歧途）。牛顿把自然哲学放在了实验的坚实基础上。洛克也为一般意义上的哲学做了类似的事情：他表明了思维的运作方式及其局限。但达朗贝尔认为，莱布尼茨的理论是（对哲学的）一种好坏参半的赐福。莱布尼茨虽然出色地证明了“以前对各种难题的解答都不充分”，“却并不满足于提出疑问，而是试图解答疑问”[41]。因此，他过早地提出了他自己的宏大理论，其特征是它含有一些很不可信的、毫无益处的概念。

在一篇阐述《百科全书》宗旨的文章里，狄德罗强调了谨慎态度在智能活动中的重要性："当事情发生时，我们必须……谨慎地找出其理由；我们若知道事情的原因，便应确定出原因；若能确定结果，便应指出结果……必须教会人们怀疑和等待……"由于"哲学精神或怀疑精神"是要"挣脱权威的束缚"，若只是用一种教条主义取代了另一种教条主义，这项事业就失败了。[42]《百科全书》中"启蒙思想家"（philosophe）的词条进一步说明了怀疑精神的价值，说明了他们如何看待自己。该词条用当时的"启蒙思想家"对照了古代那些"愚蠢地希望否定种种激情"的斯多葛主义圣人。真正的"启蒙思想家"虽受理性的指导，但并不想限制自己的情感，因为这是不可能的。相反，"他绝不会受制于情感，而是会受益于情感，合理地利用情感……"[43]

在某种意义上，由于"启蒙思想家"强调了人类思维的弱点（这是那些思想家心中的英雄——洛克，以及他的两位同道——培尔和休谟的著作常见的主题），给他们的全盛时期贴上"理性时代"（the Age of Reason）这个熟悉的标签，便是误解。从宗教保守主义者的角度看，"启蒙思想家"及其同伴过分看重了理性，以至于允许理性侵入了信仰的领地。他们在不应提问之处提出了问题。但从"启蒙思想家"自己的角度看，他们似乎只是觉得"人类智能有限"，提出了合理的、必要的问题。因此，"力图更加理性的时代"（the age of trying to be more reasonable）便是他们的时代的更准确名称（尽管不那么简洁）。

把"启蒙思想家"结合在一起的，是他们都厌恶为传统、正统知识观、经文或宗教信条进行的不当辩护，因为事实已证明：这些东西阻碍了知识的进步，不利于人类的福祉。他们的一场战斗是提倡天花疫苗接种（伏尔泰在其中发挥了很大作用），其理由是它似乎有效。神学家对这种新式疗法提出了大量的反对意见。他们认为，新式疗法干涉了上帝的意志，会减少人们对上帝的敬畏。18 世纪 20 年代，法国、英国和新英格兰殖民地的宗教保守主义者纷纷宣布：担心上帝随时都会使人染上天花以示惩罚——人们的这种焦虑是件好事。英国比法国更早地实行了天花疫苗接种。当伏尔泰断言它能挽救数千法国人的性命时，有人对他说："只有被英国人的废话引入歧途的无神论者才会提出，为了获得一种并不明确的好处，法国人民应当去做有害的事情。"[44]

天花疫苗接种的科学依据，其实并不像伏尔泰设想的那么清晰。与牛痘接种（它最终取代了天花疫苗接种）不同，天花疫苗接种存在很大的技术风险：患者会直接接触到病毒（不接种疫苗则不会如此）。[45]法国一些反对天花疫苗接种的意见来自科学机构成员，他们的意见很有道理。但是，伏尔泰和"启蒙思想家"们的主张同样很有道理：在文明社会里，神学根本无权干涉医学。

法国启蒙运动的主要人物虽然都致力于传播新思想，但在很多具体问题上都意见不一。其中少数人是无神论者，例如霍尔巴赫男爵和后期的狄德罗；但其中多数人都相信上帝，例如伏尔泰。他们的政治思想大不相同。没有他们一致赞同的政府制度，也没有他们一致赞同的政治规划——的确，伏尔泰甚至不会赞成他自己的政治规划。一些"启蒙思想家"热情支持商业的扩展，另一些则认为守住大量的耕地更为安全；一些人提倡教育民众，另一些人则几乎不懂得教育民众的重要性。

若把"启蒙运动"的定义扩大到"启蒙思想家"及其同道，其观点的多样性会更为突出。常见的做法是：从世界各个角落把各种广义的进步思想家汇集起来，举行一场有几分模糊的智能运动。"启蒙运动"著作选集[46]的典型作者包括一些出生于 16 世纪末的人，还有一些于 19 世纪 30 年代依然在世的人。"启蒙运动"这个膨胀了的概念，太容易使人们对有关思想家做出误判了。若能使人们相信，这个被扩大了的家族的少数成员存在智力上的缺点或不足，人们便会通过联想，发现这个杂乱无序的部族全都有过失。但这个看法并不公平。

正如一位历史学家所言："可以把被过誉的启蒙运动等同于一切

现代性（modernity），等同于‘西方文明’这个名称包括的几乎每一种东西。因此，可以把它用作托词，说它该对每一种造成不满的事情负责……”[47]由于我们自视为启蒙运动之子，我们便不禁会把各种弊病都归咎于我们假定的智能之父。如今我们有时不是很冷酷吗？这是启蒙运动冷冰冰的理性主义之过。在各种不同的时期，人们都会发现启蒙运动该对法国大革命的恐怖统治负责——尽管从某种意义上说，那种统治其实也是卢梭之过。卢梭是“启蒙思想家”们的主要敌人，该对法西斯主义、精神病的错误疗法、经济剥削、性别歧视、物种灭绝、狂妄的乌托邦计划、环境恶化和其他很多坏事负责。[48]人们普遍承认，在18世纪启蒙运动的主要人物中，没有一个提倡或容忍过任何此类坏事（除了性别歧视）；但人们还是断言，他们以某种方式为这些坏事铺就了道路，或影响了做这些坏事的人们。

因此，一位很有影响的思想史家以赛亚·伯林（Isaiah Berlin，1909—1997年）* 指出，在一些“启蒙思想家”的思想当中可能找到极权主义的种子。伯林写道，他无法确定“哪位启蒙思想家……直接导致了独裁主义、欺凌以及最终导致了极权主义”；尽管如此，他还是强调了一个事实：“启蒙思想家日后的解释者，奥古斯特·孔德（Auguste Comte，1798—1857年）** 等人的确导致了那种恶果”[49]。换言之，数十年之后，若被视为你的追随者的人们曲解了你的思想，你自己也应对此负一部分责任。

除了不经意地制造出了一些会被滥用的概念，提出了一些会被实行得过火的计划，启蒙运动还有一个缺点：它确定了一些往往达不到的目标，并提倡了乐观主义，而乐观主义总是幼稚的，因为世上任何事物都不完美，总会有某种东西出错。以赛亚·伯林在一封信中承认

---

* 英国哲学家、政治思想史家。

** 法国实证主义哲学家、社会学家。

了“启蒙思想家”们的功绩——“这些思想家……有效地批判了迷信和愚昧、残忍、黑暗、教条、传统、一切形式的专制，我为此尊敬他们”[50]。但这样的成就却不足以使每一个人都满意。一个赞成卢梭伪乐观主义的善辩者说：“启蒙运动的遗产是一个由算计和任性支配的世界，一个人类无法理解的、毁灭性的、毫无意义的世界。”[51]

虽然“启蒙思想家”们的意图值得尊敬，但“启蒙运动最终仍具有某种丢脸的或愚蠢的性质”的观念还是在20世纪广为传播，甚至被写入了《牛津英语词典》。[52]从1891年到2010年，这部词典中都有关于“启蒙运动”的以下词条：

> 1. 启蒙的行动；正被启蒙的状态……
>
> 2. 有时用于……表示18世纪法国哲学家或其他一些人的精神和目标，后者想把自己和所谓“肤浅、狂妄的知性主义（intellectualism），不合理地蔑视传统和权威”的指控联系起来。

§

也许没有任何东西能把卢梭和他那个时代（或其他任何时代）的文明调和起来。他也许赞扬过古斯巴达，但那只是在怀念他从不曾在其中生活过的那些时代。卢梭即使知道了反对“迷信和愚昧、残忍、黑暗、教条、传统、一切形式的专制”（这是伯林列举的启蒙运动反对的恶事）的战斗取得的成绩（它虽然不多，却无可置疑），也许仍然不会改变他对18世纪法国的评价。这些优点，显然也不足以给后来一些有机会看到它们的启蒙批评家留下深刻的印象。这种心怀不满的人堪比《布莱恩的一生》（*Monty Python's Life of Brian*）* 中那个虚构的犹太人民阵线领导人——其扮演者是

---

* 英国1979年出品的喜剧影片，讲述了在罗马统治下的巴勒斯坦，一个名叫布莱恩的普通人因参加反对罗马的地下组织被误认为救世主（弥赛亚），最终被钉上十字架的滑稽故事。片名又译为《万世魔星》。

约翰·克利斯（John Cleese）。此人（布莱恩）很晚才认识到罗马人占领他的国家带来的益处：

> 这帮浑蛋，他们榨干了我们的血。他们抢走了我们的一切……他们给了我们啥回报？
>
> 引水渠？
>
> 啊，对，对。他们的确给了我们那个东西……
>
> 然后是卫生设备……
>
> 对。好吧。我敢向你们保证，引水渠和卫生设备是罗马人做成的两件事。
>
> 还有公路……水利……药品……以及红酒……
>
> 好吧。可是，除了卫生设备、药品、教育、淡水系统和公共卫生，罗马人还为我们做了什么呢？[53]

我们说不出任何由知识分子修建的引水渠，也说不出任何由知识分子修建的公路或酿造的红酒。看似与"启蒙思想家"更有关系的，是卫生和教育的改进，尽管难以找出书籍与公共福祉之间的直接联系。我们指出了干预（甚至束缚）人们生活的宗教权威的衰落，指出了对宗教异见的宽容，指出了科学的进步，指出了一些过于接近封建制、过于远离民主制的政治制度的逐步废除，这些都是描述英国启蒙运动的坚实基础。即使难以确切知道这些成就有多少归功于这些哲学家，我们也没有理由否认一点：在上述的战斗中，本书讲述的 18 世纪思想家及其心中那些 17 世纪的英雄，的确站在了正确的一方，也许还帮助他们取得了胜利。

卢梭的继承者们永远都会与伏尔泰的继承者们争执。追求科学知识，也许还有追求启蒙运动的其他目标，有没有卢梭抱怨过的那些缺点和危险呢？对于这种担心，达朗贝尔做了巧妙的反驳：

> 我们不会谴责他（卢梭）把培养头脑和对头脑可能的滥用混

> 为一谈，因为他无疑会回答说：培养头脑离不开滥用头脑。但我们会要他检验一点：他认为的由科学和艺术造成的大多数罪恶是否来自一些截然不同的原因，而一一找出那些原因将是一种长期的、精细的操作……总之，即使假定我们愿意承认人类知识的缺点（这远远不是我们在此的意图），我们也不会更加相信摧毁人类的知识就会有所收获。罪恶依然与我们同在，我们依然会愚昧无知。[54]

换言之，即使事情像卢梭担心的那么糟，但如果没有他抱怨的那些运动，事情难道不会变得更糟吗？

与莱布尼茨那个关于一座包含无限可能性的宫殿的寓言中的大祭司西奥多勒斯* 不同，我们无法检验另外一些不同的可能性，看看某些事情若未发生会出现什么情况。若笛卡尔没有请一个路人帮他解答一个弗拉芒语谜题，若他从未做过那些关于“奇迹般科学”的生动的梦，事情会怎样呢？若莱布尼茨接受了大学教授的职位，而不是怀着他那些令人兴奋的思想，在欧洲到处跑，向各国君主推荐他的那些计划，事情会怎样呢？若休谟的生意进行得十分顺利，若牛津大学没有拒绝授予洛克医学博士学位，若霍布斯没有对伽利略抱有幻想、没有爱上欧几里得，事情会怎么样呢？若斯宾诺莎被留在了他的犹太教会里，事情会怎么样呢？我们这个世界也许不是一切可能的世界中最好的，但正如达朗贝尔所言，这些先驱者毕竟促成了一项伟业：使这个世界变得智力上更爱冒险，并且不再那么愚昧。

---

* 这是莱布尼茨 1710 年的著作《神正论》的内容，参见本书第 6 章的有关介绍。

注　释

注释中的缩写

AL　Francis Bacon, *The Advancement of Learning, and New Atlantis*, ed. Arthur Johnston, Oxford University Press, 1974.

CDP　*The Collected Dialogues of Plato*, ed. Edith Hamilton and Huntington Cairns, Princeton University Press, 1963.

CRT　Voltaire, *Candide and Related Texts*, trans. David Wootton, Hackett, 2000.

CWA　*The Complete Works of Aristotle*, ed. Jonathan Barnes, 2 vols., Princeton University Press, 1984.

CWS　*The Collected Works of Spinoza*, trans. Edwin Curley, Princeton University Press, 1985.

DCNR　David Hume, *Dialogues Concerning Natural Religion*, ed. Norman Kemp Smith, 2nd ed., Bobbs-Merrill, 1946.

E　John Locke, *An Essay Concerning Human Understanding*, ed. P. H. Nidditch, Oxford University Press, 1975.

ECTP　*The Encyclopedia of Diderot & d'Alembert Collaborative Translation Project*, Michigan Publishing, University of Michigan Library, 2002, available at http://quod.lib.umich.edu/d/did/.

EMPL　David Hume, *Essays: Moral, Political and Literary*, Oxford University Press, 1963.

ENC　*Encyclopédie ou Dictionnaire raisonné des sciences, des arts et des métiers*, 17 text vols., Paris, 1751–1765, available at http://encyclopedie.uchicago.edu/.

EW　*English Works of Thomas Hobbes*, ed. W. Molesworth, 11 vols., London, 1839–1845.

HCD Pierre Bayle, *Historical and Critical Dictionary*, trans. Richard Popkin, Hackett, 1991.

HE David Hume, *Enquiries Concerning Human Understanding and Concerning the Principles of Morals*, ed. L. A. Selby-Bigge, 3rd ed., Oxford University Press, 1975.

HHE David Hume, *History of England*, Liberty Classics, 1983.

HLHP *Hegel's Lectures on the History of Philosophy*, ed. and trans. E. S. Haldane and Frances H. Simson, 3 vols., Routledge, 1892–1896.

HN Thomas Hobbes, *Human Nature and De Corpore Politico*, ed. J. C. A. Gaskin, Oxford University Press, 1994.

HT David Hume, *A Treatise of Human Nature*, ed. L. A. Selby-Bigge, 2nd ed., Oxford University Press, 1978.

HWP Bertrand Russell, *History of Western Philosophy*, Allen & Unwin, 1946.

L Thomas Hobbes, *Leviathan*, ed. Noel Malcolm, 3 vols., Oxford University Press, 2012.

LAT Antoine Arnauld and Pierre Nicole, *Logic, or the Art of Thinking*, trans. J. V. Buroker, Cambridge University Press, 1996.

LDH *The Letters of David Hume*, ed. J. Y. T. Greig, 2 vols., Oxford University Press, 1932.

LPW John Locke, *Political Writings*, ed. David Wootton, Penguin, 1993.

NE Gottfried Leibniz, *New Essays on Human Understanding*, trans. Peter Remnant and Jonathan Bennett, Cambridge University Press, 1996.

NO Francis Bacon, *The New Organon*, ed. Lisa Jardine and Michael Silverthorne, Cambridge University Press, 2000.

NPW Isaac Newton, *Philosophical Writings*, ed. Andrew Janiak, Cambridge University Press, 2004.

OTC Thomas Hobbes, *On the Citizen*, ed. and trans. Richard Tuck and Michael Silverthorne, Cambridge University Press, 1997.

PE Gottfried Leibniz, *Philosophical Essays*, trans. Roger Ariew and Daniel Garber, Hackett, 1989.

PPL Gottfried Leibniz, *Philosophical Papers and Letters*, trans. and ed. Leroy E. Loemker, 2 vols., University of Chicago Press, 1956.

PWD *The Philosophical Writings of Descartes*, trans. John Cottingham, Robert Stoothoff, Dugald Murdoch and Anthony Kenny, 3 vols., Cambridge University Press, 1985–1991.

SCD Jean-Jacques Rousseau, *The Social Contract and The Discourses*, trans. G. D. H. Cole, Everyman's Library, 1973.

SL *Spinoza: The Letters*, trans. Samuel Shirley, Hackett, 1995.

T Gottfried Leibniz, *Theodicy*, trans. E. M. Huggard, Open Court, 1985.

THP　*The Hellenistic Philosophers*, ed. A. A. Long and D. N. Sedley, 2 vols., Cambridge University Press, 1987.

TPT　Benedict Spinoza, A *Theologico-Political Treatise*, trans. R. H. M. Elwes, Dover, 1951.

前言　愚昧王国

1　*Those whom we call . . .* Blaise Pascal, *Préface sur le traité du vide* (1647), trans. O. W. Wight, in *Blaise Pascal: Thoughts, Letters and Minor Works*, Harvard Classics, 1910, p. 442.

2　*I am convinced is most . . .* Bacon, *De augmentis scientiorum* (1623), III.IV, in *Philosophical Works of Francis Bacon*, ed. J. M. Robinson, Routledge, 1905, p. 461.

3　*to ring a bell . . .* See *The Letters and Life of Francis Bacon*, ed. James Spedding, vol. 3, Longmans, 1868, p. 301.

4　*degenerate learning . . .* [etc.]: Bacon, *The Advancement of Learning* (1605), I.IV.5, in AL pp. 27–28.

5　*the Kingdome of Darknesse*: Hobbes, *Leviathan* (1651), p. 4.

1. 开始更新：笛卡尔

1　*if a man will . . .* Bacon, *The Advancement of Learning*, I.V.8, in AL p. 35.

2　*since I now wished . . .* [etc.]: Descartes, *Discourse on Method* (1637), IV, in PWD vol. 1, p. 127.

3　*ego cogito, ergo sum*: Descartes, *Principia philosophiae* (1644), 1.7.

4　*so certain . . .* Descartes, letter to Regius, July 1645, in PWD vol. 3, p. 254.

5　*a system of medicine . . .* Descartes, letter to Mersenne, Jan. 1630, in PWD vol. 3, p. 17.

6　*the principal end . . .* Descartes, letter to the Marquess of Newcastle, Oct. 1645, in PWD vol. 3, p. 275.

7　*I venture to say . . .* Descartes, *Discourse*, V, in PWD vol. 1, p. 131.

8　"final theory": See Steven Weinberg, *Dreams of a Final Theory*, Pantheon, 1992.

9　Stephen Hawking: "Is the End in Sight for Theoretical Physics?" (1980), in his *Black Holes and Baby Universes*, Transworld, 1993, p. 49.

10　Michelson: Address at the dedication ceremony for the Ryerson Physical Laboratory at the University of Chicago in 1894.

11　Born: See Hawking, "Is the End in Sight."

12　*I don't think . . .* Voltaire, *Lettres philosophiques* (1733), 14, trans. L. Tancock, in *Letters on England*, Penguin, 1980, p. 72.

13 *ridiculous enough . . .* See Geneviève Rodis-Lewis, *Descartes: His Life and Thought*, trans. Jane Marie Todd, Cornell University Press, 1998, p. 29 n6.
14 *roam about in the world . . .* Descartes, *Discourse*, III, in PWD vol. 1, p. 125.
15 *foundations of a marvellous . . .* See Desmond Clarke, *Descartes: A Biography*, Cambridge University Press, 2006, p. 59.
16 Psalms: 93.1 and 104.5.
17 Genesis: 1.1 and 1.16.
18 Joshua: 10.12.
19 *so too are the entire . . .* Descartes, letter to Mersenne, Nov. 1633, in PWD vol. 3, p. 41.
20 *Compare the deductions . . .* Descartes, letter to Morin, 13 July 1638, in PWD vol. 3, p. 107.
21 *never to accept . . .* [etc]: Descartes, *Discourse*, II, in PWD vol. 1, p. 120.
22 *they never raise . . .* Ibid., IV, in PWD vol. 1, p. 129.
23 *I would not urge . . .* Descartes, *Meditations*, preface, in PWD vol. 2, p. 8.
24 *objects of the intellect . . .* Ibid., IV, in PWD vol. 2, p. 37.
25 *the easiest route . . .* Ibid., preface, in PWD vol. 2, p. 9.
26 *shit:* See Stephen Gaukroger, *Descartes: An Intellectual Biography*, Oxford University Press, 1995, p. 323.
27 *could have occurred . . .* [etc.]: Descartes, letter to Colvius, 14 Nov. 1640, in PWD vol. 3, p. 159.
28 before Augustine: Sextus Empiricus, *Adversus mathematikos*, IX.198, in *Sextus Empiricus*, Loeb Classical Library, 1936, vol. 3, p. 101.
29 *the mind . . .* Augustine, *De trinitate*, X.10.16, trans. S. McKenna, quoted in Gareth Matthews, *Thought's Ego in Augustine and Descartes*, Cornell University Press, 1992, p. 40.
30 Hegel: *Phenomenology of Spirit* (1807), 578.
31 *only that which corresponds . . .* John Paul II, *Crossing the Threshold of Hope*, Knopf, 1994, p. 51.
32 *according to the logic . . .* John Paul II, *Memory and Identity*, Rizzoli, 2005, p. 10.
33 *When I consider . . .* Descartes, *Meditations*, IV, in PWD vol. 2, p. 37.
34 *a clear and distinct . . .* Ibid., III, in PWD vol. 2, p. 24.
35 *what the intellect . . .* Ibid., IV, in PWD vol. 2, p. 43.
36 *may not all . . .* [etc.]: Ibid., VI, in PWD vol. 2, p. 55.
37 *as for all the rest . . .* Ibid., III, in PWD vol. 2, p. 30.
38 *heaviness and hardness . . .* Ibid., 6th replies, in PWD vol. 2, p. 297.
39 *shapes and sizes . . .* [etc.]: Descartes, letter to Plempius for Fromondus, 3 Oct. 1637, in PWD vol. 3, p. 64.
40 *empty theories . . .* Ibid., p. 61.

41 *At last* . . . [etc.]: Descartes, *Meditations*, II, in PWD vol. 2, p. 18.
42 *It is true* . . . Ibid., VI, in PWD vol. 2, p. 54.
43 *the same power*. . . Ibid., III, in PWD vol. 2, p. 33.
44 *cannot be a deceiver*. . . Ibid., p. 35.
45 A *God* . . . J. E. McTaggart, *Some Dogmas of Religion*, 2nd ed., Cambridge University Press, 1930, pp. 51–52.
46 Plato's Socrates: Plato, *Theaetetus*, 158c.
47 ancient Pyrrhonists: Sextus Empiricus, *Outlines of Pyrrhonism*, I.104.
48 *every sensory* . . . Descartes, *Meditations*, VI, in PWD vol. 2, p. 53.
49 *everything that is within* . . . Ibid., 2nd replies, in PWD vol. 2, p. 113.
50 *I am not merely* . . . Ibid., VI, in PWD vol. 2, p. 56.
51 *ghost* . . . Gilbert Ryle, *The Concept of Mind*, Hutchinson, 1949, p. 15.
52 *animal spirits*: Descartes, *The Passions of the Soul* (1649), I.10, in PWD vol. 1, p. 331.
53 *you may have observed* . . . Descartes, *Treatise on Man* (written 1629–33), in PWD vol. 1, p. 100.
54 recent scholar: Desmond Clarke, "Was Descartes a Cartesian?," *Times Literary Supplement*, 28 April 2006, pp. 5–6; and see Clarke, *Descartes*, pp. 210–211.
55 *abyssal* . . . Antonio Damasio, *Descartes' Error*, Penguin, 1994, p. 249.
56 *experience within ourselves* . . . Descartes, *Principles of Philosophy*, I.48, in PWD vol. 1, p. 209.
57 *profound separation* . . . [etc.]: Al Gore, *Earth in the Balance*, Rodale Books, 2006, p. 218.
58 Prince Charles: Speech at the Foreign Press Association Media Awards, Nov. 2008, available at http://www.princeofwales.gov.uk/media/speeches/speech-hrh-the-prince-of-wales-the-foreign-press-association-media-awards-sheraton.
59 *the chief use of* . . . Descartes, *The Passions of the Soul*, III.212, in PWD vol. 1, p. 404.
60 *to try always* . . . Descartes, *Discourse*, III, in PWD vol. 1, p. 123.
61 *so impertinent, so ridiculous* . . . Descartes, letter to Mersenne, 29 June 1638, in *Oeuvres de Descartes*, ed. Charles Adam and Adam Tannery, vol. 2, L. Cerf, 1898, p. 189.
62 *stupid* . . . [etc.]: See Clarke, *Descartes*, p. 227.
63 first biographer: Adrien Baillet, *La vie de monsieur Descartes*, 1691.
64 *I love his* . . . Molière, *Les femmes savantes*, III.ii.
65 *As we can have* . . . Antoine Arnauld and Pierre Nicole, *Logic, or the Art of Thinking* (1662), I, in LAT p. 25.
66 *We must constantly* . . . Nicolas Malebranche, *The Search After Truth*, pre-

face, trans. T. Lennon and P. Olscamp, in Malebranche, *Philosophical Selections*, ed. S. Nadler, Hackett, 1992, p. 7.

67 *a man who judges . . .* Ibid., p. 6.

68 *the mind's attention . . .* Ibid., p. 7.

69 *there is only one true . . .* Ibid., VI.2.iii, p. 94.

70 two clocks: The clock analogy was invented by Arnold Geulincx (1624–1669).

71 *everyone does not have . . .* *Descartes' Conversation with Burman* (1648), in PWD vol. 3, p. 347.

72 *devote so much . . .* Ibid., p. 346.

73 *modestly written . . .* Voltaire, *Lettres philosophiques*, 13, in *Letters on England*, p. 63.

74 *relish of philosophical . . .* Damaris Cudworth (Lady Masham), quoted in Maurice Cranston, *John Locke: A Biography*, Oxford University Press, 1985, p. 100.

75 *Our Descartes . . .* Voltaire, *Lettres philosophiques*, 13, in *Letters on England*, p. 63.

76 *having destroyed . . .* [etc.]: Ibid., p. 64

77 *a natural power . . .* [etc.]: Descartes, *Comments on a Certain Broadsheet* (1648), in PWD vol. 1, p. 309.

78 *we come to know . . .* Descartes, letter to Voetius, May 1643, in PWD vol. 3, p. 222.

79 *solely from . . .* Descartes, *Comments*, in PWD vol. 3, p. 303.

80 *empiricists . . .* Kant, *Critique of Pure Reason*, 2nd ed. (1787), II.iv (A854/B882), trans. P. Guyer and A. Wood, Cambridge University Press, 1998, p. 703.

81 *who rely on experience . . .* Galen, *On the Sects for Beginners*, 1, trans. M. Frede, in Galen, *Three Treatises on the Nature of Science*, Hackett, 1985, p. 3.

82 Kant's admirer: Kuno Fischer, *Geschichte der neueren Philosophie* (1852–1877).

83 *Descartes made . . .* M. Dummett, *Frege: Philosophy of Language*, Duckworth, 1973, p. 666.

84 *the empirical brand . . .* Francis Bacon, *The New Organon* (1620), I.LXIV, in NO p. 52.

2. 马姆斯伯里的怪人：霍布斯

1 *the oddest fellow . . .* "Illustrations of the State of the Church During the Great Rebellion," *Theologian and Ecclesiastic*, XII (1851), cited by Richard Tuck, *Philosophy and Government, 1572–1651*, Cambridge University Press, 1993, p. 322.

2 *Monster . . .* [Anon.], *True Effigies of the Monster of Malmesbury; or, Thomas Hobbes in His Proper Colours*, London, 1680.

3 *profond . . .* Voltaire, *Le philosophe ignorant* (1766), ch. 37, in Voltaire, *Mélanges*, Gallimard, 1961, p. 900.

4 *such books as tend . . . Journal of the House of Commons*, vol. 8, 1660–1667, p. 636.

5 *are extremely bad . . .* Descartes to Father ***, 1643, in PWD vol. 3, pp. 230–231.

6 *the Universe . . . is . . .* Hobbes, *Leviathan* (1651), ch. 46, in L vol. 3, p. 1076.

7 *denied the possibility . . .* Graham Greene, *Lord Rochester's Monkey*, Viking Press, 1974, p. 205.

8 *has a body of flesh . . . Doctrine & Covenants* (1835), 130.22.

9 *common Power . . .* [etc.]: Hobbes, *Leviathan*, ch. 13, in L vol. 2, p. 192.

10 *our most wise . . .* Ibid., ch. 19, in L vol. 2, p. 304.

11 *made you a little God . . .* James I, *Basilikon Doron* (1598), in King James VI and I, *Political Writings*, ed. J. Somerville, Cambridge University Press, 1994, p. 12.

12 *to discharge honorably . . .* James I, *The Trew Law of Free Monarchies* (1598), in ibid., p. 81.

13 *to set before . . .* Hobbes, *Leviathan*, A Review and Conclusion, in L vol. 3, p. 1141.

14 *a branch of theology*: John Dewey, "The Motivation of Hobbes's Political Philosophy," in *Studies in the History of Ideas*, vol. 1, Columbia University Press, 1918, p. 89.

15 *Hobbes's great work . . .* Ibid., p. 103.

16 Diderot: Entry "Hobbisme" in the *Encyclopédie*, vol. 8 (1765). See John Hope Mason, *The Irresistible Diderot*, Quartet Books, 1982, p. 111.

17 *The axiom, fear . . .* Hugh Trevor-Roper, *Men and Events: Historical Essays*, Harper, 1957, p. 234.

18 *Did bring forth Twins . . .* Hobbes, *Verse Life* (1672), in HN p. 254.

19 *many millions . . .* [etc.]: Lipsius, *Politica* (1589), IV.3, trans. William Jones, *Six Bookes of Politicks*, London, 1594, p. 63 (spelling modernised).

20 *Since it has been shown . . .* Hobbes, *De cive* (1642), VII.14, in OTC p. 97.

21 *quite terrifying . . .* [etc.]: Kant, "On the Common Saying: 'This May Be True in Theory, But It Does Not Apply in Practice'" (1793), II, trans. H. Nisbet, in *Kant's Political Writings*, ed. H. Reiss, Cambridge University Press, 1970, p. 84.

22 *The world may sin . . .* Dryden, *Tyrannic Love, or, the Royal Martyr* (1668/9), V.i.

23 *tend to the hurt . . .* Hobbes, *The Elements of Law* (1640), II.XXVIII.1, in HN p. 172.

24 *all men are permitted . . .* Hobbes, *De cive*, I.10, in OTC p. 28.

25 *entangled in words . . .* Hobbes, *Leviathan*, ch. 4, in L vol. 2, p. 46.

26 *Mr Hobs is very dexterous . . .* John Wallis, *Hobbius Heauton-timorumenos*, Oxford, 1662, p. 154.
27 *why would he . . .* [etc.]: Hobbes, *De cive*, VI.13, in OTC p. 83.
28 *eternal death*: Hobbes, *Elements of Law*, II.XXVIII.1, in HN p. 172.
29 *there is no reason . . .* Hobbes, *De cive*, VI.13, in OTC p. 83.
30 *he who has enough . . .* [etc.]: Ibid., p. 84.
31 *It has eternally been . . .* Montesquieu, *The Spirit of the Laws* (1748), XI.4, trans. A. Cohler, B. Miller and H. Stone, Cambridge University Press, 1989, p. 155.
32 *limited to . . .* Benito Mussolini, *Doctrine of Fascism*, trans. E. Cope, 3rd ed., Vallecchi, 1938, p. 18.
33 *all-embracing*: Ibid., p. 14.
34 *all the manifestations . . .* Ibid., p. 18.
35 *the improvement . . .* [etc.]: Hobbes, *Elements of Law*, II.XXVIII.3, in HN p. 173.
36 *the superfluous consuming . . .* Ibid., II.XXVIII.4, in HN p. 174.
37 *one man's blood . . .* [etc.]: Ibid., I.XVII.1, in HN p. 93.
38 *The infinite and immutable . . . Remontrances du Parlement de Paris*, ed. Jules Flammermont, vol. 3, 1898, p. 279, trans. in William Doyle, *The French Revolution: A Very Short Introduction*, Oxford University Press, 2001, p. 24.
39 *extreme malignity . . .* Edward, Earl of Clarendon, *A Brief View and Survey of the Dangerous and Pernicious Errors to Church and State in Mr Hobbes's Book Entitled Leviathan*, Oxford, 1676, p. 181.
40 *whereas in all well-instituted . . .* Ibid., pp. 182–183.
41 *exercise and have . . .* Hobbes, *Elements of Law*, II.XXVIII.5, in HN p. 174.
42 *I gloried to be . . . The Recantation of Daniel Scargill, Publickly Made Before the University of Cambridge, in Great St Maries*, London, 1669, pp. 3–4.
43 *that absurd and foolish . . .* Samuel Mintz, *The Hunting of Leviathan: Seventeenth-Century Reactions to the Materialism and Moral Philosophy of Thomas Hobbes*, Cambridge University Press, 1962, p. 141.
44 Bayle: *Pensées diverses sur la comète* (1682), sections 176–178, in *Various Thoughts on the Occasion of a Comet*, trans. Robert Bartlett, State University of New York Press, 2000, pp. 219–222.
45 Casanova: *History of My Life* (1790s), trans. W. Trask, Johns Hopkins University Press, 1997, vol. 8, p. 107.
46 *Fill yourselves . . .* Robert Sharrock. See Mintz, *Hunting of Leviathan*, pp. 135–136.
47 *had very early . . .* Samuel Johnson, "Rochester," *The Lives of the Most Eminent English Poets*, vol. 1 (1779).
48 *did not much care . . . Aubrey's Brief Lives*, "Thomas Hobbes," ed. Andrew Clark, Clarendon Press, 1898, vol. 1, p. 329.

49 *the worst Teacher...* Ibid., p. 357.
50 *democratical in name...* [etc.]: Hobbes, *Of the Life and History of Thucydides* (1629), in EW vol. 8, p. xvii.
51 *says Democracy's...* Hobbes, *Verse Life*, in HN p. 256.
52 *[his] opinions...* Hobbes, *Thucydides*, in EW vol. 8, p. xv.
53 *He read the proposition...* *Aubrey's Brief Lives*, "Thomas Hobbes," vol. 1, p. 332.
54 *At the age of eleven...* *The Autobiography of Bertrand Russell: 1872–1914*, Allen & Unwin, 1967, p. 36.
55 credibility of Aubrey's anecdote: See Douglas Jesseph, "The Decline and Fall of Hobbesian Geometry," *Studies in the History and Philosophy of Science*, vol. 3, no. 3 (1999), pp. 425–426.
56 *the Mother of all...* [etc.]: Hobbes, *Leviathan*, ch. 46, in L vol. 3, p. 1058.
57 *written in the language...* Galileo, *The Assayer* (1623), trans. Stillman Drake, *Discoveries and Opinions of Galileo*, Doubleday, 1957, pp. 237–238.
58 *whatever benefit comes...* Hobbes, *De cive*, epistle dedicatory, in OTC p. 4.
59 *nasty, brutish and long*: Jesseph, "Decline," p. 426.
60 *was the first that opened...* Hobbes, *De corpore* (1655), epistle dedicatory, in EW vol. 1, p. viii.
61 *To Matter, Motion...* Hobbes, *Verse Life*, in HN p. 257.
62 *there is no such thing...* Hobbes, *Leviathan*, ch. 6, in L vol. 2, p. 96.
63 *As, in Sense...* Ibid., p. 82.
64 *computation*: Hobbes, *De corpore*, ch. 1, in EW vol. 1, p. 3.
65 *His most recent arguments...* Descartes to Mersenne, 21 April 1641, in PWD vol. 3, p. 178.
66 *his head did not lye...* *Aubrey's Brief Lives*, "Thomas Hobbes," vol. 1, p. 367.
67 *as in an automatic Clock...* Hobbes, *De cive*, preface, in OTC p. 10.
68 *each man is drawn...* Ibid., 1.7, in OTC p. 27.
69 *the skill of making...* Hobbes, *Leviathan*, ch. 20, in L vol. 2, p. 322.
70 *if the patterns...* Hobbes, *De cive*, epistle dedicatory, in OTC p. 5.
71 *probably a typical example...* Napoleon Chagnon, *Noble Savages: My Life Among Two Dangerous Tribes—the Yanomamo and the Anthropologists*, Simon & Schuster, 2013, p. 231.
72 *blissful, non-violent...* Ibid., p. 7.
73 recent history of violence: Steven Pinker, *The Better Angels of Our Nature: Why Violence Has Declined*, Penguin, 2011, ch 2.
74 *For centuries...* Steven Pinker, in *Wall Street Journal*, 24–25 Sept. 2011, p. C1.
75 *How you exaggerate...* [etc.]: G. R. Harvey, *Voltaire's Marginalia on the Pages of Rousseau*, Ohio State University Press, 1933, pp. 21 and 13.
76 Montesquieu: *Spirit*, I.2.

77 Rousseau on the *état de nature*: See A. O. Lovejoy, "The Supposed Primitivism of Rousseau's *Discourse on Inequality*," in his *Essays in the History of Ideas*, Capricorn Books, 1960, esp. p. 29 n15.

78 *golden race* . . . [etc.]: Hesiod, *Works and Days*, 110–120, trans. H. G. Evelyn-White, in *Hesiod: The Homeric Hymns and Homerica*, Loeb Classical Library, 1914, p. 11.

79 *men of their own accord* . . . [etc.]: Ovid, *Metamorphoses*, bk. 1, trans. Mary Innes, Penguin, 1955, pp. 31–32.

80 *"The Noble Savage"*: *Household Words*, 11 June 1853.

81 *savages . . . truely Noble*: Marc Lescarbot, *Nova Francia* (1609), Routledge, 1928, p. xxv.

82 *only in that they* . . . [etc.]: Montaigne: *Essays* (1680), bk. 1, ch. 31, "On the Cannibals," trans. M. A. Screech, Penguin, 1987, pp. 235–236.

83 *bloated with* . . . Ibid., p. 241.

84 *There arose* . . . Rousseau, *A Discourse on Inequality*, trans. Maurice Cranston, Penguin, 1984, p. 120.

85 *a multitude of passions* . . . Ibid., p. 98.

86 *an innate repugnance* . . . Ibid., p. 99.

87 *One acquires the desire* . . . Voltaire to Rousseau, 30 Aug. 1755, trans. in *The Collected Writings of Rousseau*, vol. 3, ed. R. Masters and C. Kelly, University Press of New England, 1993, p. 102.

88 orangoutans, etc.: See Rousseau's tenth note to the *Discourse on Inequality*, pp. 154–161. (This note is omitted from most editions.)

89 *must have been* . . . Ibid., p. 115.

90 *revenge became* . . . Ibid., p. 114.

91 *conjectures*: Ibid., p. 68.

92 *as nature*: Ibid., p. 67.

93 *experiments*: Ibid., p. 68.

94 *there needeth* . . . Hobbes, *Elements of Law*, I.XIV.2, in HN p. 78.

95 *and hope for precedency* . . . [etc.]: Ibid., I.XIV.3, in HN p. 78.

96 *the wicked were fewer* . . . Hobbes, *De cive*, preface, in OTC p. 12.

97 *On going to bed* . . . Ibid., 1.2, in OTC p. 25.

98 dogs: Hobbes, *Leviathan*, ch. 13, Latin version, in L vol. 2, p. 194 n37.

99 *a war of every man* . . . Hobbes, *De cive*, I.12, in OTC p. 29.

100 *consisteth not* . . . [etc.]: Hobbes, *Leviathan*, ch. 13, in L vol. 2, p. 192.

101 *the savage people* . . . Ibid., p. 194.

102 *Petty Princes, or Kings*: George Abbot, *A Briefe Description of the Whole World* (1599), 5th ed., London, 1664, p. 265.

103 *centralized authority* . . . *The Cambridge Encyclopedia of Hunters and Gatherers*, ed. R. B. Lee and R. Daly, Cambridge University Press, 2000, p. 1.

104 *But (someone will say)* . . . Hobbes, *Leviathan*, ch. 13, Latin version, in L vol. 2, p. 194 n38.
105 *Original Sin* . . . Edgar Gibson, *The Thirty-Nine Articles of the Church of England*, London, 1896–1897, vol. 2, p. 357.
106 *he . . . that desireth* . . . Hobbes, *Elements of Law*, I.XIV.12–14, in HN pp. 80–81.
107 *imagination or fiction* . . . Ibid., I.IX.13, in HN pp. 54–55.
108 *pitty and compassion* . . . *Aubrey's Brief Lives*, "Thomas Hobbes," vol. 1, p. 352.
109 *all society* . . . Hobbes, *De cive*, 1.2, in OTC p. 24.
110 *all the heart's joy* . . . Ibid., 1.5, in OTC p. 26.
111 *nothing else but* . . . Hobbes, *Elements of Law*, IX.13, in HN pp. 54–55.
112 sentimental moralists: See Mintz, *Hunting of Leviathan*, pp. 142–146.
113 *prevail in human nature* . . . Hume, *An Enquiry Concerning the Principles of Morals* (1751), IX, in HE p. 270.
114 *Be warned that* . . . Richard Dawkins, *The Selfish Gene*, new ed., Oxford University Press, 1989, p. 3.
115 *some particle of the dove* . . . Hume, *Enquiry* . . . *Morals*, IX in HE p. 271.
116 *whatever affection* . . . . Ibid., appendix 2, in HE p. 296.
117 *Immutable and Eternall* . . . [etc.]: Hobbes, *Leviathan*, ch. 15, in L vol. 2, p. 240.
118 *For there really is* . . . Aristotle, *Rhetoric*, I.13, in CWA vol. 2, p. 2187.
119 *the unwritten unalterable* . . . Sophocles, *Antigone*, lines 455–457, trans. E. F. Watling, in *Sophocles: The Theban Plays*, Penguin, 1947, p. 138.
120 Roman writers on laws of nature: See Daryn Lehoux, *What Did the Romans Know?*, University of Chicago Press, 2012, ch. 3.
121 Lucretius on magnets: *De rerum natura*, VI.906f.
122 *God . . . established those rules* . . . Robert Boyle, "About the Excellency and Grounds of the Mechanical Hypothesis," in *Selected Philosophical Papers of Robert Boyle*, ed. M. A. Stewart, Hackett, 1991, p. 139.
123 *the intelligent world* . . . Montesquieu, *Spirit*, I.1, p. 4.
124 *do not invariably* . . . [etc.]: Ibid., p. 5.
125 *what conduceth to* . . . Hobbes, *Leviathan*, ch. 15, in L vol. 2, p. 242.
126 *the first, and Fundamentall* . . . Ibid., ch. 14, in L vol. 2, p. 200.
127 *Conclusions, or Theoremes*: Ibid., ch. 15, in L vol. 2, p. 242.
128 *found out by Reason*: Ibid., ch. 14, in L vol. 2, p. 198.
129 *science*: Ibid., ch. 16, in L vol. 2, p. 242.
130 *precepts*: Ibid., ch. 14, in L vol. 2, p. 198.
131 *are the same as* . . . Hobbes, *De cive*, IV.1, in OTC p. 58.
132 *Justice, Gratitude* . . . Hobbes, *Leviathan*, ch. 16, in L vol. 2, p. 242.
133 moral rules identical to those in the Bible: See Hobbes, *De cive*, ch. 4.

134 *whatsoever is the object . . .* Hobbes, *Leviathan*, ch. 6, in L vol. 2, p. 80.
135 *more inclined to care . . .* Plato, *Republic*, bk. 3, 415d, in CDP p. 660.
136 *impious doctrines . . .* [etc.]: *The Judgement and Decree of the University of Oxford Past* [*sic*] *in Their Convocation, July 21 1683*, Dublin, 1683, p. 1.
137 Burning of *Leviathan* and *De cive* in Oxford: *The Life and Times of Anthony Wood*, ed. Andrew Clark, Oxford, 1894, vol. 3, pp. 63–64.
138 *Self-preservation . . .* Ibid., p. 2.
139 *In the state of nature . . .* Ibid., p. 3.
140 *thou shalt love . . .* Leviticus, 19.18; Matthew, 22.39 (King James Version).
141 *in matter of women . . .* Sir Charles Sedley, *Bellamira* (1687), act III, in *Works of the Honourable Sir Charles Sedley*, London, 1722, vol. 2, p. 135.
142 *the notions of Right . . .* Hobbes, *Leviathan*, ch. 13, in L vol. 2, p. 196.
143 *the state of nature has . . .* Locke, *Second Treatise of Government* (1689), II.6.
144 *Possession and strength . . . Judgement and Decree*, p. 3.
145 *there is scarce . . .* Hobbes, *Leviathan*, A Review and Conclusion, L vol. 3, p. 1135.
146 *ariseth from Pact*: Ibid., ch. 31, in L vol. 2, p. 558.
147 *is to be derived . . .* Ibid.
148 *who is so stupid . . .* Ibid., ch. 5, in L vol. 2, p. 72.
149 *as though the Christian . . .* Wallis to Huyghens, 1 Jan. 1659, quoted in Alexander Bird, "Squaring the Circle," *Journal of the History of Ideas*, vol. 57, no. 2 (1996), p. 229.
150 *all the ecclesiastics . . .* Hobbes to Samuel Sorbière, 8 Jan. 1657, trans. Noel Malcolm, in *The Correspondence of Thomas Hobbes*, Oxford University Press, 1994, vol. 1, p. 429.
151 Aristophanes: *The Birds*, lines 1000–1010.
152 Anaxagoras: Plutarch, *De exilio*, 17.
153 Dante: *Paradiso*, canto 33, lines 133–135.
154 *either I alone am . . .* Hobbes, *De principiis & ratiocinatione geometrarum* (1666), trans. in Jesseph, "Decline," p. 446.
155 *as if a hen . . .* Hobbes, *Six Lessons to the Savilian Professors of the Mathematics* (1656), in EW vol. 7, p. 330.
156 Euclid's definition of "line": *Elements*, bk. 1, definition 2.
157 doubts about Pythagoras: Hobbes to Samuel Sorbière, 7 March 1664, in *Correspondence*, vol. 2, p. 609.
158 *They display new machines . . .* Hobbes, *Dialogus physicus*, 1668 ed., trans. in Steven Shapin and Simon Schaffer, *Leviathan and the Air-Pump: Hobbes, Boyle, and the Experimental Life*, Princeton University Press, 1985, pp. 347–348.

159 Bacon's death: See Lisa Jardine and Alan Stewart, *Hostage to Fortune: The Troubled Life of Francis Bacon*, Hill and Wang, 2000, pp. 502–508.

160 *his Lordship . . .* *Aubrey's Brief Lives*, "Francis Bacon," vol. 1, p. 75.

161 *to have had many . . .* Hobbes, *Elements of Law*, ch. 4, in HN p. 32.

162 *both condemnd and stole . . .* Samuel Butler (1613–1680), "Poetical Thesaurus," in *Satires and Miscellaneous Poetry and Prose*, Cambridge University Press, 1928, p. 241.

163 Hobbes mentioned in Locke's *Essay*: 1.3.5.

164 *took Hobbes's Leviathan . . .* John Edwards, *Brief Vindication of the Fundamental Articles of the Christian Faith*, London, 1697, epistle dedicatory.

165 *no peace, no security . . .* Locke, *First Tract on Government* (1660), quoted in Cranston, *John Locke*, p. 62.

166 *must necessarily have . . .* *First Tract*, preface (1661), in *Locke: Political Writings*, ed. David Wootton, Penguin, 1993, p. 151.

167 *free from being . . .* [etc.]: Hobbes, *Leviathan*, ch. 5, in L vol. 2, p. 68.

168 *it is as insignificant . . .* Locke, *Essay*, 2.21.14.

169 *without anything correspondent . . .* Hobbes, *Leviathan*, ch. 8, in L vol. 2, p. 122.

170 *there is no conception . . .* Ibid., ch. 1, in L vol. 2, p. 22.

171 *the Attributes we give . . .* Ibid., ch. 34, in L vol. 3, p. 614.

172 *much neglected* [etc.]: Hume, *History of England*, vol. 6, ch. 62 (1762), in HHE vol. 6, p. 153.

173 Johnson on Hume: See James Boswell, *The Journal of a Tour to the Hebrides*, (1784), London, 1807, p. 278.

174 anonymous pamphlet: See Paul Russell, "Hume's *Treatise* and Hobbes's *The Elements of Law*," *Journal of the History of Ideas*, vol. 46, no. 1 (1985), p. 59.

175 Hume and Hobbes: Ibid., pp. 51–63.

176 Hume's title: Hobbes sometimes referred to his *Human Nature* as his "Treatise of Human Nature." See *De corpore politico*, pt. 2, ch. 1, EW vol. 4, p. 125. And Dr Johnson referred to it as Hobbes's "Treatise on Human Nature." See James Boswell, *Life of Johnson*, Oxford University Press, 1953, p. 1383.

177 *enemy to religion*: Hume, *History of England*, in HHE vol. 6, p. 153.

178 *Hobbes felt passionately . . .* Richard Peters, *Hobbes*, Penguin, 1956, p. 241.

179 *the Ghost of the deceased . . .* Hobbes, *Leviathan*, ch. 47, in L vol. 3, p. 1118.

180 Luther and Calvin as atheists: See Alan Kors, *Atheism in France, 1650–1729*, Princeton University Press, 1990, p. 19.

181 Christians got their atheism from Jews: Julian the Apostate, *Against the Galileans* (c. 362), bk. 1, in *The Works of the Emperor Julian*, trans. W. C. Wright, Heinemann, 1923, vol. 3, p. 321.

182 *all of us are infidels . . .* Thomas Paine, letter to Samuel Adams, 1 Jan.

1803, in Paine's *The Age of Reason*, ed. Kerry Walters, Broadview Editions, 2011, p. 135.

183 atheism in Hobbes's England: See G. E. Aylmer, "Unbelief in 17th Century England," in *Puritans and Revolutionaries*, ed. D. Pennington and K. Thomas, Oxford University Press, 1978.

184 *The Anatomy of Melancholy*: 3.4.2.1.

185 *this universall Frame . . .* "Of Atheisme" (1612), in Francis Bacon, *Essays*, Oxford University Press, 1937, p. 66.

186 first confessions of atheism: Baron d'Holbach, writing as Jean-Baptiste de Mirabaud, *Système de la nature* (1770); [Anon.], *Answer to Dr Priestley's Letters to a Philosophical Unbeliever* (1782). See David Berman, *A History of Atheism in Britain: From Hobbes to Russell*, Routledge, 1990, pp. 113–116.

187 *for the support of . . .* John Bunyan, *Grace Abounding to the Chief of Sinners*, London, 1666, title page.

188 *stirred up questions . . .* Ibid., para. 96.

189 *he that from any effect . . .* Hobbes, *Leviathan*, ch. 12, in L vol. 2, p. 166.

190 *how a thing material . . .* Robert Boyle, *An Examen of Mr. T. Hobbs His Dialogus Physicus*, London, 1682, preface, sig. a3.

191 *by the name God . . .* Hobbes, *De cive*, XV.14, in OTC p. 178.

192 passage in *Tractatus theologico-politicus*: Ch. 3, para. 4.

193 *durst not write*: *Aubrey's Brief Lives*, Thomas Hobbes, vol. 1, p. 357.

3. 未来的微风：斯宾诺莎

1 *By the decree . . .* Archives of the Jewish-Portuguese community, trans. in Y. Yovel, *Spinoza and Other Heretics: The Marrano of Reason*, Princeton University Press, 1989, p. 4.

2 *There are people . . .* Uriel da Costa, *Exemplar humanae vitae* (1687), trans. in Yovel, *Spinoza*, p. 43.

3 *God exists . . .* I. S. Revah, *Spinoza et Juan de Prado* (1959), p. 64, trans. in Richard Popkin, *The History of Scepticism from Erasmus to Spinoza*, University of California Press, 1979, p. 228.

4 *all things . . .* Spinoza, letter to Oldenburg, Nov. or Dec. 1675, in SL p. 332.

5 *the love of God . . .* Spinoza, *Tractatus theologico-politicus* (1670), IV, in TPT p. 60.

6 Romantic poet: Friedrich von Hardenberg (Novalis), 1772–1801.

7 *do not differentiate . . .* Spinoza, letter to Oldenburg, early 1662, in SL p. 84.

8 *a pernicious . . .* Bayle, "Spinoza," *Historical and Critical Dictionary* (1697), in HCD p. 293.

9 *the most monstrous . . .* Ibid., p. 296.

10 *the noblest . . .* Russell, *History of Western Philosophy*, ch. 10, in HWP p. 552.

11 *Those who were . . .* Bayle, "Spinoza," p. 295.

12 Spinoza's financial circumstances: W. Klever, Erasmus University of Rotterdam, and Y. Yovel, Hebrew University of Jerusalem, personal communications.

13 *exceptional . . .* [etc.]: J. L. Fabritius, letter to Spinoza, 16 Feb. 1673, in SL p. 249.

14 *Mechanics . . .* [etc.]: Spinoza, *Tractatus de intellectus emendatione* (c. 1662), 15, in CWS p. 11.

15 *The greater . . .* Spinoza, *Tractatus theologico-politicus*, IV, in TPT p. 59.

16 *God through . . .* Ibid., XIII, in TPT p. 179.

17 *a tissue . . .* Ibid., preface, in TPT p. 7.

18 *the practice . . .* Ibid., XIV, in TPT p. 186.

19 *calculated to . . .* Ibid., XI, in TPT p. 159.

20 *adapted to . . .* Spinoza, letter to Blyenbergh, 5 Jan. 1665, in SL p. 135.

21 *were endowed . . .* Spinoza, *Tractatus theologico-politicus*, II, in TPT p. 27.

22 *the Word of God . . .* Ibid., XII, in TPT p. 165.

23 *to confuse . . .* Spinoza, letter to Blyenbergh, 28 Jan. 1665, in SL p. 153.

24 *God is described . . .* Spinoza, *Tractatus theologico-politicus*, IV, in TPT p. 65.

25 *it would argue . . .* Spinoza, letter to Blyenbergh, 5 Jan. 1665, in SL p. 133.

26 *nature is not . . .* Spinoza, *Tractatus theologico-politicus*, XVI, in TPT p. 202.

27 *I do not . . .* Spinoza, letter to Oldenburg, 20 Nov. 1665, in SL p. 192.

28 *good, evil, order . . .* Spinoza, *Ethics*, I, appendix, in CWS p. 444.

29 *nothing is in itself . . .* Spinoza, *Tractatus theologico-politicus*, XII, in TPT p. 167.

30 *Do we petty . . .* Spinoza, letter to Oldenburg, Dec. 1675, in SL p. 339.

31 *the masses . . .* Spinoza, *Tractatus theologico-politicus*, VI, in TPT p. 81.

32 *fixed and immutable . . .* Ibid., p. 82.

33 *to move men . . .* Ibid., p. 91.

34 *provided an example . . .* Spinoza, letter to Oldenburg, Dec. 1675, in SL p. 338.

35 *the mouthpiece . . .* Spinoza, *Tractatus theologico-politicus*, IV, in TPT p. 64.

36 *As to the teaching . . .* Spinoza, letter to Oldenburg, Nov. or Dec. 1675, in SL p. 333.

37 *wherever justice . . .* Spinoza, *Tractatus theologico-politicus*, XIX, in TPT p. 246.

38 *the object of government . . .* Ibid., XX, in TPT p. 259.

39 *outward observances . . .* [etc.]: Spinoza, *Tractatus theologico-politicus*, XIX, in TPT p. 245.

40 *very simple . . .* Spinoza, *Political Treatise*, ch. 8, trans. S. Shirley, Hackett, 2000, p. 118.

41 *absolutely necessary . . .* [etc.]: Ibid., XX, in TPT p. 261.

42 *everywhere plotting* . . . Spinoza, letter to Oldenburg, Sept. 1675, in SL p. 321.
43 *wretched and insane* . . . Alfred Burgh, letter to Spinoza, 3 Sept. 1675, SL p. 312.
44 *the stupid* . . . Spinoza, letter to Oldenburg, Sept. 1675, in SL p. 321.
45 *the kind of knowledge* . . . Spinoza, *Tractatus de intellectus emendatione*, 79, in CWS p. 35.
46 *consider human actions* . . . Spinoza, *Ethics*, III, preface, in CWS p. 492.
47 *if men understood* . . . Spinoza, *Descartes' "Principles of Philosophy,"* appendix, II.ix, in CWS p. 332.
48 *only one* . . . Spinoza, *Short Treatise* (c. 1660), II.17, in CWS p. 69.
49 *full of gods*: Aristotle (on Thales), *On the Soul*, 411a, in CWA vol. 1, p. 655.
50 *that the Deity* . . . John Harris (1666–1719), *The Atheistical Objections Against the Being of God*, cited in R. S. Woolhouse, *Descartes, Spinoza, Leibniz: The Concept of Substance in 17th Century Metaphysics*, Routledge, 1993, p. 46.
51 *pantheist*: John Toland (1670–1722), *Socinianism Truly Stated* (1705).
52 *a kind of mass* . . . Spinoza, letter to Oldenburg, Nov. or Dec. 1675, in SL p. 332.
53 *I do not* . . . Spinoza, *Ethics*, IV, preface, in CWS p. 544.
54 *Things could have* . . . Ibid., I P33, in CWS p. 436.
55 *with the same necessity* . . . Ibid., II P49, Schol IVB, in CWS p. 490.
56 *That thing* . . . Ibid., I D7, CWS p. 409.
57 *men are deceived* . . . Ibid., II P35, Schol, CWS p. 473.
58 *which is also* . . . Ibid., II P48, CWS p. 483.
59 *a body in motion* . . . Ibid., II P13, L3 Cor, in CWS p. 459.
60 *from the point of view of eternity (sub specie aeternitatis)*: Ibid., V P36 (my translation).
61 *salvation, or blessedness* . . . Ibid., V P36, Schol, in CWS p. 612.
62 *the mind's intellectual* . . . Ibid.
63 *the philosophy of Spinoza* . . . *Hegel's Lectures on the History of Philosophy* (1832–1845), III.2.I.A.2, in HLHP vol. 3, p. 256.
64 *the more puzzling* . . . Isaac Bashevis Singer, "The Spinoza of Market Street" (1961), in I. B. Singer, *Collected Stories:* Gimpel the Fool *to* The Letter Writer, Library of America, 2004, pp. 159–160.
65 *disturbances of the mind*: Spinoza, *Tractatus de intellectus emendatione*, 9, in CWS p. 9.
66 *After experience* . . . Ibid., 1, in CWS p. 7.
67 *Some years ago* . . . Descartes, *Meditations*, I, in PWD vol. 2, p. 12.
68 *Human power* . . . Spinoza, *Ethics*, IV, appendix XXXII, in CWS p. 593.
69 *after I had* . . . Goethe, *Dichtung und Wahrheit* (1814), III.14, trans. R. R. Heitner in *Goethe: Collected Works*, Princeton University Press, 1994, vol. 4, p. 459.

70 *he kissed Spinoza's . . .* *Diary, Reminiscences and Correspondence of Henry Crabb Robinson*, 2nd ed., Macmillan, 1869, vol. 1, pp. 399–400.

71 *I believe in . . .* Albert Einstein, telegram to Rabbi H. S. Goldstein, 1929, quoted in P. A. Schilpp, *Albert Einstein: Philosopher-Scientist*, Open Court, 1949, p. 102.

72 *There is in Spinoza's . . .* Heine, "On the History of Religion and Philosophy in Germany" (1835), II, trans. in R. Robertson, *Heinrich Heine: Selected Prose*, Penguin, 1993, p. 243.

4. 为英国人的哲学：洛克

1 *as to the general principles . . .* Thomas Jefferson, *Writings*, ed. M. D. Peterson, Library of America, 1984, p. 479.

2 *the true system . . .* Jean Le Rond d'Alembert, *Éléments de philosophie* (1759), 1, quoted in G. Buchdahl, *The Image of Newton and Locke in the Age of Reason*, Sheed and Ward, 1961, p. 62.

3 *no trace . . .* *Hegel's Lectures on the History of Philosophy*, III.2.B.1, in HLHP vol. 3, p. 310.

4 philosophy and mere science: Ibid., introduction, vol. 1, pp. 57–58.

5 *It is marked . . .* Hans Aarsleff, "Locke's Influence," in *The Cambridge Companion to Locke*, ed. V. Chappell, Cambridge University Press, 1994, p. 260.

6 *Locke made . . .* Gilbert Ryle, "John Locke," reprinted in his *Collected Papers*, Thoemmes, 1990, vol. 1, p. 147.

7 *teaches us . . .* Ryle, "Locke," p. 152.

8 *Locke's grand work . . .* C. S. Peirce, book review, *Nation*, 25 Sept. 1890.

9 *there cannot be . . .* John Locke, *An Essay Concerning Human Understanding*, IV.xv.6, in E p. 657.

10 *the Mind . . .* Ibid., IV.xv.5, in E p. 656.

11 *Reason must be . . .* Ibid., IV.xix.14, in E p. 704.

12 *Above Reason . . .* Ibid., IV.xvii.23, in E p. 687.

13 *the poor of this World . . .* *The Reasonableness of Christianity* (1695), in John Locke, *Writings on Religion*, ed. Victor Nuovo, Oxford University Press, 2002, p. 209.

14 *men cannot be forced . . .* Locke, *A Letter Concerning Toleration* (1689), in LPW p. 410.

15 *ought to shut a Man . . .* Locke, *A Vindication of the Reasonableness of Christianity* (1695), in *Writings on Religion*, p. 211.

16 *moral Principles . . .* Locke, *Essay*, I.iii.1, in E p. 66.

17 *the community . . .* Locke, *Second Treatise of Government* (1689), XIII.

18 *are sufficient . . .* Ibid., preface.

19 *Whatsoever* . . . Ibid., XXVI.
20 *a restraint* . . . Locke, *Draft of a Representation Containing a Scheme of Methods for the Employment of the Poor* (1697), quoted in Maurice Cranston, *John Locke: A Biography*, Oxford University Press, 1985, p. 424.
21 *No-one* . . . Locke, *First Tract on Government*, "Preface to the Reader" (1661), in LPW p. 148.
22 *All the freedom* . . . Ibid., p. 149.
23 *our souls are* . . . Joseph Addison, *Spectator*, no. 413, 24 June 1712.
24 *abundance of empty* . . . Locke, *Essay*, III.x.4, in E p. 492.
25 *learned Gibberish*: Ibid., III.x.9, in E p. 495.
26 *cover their Ignorance* . . . Ibid., III.x.8, in E p. 494.
27 *no wiser* . . . Ibid.
28 *the unscholastick* . . . Ibid., III.x.9, in E p. 495.
29 *deceived by idle* . . . [etc.]: Sydenham, MS quoted in Cranston, *John Locke*, p. 92.
30 *The function of a physician* . . . Sydenham, *Works*, London, 1848, vol. 2, p. 12.
31 *the riches* . . . Abraham Cowley (1618–1667), *Ode to the Royal Society* (spelling modernised).
32 principles of morality: James Tyrrell, MS note in his copy of the *Essay*, quoted in I. T. Ramsey's edition of Locke's *Reasonableness of Christianity*, Stanford University Press, 1958, p. 9.
33 *quickly at a stand* . . . Locke, *Essay*, Epistle to the Reader, in E p. 7.
34 *A name to all* . . . Dryden, *Absalom and Achitophel* (1681), lines 151–152.
35 Locke and Tyrrell: See David Wootton's introduction to LPW, pp. 57–64, 77–89.
36 *all government* . . . Locke, *Second Treatise*, I.1.
37 *the laws of men* . . . Antiphon, Fr. 44, trans. in J. M. Robinson, *An Introduction to Early Greek Philosophy*, Houghton Mifflin, 1968, p. 251.
38 *determine that it is* . . . Plato, *Republic*, 359a, in CDP p. 606.
39 *the first men to be* . . . Diodorus Siculus, *Library of History*, I.8, trans. C. H. Oldfather, Loeb Classical Library, 1933, p. 29.
40 *Catholic Encyclopedia*: Article "Conflict of Investitures," available at http://www.catholic.org/encyclopedia/view.php?id=6159.
41 *is it not clear* . . . Manegold of Lautenbach, *Ad Gebehardum liber* (c. 1085), trans. Ewart Lewis in his *Medieval Political Ideas*, Routledge, 1954, vol. 1, p. 165.
42 *compact*: E.g., Locke, *Second Treatise*, VIII.97.
43 *Almost all the governments* . . . David Hume, *Of the Original Contract* (1748), in EMPL p. 457.
44 *some pack of blond* . . . Nietzsche, *On the Genealogy of Morals* (1887), II.17, trans. W. Kaufmann and R. J. Hollingdale, Vintage, 1969, p. 86.

45 *there are no instances* . . . [etc.]: Locke, *Second Treatise*, VIII.100–101.

46 *being so ancient* . . . Hume, *Original Contract*, in EMPL p. 457.

47 *we need by no means* . . . Kant, "On the Common Saying, 'This May Be True in Theory, But It Does Not Apply in Practice'" (1793), II, trans. H. B. Nesbit in *Kant's Political Writings*, ed. Hans Reiss, Cambridge University Press, 1970, p. 79.

48 *veil of ignorance* . . . [etc.]: John Rawls, *A Theory of Justice*, Oxford University Press, 1972, p. 136.

49 *original position* . . . [etc.]: Ibid., p. 120.

50 Locke and travel narratives: Barbara Arneil, *John Locke and America: The Defence of English Colonialism*, Clarendon Press, 1996, ch. 1.

51 *the state of nature has* . . . [etc.]: Locke, *Second Treatise*, II.6.

52 *enjoyment of their properties* . . . Ibid., XI.134.

53 *nobody can transfer* . . . Ibid., XI.135.

54 *mankind in common*: Ibid., V.25 (Psalms 115.16).

55 *added something* . . . Ibid., V.28.

56 *nothing was made* . . . Ibid., V.31.

57 *he who appropriates* . . . Ibid., V.37. (This passage is omitted from some editions.)

58 business interests: See Joseph Schumpeter, *Capitalism, Socialism and Democracy* (1942), Allen & Unwin, 1976, p. 248 n18.

59 *the will of God*: Locke, *Second Treatise*, XI.135.

60 *the Comprehension of our* . . . Locke, *Essay*, I.i.5, in E p. 45.

61 *This refined way* . . . Swift, *Remarks upon Tindall's Rights of the Christian Church &c* (1708), in Jonathan Swift, *Bickerstaff Papers*, Blackwell, 1966, p. 80.

62 *serves best* . . . Locke, *Essay*, I.i.8, in E p. 47.

63 *history-book* . . . Laurence Sterne, *Tristram Shandy* (1759–1767), I.2.

64 *a man who* . . . Pierre Gassendi, *Institutio logica* (1658), pt. 1, canon II, trans. H. Jones, Van Gorcum, 1981, p. 84.

65 Stoics: See THP vol. 1, 39E, p. 328; Aquinas, *De veritatis*, II, 3; Hobbes, *Leviathan*, I.1.

66 *having* . . . *got the Ideas* . . . Locke, *Essay*, II.xxiii.33, in E p. 314.

67 *like Changes will* . . . Ibid., II.xxi.1, in E p. 233.

68 *presented man's make-up* . . . Roy Porter, *The Creation of the Modern World*, Norton, 2000, p. 263.

69 *Ideas that in themselves* . . . Locke, *Essay*, II.xxxiii.5–6, in E pp. 395–396.

70 *wrong and unnatural* . . . [etc.]: Ibid., II.xxxiii.18, in E p. 400.

71 *stamped upon* . . . Ibid., I.ii.1, in E p. 48.

72 *That White is not* . . . Ibid., I.ii.18, in E p. 57.

73 *One would think* . . . Ibid., I.ii.27, in E p. 64.

74 *God is to be worshipped* . . . [etc.]: Robert South (1634–1716), quoted in John W. Yolton, *John Locke and the Way of Ideas*, Oxford University Press, 1956, p. 39.

75 *there cannot any one* . . . Locke, *Essay*, I.iii.4, in E p. 68.

76 *and you shall find* . . . Ibid., I.iv.16, in E p. 94.

77 *it eased the lazy* . . . Ibid., I.iv.24, in E p. 101.

78 *inborn* . . . Descartes, letter to Mersenne, 15 April 1630, in PWD vol. 3, p. 23.

79 *has* . . . *the ideas* . . . Descartes, letter to Hyperaspistes, Aug. 1641, in PWD vol. 3, p. 190.

80 *The ideas of pain* . . . Descartes, *Comments on a Certain Broadsheet* (1648), in PWD vol. 1, p. 304.

81 *inborn constitution*: Locke, *Essays on the Law of Nature* (begun in 1660), ch. 2, ed. W. von Leyden, Oxford University Press, 1954, p. 199.

82 *I deny not* . . . Locke, *Essay*, I.iii.3, in E p. 67.

83 inherent limitations: See, e.g., ibid., I.i.5.

84 Locke on children's characters and dispositions: Locke, *Some Thoughts Concerning Education* (1693), pp. 1–2.

85 Locke presented as opponent of the view that the mind is shaped by its inborn nature: E.g., by Steven Pinker in his *The Blank Slate: The Modern Denial of Human Nature*, Allen Lane, 2002.

86 Noam Chomsky: *Cartesian Linguistics*, Harper & Row, 1966. See also Jonathan Barnes, "Mr Locke's Darling Notion," *Philosophical Quarterly*, vol. 22, no. 88 (July 1972), pp. 193–209.

87 *proved by what lies* . . . Leibniz, *New Essays on Human Understanding* (1704), I.i, in NE p. 79.

88 *The truths about numbers* . . . Ibid., in NE p. 85.

89 Leibniz on Locke: Ibid., preface, in NE pp. 51–52.

90 *perfect Science* . . . Locke, *Essay*, IV.iii.29, in E p. 560.

91 *minute Constituent parts* . . . [etc.]: Ibid., IV.iii.25, in E p. 556.

92 *scientifical*: Ibid., IV.iii.26, in E p. 556.

93 *experimental*: Ibid.

94 *Microscopical Eyes*: Ibid., II.xxiii.12, in E p. 303.

95 Locke's friend: William Molyneux, letter to Locke, 27 Aug. 1692, in Cranston, *John Locke*, p. 360.

96 *Where there is no* . . . Locke, *Essay*, IV.iii.18, in E pp. 549–550.

97 *to demonstrate morality* . . . Berkeley, *Philosophical Commentaries* (1707–1708), Notebook A, p. 690.

98 *Knowledge then seems* . . . Locke, *Essay*, IV.i.2, in E p. 525.

99 *a want of a discoverable* . . . Ibid., IV.iii.28, in E p. 558.

100 *The notice we have* . . . Ibid., IV.xi.3, in E p. 631.
101 *all we see* . . . Ibid., IV.xi.8, in E p. 634.
102 *extends as far* . . . [etc.]: Ibid., IV.xi.9, in E pp. 635–636.
103 Locke's good point about materialism: Ibid., IV.iii.6.
104 *Star Trek*: See Lawrence Krauss, *The Physics of Star Trek*, HarperCollins, 1996, ch. 5.
105 *can consider* . . . [etc.]: Locke, *Essay*, II.xxvii.9–10, in E pp. 335–336.
106 *should the Soul* . . . Ibid., II.xxvii.15, in E p. 340.
107 Criticisms of Locke, modern developments of his theory, and Pope's *Memoirs of Scriblerus*: See *Personal Identity*, ed. John Perry, University of California Press, 1975; M. A. Stewart, "Reid on Locke and Personal Identity: Some Lost Sources," *Locke Newsletter*, vol. 28 (1997); Christopher Fox, "Locke and the Scriblerians," *Eighteenth-Century Studies*, vol. 16, no. 1 (Autumn 1982), pp. 1–25.
108 *governor of the seraglio* . . . Jonathan Edwards: See Roger Woolhouse, *Locke: A Biography*, Cambridge University Press, 2007, p. 399.
109 *that thinking thing* . . . Locke, *Essay*, II.xxvii.27, in E p. 347.
110 *the Commonwealth of Learning* . . . Ibid., Epistle to the Reader, in E pp. 9–10.
111 Ayer: *Language, Truth and Logic*, 2nd ed, Gollancz, 1946, p. 52.

5. 慧星的幕间曲：培尔

1 *the greatest dialectician* . . . Voltaire, *Poem on the Lisbon Disaster* (1756), preface, in CRT p. 98.
2 *arsenal of all* . . . Ernst Cassirer, *The Philosophy of the Enlightenment* (1932), trans. Fritz Koelln and James Pettegrove, Princeton University Press, 1968, p. 167. This remark is often misattributed to Voltaire.
3 comets and superstition: See James Howard Robinson, *The Great Comet of 1680* (1916), Zubal, 1986.
4 Callixtus III: See W. F. Rigge, "An Historical Examination of the Connection of Callixtus III with Halley's Comet," *Popular Astronomy*, vol. 18 (1910), pp. 214–219.
5 seven proofs, etc.: Bayle, *Various Thoughts on the Occasion of a Comet*, trans. Robert Bartlett, State University of New York Press, 2000, p. ix.
6 *most men remain* . . . [etc.]: Ibid., p. 90.
7 Scandinavia: See Phil Zuckerman, *Society Without God: What the Least Religious Nations Can Tell Us About Contentment*, New York University Press, 2008.
8 *it ought not to appear* . . . Bernard Mandeville, *Free Thoughts on Religion*, London, 1720, p. 4.

9 *a sincere heretic* . . . Bayle, *A Philosophical Commentary* . . . , II.x, anonymous translation of 1708, ed. John Kilcullen and Chandran Kukathas, Liberty Fund, 2005, p. 273 (capitalisation modernised).

10 Bayle on Catholic persecution: Bayle, *Dictionnaire historique et critique* (1697–1702), "Milton," note O.

11 *Man is wicked* . . . [etc.]: Ibid., "Manicheans," note D, in *Historical and Critical Dictionary: Selections*, trans. Richard Popkin, Hackett, 1991, pp. 146–147.

12 *no good mother* . . . Ibid., "Paulicians," note E, in *Dictionary*, p. 177.

13 *a father who allows* . . . Ibid., p. 176.

14 *the way in which evil* . . . Ibid., pp. 168–169.

15 *may have its value* . . . Bayle, *Dictionnaire*, "Pyrrho," in *Dictionary*, p. 194.

16 *the art of disputing* . . . Ibid.

17 *I am a good Protestant* . . . See Popkin, *Dictionary*, p. xviii n5.

6. 可能最佳的折中：莱布尼茨

1 *When one compares* . . . Denis Diderot, "Léibnitzianisme ou Philosophie de Léibnitz," *Encyclopédie*, in ENC vol. 9, p. 370 (my translation).

2 Leibniz's cipher machine: See Nicholas Rescher, "Leibniz's Machina Deciphratoria: A Seventeenth-Century Proto-Enigma," *Cryptologia*, vol. 38, no. 2 (2014), pp. 103–115.

3 *almost perpetual jumble*: Bernard le Bovier de Fontenelle, "Eloge de Mr G. G. Leibnitz," *Histoire de l'Académie royale des sciences, 1716*, Paris, 1718, p. 95.

4 *studied incessantly*: See Maria Rosa Antognazza, *Leibniz: An Intellectual Biography*, Cambridge University Press, 2009, p. 558.

5 Leibniz and the Harz mines: See Andre Wakefield, "Leibniz and the Wind Machines," *Osiris*, vol. 25, no. 1 (2010), pp. 171–188.

6 Sir Nicholas Gimcrack: Thomas Shadwell, *The Virtuoso* (1676).

7 *mind toward* . . . See Antognazza, *Leibniz*, p. 283.

8 poverty, unemployment and bad education: Leibniz, "Memoir for Enlightened Persons of Good Intention" (mid-1690s), in Leibniz, *Political Writings*, ed. Patrick Riley, 2nd ed, Cambridge University Press, 1988, pp. 103–110.

9 *one must furnish* . . . Leibniz, "Moyens" (undated), in A. Foucher de Careil, *Oeuvres de Leibniz*, vol. 4, Paris, 1862, trans. in *Political Writings*, p. 106 n2.

10 *courtly* . . . [etc.]: Bertrand Russell, *A Critical Exposition of the Philosophy of Leibniz* (1900), 2nd ed., Allen & Unwin, 1937, p. 2.

11 *The . . . most efficacious* . . . Leibniz, "Memoir for Enlightened Persons," p. 107.

12 duchess of Orléans: See Antognazza, *Leibniz*, p. 458.

13 *one of the supreme* . . . Bertrand Russell, *History of Western Philosophy*, ch. 11, in HWP p. 563.

14 Russell's charge: According to Russell, Leibniz suppressed his doctrine that "the individual notion of each person involves once for all everything that ever happens to him" after Arnauld objected that this was inconsistent with free will (Russell, *History*, pp. 573–574). Yet Leibniz did in subsequent published work express similar ideas—e.g., that Sextus was wicked "from all eternity" (Leibniz, *Theodicy*, 416)—that were just as likely to prompt the same complaint.

15 *My principles are such* . . . Leibniz, letter to Des Bosses, 7 Nov. 1710, in PPL vol. 2, p. 975.

16 *a sort of enchanted* . . . Kant, *What Real Progress Has Metaphysics Made in Germany Since the Time of Leibniz and Wolff?* (1793), I, trans. in Kant, *Theoretical Philosophy After 1781*, ed. Henry Allinson and Peter Heath, Cambridge University Press, 2002, p. 375.

17 *like a metaphysical romance*: *Hegel's Lectures on the History of Philosophy*, III.2.I.C.1, in HLHP vol. 3, p. 330.

18 *fairy tale*: Russell, *Critical Exposition*, p. xiii.

19 *a world of its own* . . . Leibniz, letter to Des Bosses, 5 Feb. 1712, in PE p. 199.

20 *true atoms* . . . Leibniz, "Monadology" (1714), 3, in PE p. 213.

21 *no windows* . . . Ibid., 7, in PE p. 213.

22 *pre-established harmony*: Leibniz, postcript of a letter to Basnage de Beauval (1696), in PE p. 148.

23 *several different bands* . . . Leibniz, letter to Arnauld, 30 April 1687, in PE p. 84.

24 *mirror of the universe*: Leibniz, "Monadology," 56, in PE p. 220.

25 *traces of everything* . . . Leibniz, "Remarks on Arnauld's Letter," May 1686, in PE p. 76.

26 *everything that happens* . . . Leibniz, "Discourse on Metaphysics" (1686), 8, in PE p. 41.

27 *I hear the particular* . . . Leibniz, "Principles of Nature and Grace" (1714), 13, in PE p. 211.

28 *absolute reality* . . . Leibniz, letter to de Volder, 1704 or 1705, in PE p. 181.

29 *a complete being*: Leibniz, letter to Arnauld, 30 April 1687, in PE p. 90.

30 *being which subsists* . . . Leibniz, "On Transubstantiation" (1688?), in PPL vol. 1, p. 178.

31 *result from*: Leibniz, letter to de Volder, 30 June 1704, in PE p. 179.

32 *solely through* . . . Leibniz, letter to Des Bosses, 16 June 1712, in PPL vol. 2, p. 983.

33 *the one in Ireland* . . . Leibniz, letter to Des Bosses, 5 March 1715, in PE p. 306.

34 *much here . . . is correct* . . . Leibniz, *Remarks on Berkeley's "Principles,"* in PE p. 307.

35 *there is no part . . .* Leibniz, letter to Johann Bernoulli, Aug.–Sept. 1688, in PE p. 167.

36 *soul:* Leibniz, "Monadology," 63, in PE p. 221.

37 *there is a world . . .* Ibid., 66–67, in PE p. 222.

38 *every particle . . .* Leibniz, "Primary Truths" (c. 1686), in PE p. 34

39 *there is nothing . . .* Leibniz, "Monadology," 69, in PE p. 222.

40 *little animals . . .* See Justin Smith, *Divine Machines: Leibniz and the Sciences of Life*, Princeton University Press, 2011, p. 180.

41 *a hundred thousand . . .* [etc]: Leibniz, "Meditations on the Common Concept of Justice" (c. 1702–3), in *Political Writings*, p. 53.

42 *merely passive*: Leibniz, letter to Johannn Bernoulli, 20/30 Sept. 1698, in PE p. 167.

43 *actually subdivided . . .* Leibniz, "Monadology," 64, in PE p. 221.

44 *Truth is more widespread . . .* Leibniz, letter to Nicolas Rémond, 26 Aug. 1714, trans. in Antognazza, *Leibniz*, p. 499.

45 *right in a good part . . .* Leibniz, letter to Nicolas Rémond, Jan. 1714, in PPL vol. 2, p. 1064.

46 *Plato with Democritus . . .* Leibniz, *New Essays on Human Understanding* (1703–5), I.i, in NE p. 71.

47 *reduction of everything . . .* [etc.]: Leibniz, "Clarification of Bayle's Difficulties" (1698), in PPL vol. 2, pp. 806–807.

48 *the mechanical philosophy . . .* Leibniz, "Discourse on Metaphysics," 18, in PE p. 52.

49 *In general, we must . . .* [etc.]: Leibniz, "A Specimen of Dynamics," pt. 1 (1695), in PE pp. 126–127.

50 *derived from . . . mechanical . . .* Ibid., in PE p. 126.

51 two brothers: See Benson Mates, *The Philosophy of Leibniz: Metaphysics and Language*, Oxford University Press, 1986, p. 28.

52 *the origin of things . . .* Leibniz, "Remarks on Chinese Rites and Religion" (1708), 9, trans. in Daniel Cook and Henry Rosemont Jr, *Leibniz: Writings on China*, Open Court, 1994, p. 73.

53 *the Chinese scholars . . .* Leibniz, "Discourse on the Natural Theology of the Chinese" (1716), 67, in *Writings on China*, p. 132.

54 *the substance of . . .* Leibniz, "Remarks on Chinese Rites and Religion," p. 73.

55 *alphabet of human . . .* Leibniz, "Preface to a Universal Characteristic" (1678–1679), in PE p. 6.

56 *a fundamental knowledge . . .* Leibniz, "Of the Art of Combination" (1666), trans. in G. H. R. Parkinson, *Leibniz: Logical Papers*, Oxford University Press, 1966, p. 11.

57 *should still hope . . .* Leibniz, letter to Nicolas Rémond, 10 Jan. 1714, in PPL vol. 2, p. 1063.

58 *key to all sciences:* Leibniz, letter to Christian Daum, 26 March 1666. See Antognazza, *Leibniz*, p. 63.

59 *a mind weighted . . .* George Eliot, *Middlemarch* (1871–1872), ch. 20.

60 *explain correctly . . .* Descartes, letter to Mersenne, 20 Nov. 1629, in PWD vol. 3, p. 13.

61 *rightly stated . . .* Leibniz, "Of the Art of Combination," p. 3.

62 Leibniz and Gödel: See John W. Dawson Jr, *Logical Dilemmas: The Life and Work of Kurt Gödel*, J. A. K. Peters, 1997, p. 39.

63 *life's greatest good . . .* Leibniz, "The Confession of Nature Against Atheists" (1669), in PPL vol. 1, p. 169.

64 *is not self-sufficient . . .* Ibid., PPL vol. 1, p. 170.

65 *undertake that task . . .* Leibniz, letter to Hobbes, July 1670, trans. in Noel Malcolm, ed., *The Correspondence of Thomas Hobbes*, Oxford University Press, 1994, vol. 2, p. 720.

66 *whose structure makes . . .* Leibniz, "Monadology," 17, in PE p. 215.

67 *intolerably licentious:* Leibniz, letter to Jakob Thomasius, 3 Oct. 1670, in Leibniz, *Sämtliche Schriften und Briefe*, Akademie Verlag, 2006, 2nd ser., vol. 1, p. 106.

68 *but the person he . . .* Fontenelle, "Eloge de Leibnitz," p. 126. Fontenelle's story is taken from Leibniz's first biographer, J. G. Eckhart.

69 *fatal necessity:* Leibniz, letter to Henri Justel, 14 Feb. 1678, in *Sämtliche Schriften und Briefe*, p. 592.

70 *everything happens . . .* Leibniz, letter to Arnauld, 30 April 1687, in PE p. 82.

71 *incline without necessitating:* Leibniz, *New Essays on Human Understanding*, II.xxi.13, in NE p. 178.

72 Judas: Leibniz, "Discourse on Metaphysics," 30, in PE p. 61.

73 *notion . . . another Adam:* Leibniz, "Remarks on Arnauld's Letter," May 1686, in PE p. 73.

74 *nothing happens without . . .* Leibniz, "An Answer to Dr Clarke's First Reply" (1715–16), in *The Leibniz-Clarke Correspondence*, ed. H. G. Alexander, Manchester University Press, 1956, p. 16.

75 *there is no effect . . .* Leibniz, "Primary Truths," in PE p. 31.

76 *a reason can be given . . .* Leibniz, "Specimen inventorum de admirandis naturae generalis arcanis" (c. 1686), in C. I. Gerhardt, ed., *Leibniz: Die Philosophischen Schriften*, vol. 7, Weidmann, 1890, p. 309.

77 *is oft-times no other. . .* Samuel Clarke, "Dr Clarke's Second Reply" (10 Jan. 1716), in *Leibniz-Clarke Correspondence*, p. 20.

78 *rendered every event . . .* Leibniz, "An Answer to Dr Clarke's Fourth Reply" (18 Aug. 1716), in *Leibniz-Clarke Correspondence*, p. 56.
79 *supported by inadequate . . .* Albert Einstein, foreword to Max Jammer, *Concepts of Space*, 3rd ed., Dover, 1993, p. xvi.
80 *two eggs or two leaves . . .* Leibniz, "Primary Truths," in PE p. 32.
81 *If this is the best . . .* Voltaire, *Candide*, ch. 6, in CRT p. 13.
82 *for, after all . . .* Ibid., ch. 28, in CRT p. 75.
83 *the best* [optimum] . . . Leibniz, *Theodicy*, I.8, in T p. 128.
84 *l'optimisme*: *Mémoires de Trévoux*, Feb. 1737, p. 207.
85 *just being glad . . .* [etc.]: Eleanor Porter, *Pollyanna* (1913), ch. 5.
86 chocolate and syphilis: Voltaire, *Candide*, ch. 4, in CRT.
87 *the most beautiful . . .* Ibid., ch. 1, in CRT p. 2.
88 *Man is exposed . . .* Leibniz, *Theodicy*, I.4, in T p. 125.
89 *difficulties*: Ibid., I.5, in T p. 126.
90 *banish . . . the false . . .* Ibid., I.6, in T p. 127.
91 *carries with it . . .* [etc.]: Ibid., I.7, in T p. 127.
92 *cannot but . . .* Ibid., I.8, in T p. 128.
93 [*we*] *know . . .* [etc.]: Ibid., I.10, in T p. 129.
94 *gained Jesus . . .* Ibid., I.11, in T p. 130.
95 *all of one piece . . .* Ibid., I.9, in T p. 129.
96 *the fairest . . .* Plato, *Timaeus*, 30a, in CDP p. 1162.
97 *providence has omitted . . .* Philo, *De providentia*, II.74, trans. A. A. Long in *Philo of Alexandria and Post-Aristotelian Philosophy*, ed. Francesca Alesse, Brill, 2008, p. 13.
98 Chrysippus on war and beasts: See F. H. Sandbach, *The Stoics*, 2nd ed., Bristol Press, 1989, p. 107.
99 Stoic super-optimism: See THP vol. 1, p. 311.
100 *bring forth . . .* Augustine, *Enchiridion*, 11.
101 Augustine on whether God could have done better: *De libero arbitrio*, III.v.
102 Aquinas on possible worlds: See Giorgio Pini, "Scotus on the Possibility of a Better World," *Acta Philosophica*, vol. 18, no. 2 (2009), p. 286. I owe the jigsaw simile to this article.
103 *so simple . . .* Malebranche, *Treatise on Nature and Grace* (1680), I.xiv, trans. Patrick Riley, Oxford University Press, 1992, p. 117.
104 Malebranche on fruit and deformity: Malebranche, *De la recherche de la vérité* (1674), II.vii.iii.
105 *more perfect . . .* Malebranche, *Treatise on Nature and Grace*, I.xiv, p. 116.
106 *infinity of possible . . .* Ibid., I.xiii, p. 116.
107 *Well, sir, physics . . .* Voltaire, letter to Jean-Robert Tronchin, 24 Nov. 1755, in CRT p. 132.

108 *why so many* . . . Voltaire, letter to Louis-Martin Kahle, March 1744, trans. in Theodore Besterman, *Voltaire*, Harcourt, Brace and World, 1969, p. 353.

109 Voltaire on Pascal: *Lettres philosophiques*, 25.

110 *deceived philosophers* . . . Voltaire, *Poème sur le désastre de Lisbonne*, line 4.

111 *most of the physical* . . . [etc.]: Rousseau, letter to Voltaire, 18 Aug. 1756, in CRT pp. 110–111.

112 *manures the earth*: Ibid., p. 116.

113 *inevitable aspects* . . . [etc.]: Ibid., p. 117.

114 *infinite number* . . . Leibniz, *Theodicy*, I.19, in T p. 135.

115 *in a way most likely* . . . Ibid., III.405, in T pp. 365–366.

116 *serves for great* . . . Ibid., III.416, in T p. 373.

117 Sextus's garden: "*Il y achète un petit jardin; en le cultivant il trouve un trésor; il devient un homme riche, aimé, considéré; il meurt dans un grande vieillesse, chéri de toute la ville* . . . ." Ibid., III.415. See https://voltairefoundation.wordpress.com/2015/02/03/candide-and-leibnizs-garden/.

118 *nothing is moved* . . . Leibniz, "Against Barbaric Physics" (c. 1710–1716), in PE p. 312.

119 *forerunner*: Leibniz, letter to Thomas Burnett, 30 Oct. 1710, in C. I. Gerhardt, ed., *Leibniz: Die Philosophischen Schriften*, vol. 3, Weidmann, 1887, p. 321.

120 *did the human species* . . . Voltaire, *Philosophical Dictionary* (1764), "Bien (tout est)," in CRT p. 137.

121 *As for the future* . . . Leibniz, "Discourse on Metaphysics," 4, in PE p. 38.

122 *leads to despair*: Voltaire, letter to Elie Bertrand, 18 Feb. 1756, in CRT p. 134.

123 *never comes* . . . Leibniz, "On the Ultimate Origination of Things" (1697), in PE p. 155.

124 *incomparably happier*: Leibniz, "Memoir for Enlightened Persons of Good Intention," in *Political Writings*, p. 104.

125 *things are bound* . . . Leibniz, "La restitution universelle" (1715), in Antognazza, *Leibniz*, p. 522.

7. 论动物性：休谟

1 survey of philosophers: The PhilPapers Survey (2009), available at http://philpapers.org/surveys/demographics.pl.

2 *dogmatic slumber*: Kant, *Prolegomena to Any Future Metaphysic* (1783), preface, trans. in *Kant: Theoretical Philosophy after 1781*, ed. Henry Allison and Peter Heath, Cambridge University Press, 2002, p. 57.

3 Reid: See Thomas Reid, *An Inquiry into the Human Mind on the Principles of Common Sense* (1764), dedication.

4 *there is no fundamental . . .* Darwin, *The Descent of Man* (1871, 1st ed.), ch. 2 (ch. 3 in later editions).

5 *monkish virtues:* Hume, *An Enquiry Concerning the Principles of Morals* (1751), IX.I, in HE p. 270.

6 *Thus died . . .* Adam Smith, letter to William Strahan, 9 Nov. 1776, in LDH vol. 2, p. 452 (punctuation modernised).

7 *Such . . . was the end . . .* Plato, *Phaedo*, 118, in CDP p. 98.

8 *brought upon me . . .* Smith, letter to Andreas Holt, 26 Oct. 1780, in *Correspondence of Adam Smith*, ed. E. C. Mossner and I. S. Ross, 2nd ed., Oxford University Press, 1987, p. 208.

9 *Have a little patience . . .* Smith, letter to William Strahan, in LDH vol. 2, p. 451. Smith wrote that Hume had been reading Lucian's *Dialogues of the Dead*, but it must in fact have been Lucian's *The Downward Journey*.

10 *till I have the pleasure . . .* Smith, letter to Alexander Wedderburn, 14 Aug. 1776, in *Correspondence of Adam Smith*, p. 204.

11 *I had a strong curiosity . . .* [etc.]: James Boswell, *An Account of My Last Interview with David Hume, Esq* (1777), in DCNR pp. 76–77.

12 Johnson claimed that Hume was lying: Boswell, *Life of Johnson* (1791), 17 Sept. 1777, Oxford University Press, 1953, p. 839.

13 *no more uneasy to think . . .* Ibid., 26 Oct. 1769, p. 426.

14 *the whole of life . . .* Ibid., 19 Oct. 1769, p. 416.

15 *the confidence or . . .* Rev. William Agutter, *On the Difference Between the Deaths of the Righteous and the Wicked*, London, 1800, p. 11 (preached in 1786).

16 *any belief in religion:* Boswell, *Account*, in DCNR p. 76.

17 *with young ladies . . .* Boswell, *Life of Johnson*, 21 July 1763, p. 314.

18 Boswell and Casanova: See Ian Kelly, *Casanova*, Penguin, 2008, p. 125.

19 *I always lived . . .* Boswell, *Journal of a Tour to the Hebrides* (1786), in Johnson and Boswell, *Journey to the Western Islands and A Tour to the Hebrides*, ed. R. W. Chapman, Oxford University Press, 1930, p. 177.

20 *Every one, who . . .* Hume, letter to [Dr George Cheyne?], March or April 1734, in LDH vol. 1, p. 13.

21 *more upon Invention . . .* Ibid., p. 16.

22 *the Disease . . .* Ibid., p. 14.

23 *some nonsensical miracle . . .* Hume, letter to Rev George Campbell, 7 June 1762, in LDH vol. 1, p. 361.

24 *a compleat system . . .* Hume, *Treatise* (1739–1740), introduction, in HT p. xvi.

25 *making experiments . . .* Newton, *Optics* (1721), bk. III, query 31, in NPW p. 139.

26 *are very copious . . .* Hume, *An Abstract of . . . A Treatise of Human Nature*

(1740), in HT pp. 646–647. Hume was endorsing a remark of Leibniz's, in *Theodicy*, "Preliminary Dissertation," sec. 31.

27 *Suppose I see a ball* . . . Hume, *Abstract*, in HT p. 650 (spelling modernised).

28 *Every object* . . . Ibid., pp. 649–650.

29 *all reasonings* . . . Ibid., p. 651.

30 *is nothing but a species* . . . Hume, *An Enquiry Concerning Human Understanding* (1748), IX, in HE p. 108.

31 *'Tis not, therefore* . . . Hume, *Abstract*, in HT p. 652.

32 *demonstrative reasoning* . . . Hume, *Enquiry . . . Understanding*, IV.ii, in HE p. 35.

33 *this more perfect* . . . [etc.]: Ibid., XII.iii, in HE p. 163.

34 *just*: Hume, *Treatise*, I.III.VI, in HT p. 89.

35 *Man falls* . . . Hume, "Of the Dignity or Meanness of Human Nature" (1741), in EMPL p. 84.

36 *they suppose such* . . . Hume, *Treatise*, I.III.XVI, in HT p. 177.

37 *endow'd with thought* . . . Ibid., p. 176.

38 *sagacity* . . . [etc.]: Ibid., p. 177.

39 *can never by any* . . . [etc.]: Ibid., p. 178.

40 Aristotle on animal reason: Aristotle, *De partibus animalium*, 641B, in CWA vol. 1, p. 998; *De anima*, 3.3, in ibid., p. 681.

41 Plato on animal reason: See Richard Sorabji, *Animal Minds and Human Morals: The Origin of the Western Debate*, Duckworth, 1993, p. 10.

42 Plutarch on animal reason: Plutarch, *De sollertia animalium*, trans. H. Cherniss and W. C. Helmbold, in *Plutarch: Moralia*, vol. 12, Loeb Classical Library, 1957, pp. 319–479.

43 Montaigne on guide-dogs: Montaigne, "An Apology for Raymond Sebond," in *The Complete Essays*, trans. M. A. Screech, Penguin, 1991, p. 518.

44 *is not attained* . . . Hobbes, *Leviathan*, ch. 46, in L vol. 3, p. 1052.

45 *beasts are* . . . Leibniz, *New Essays on Human Understanding*, preface, in NE p. 50.

46 *is capable* . . . Ibid., p. 51.

47 *men so much surpass* . . . [etc.]: Hume, *Enquiry . . . Understanding*, IX, in HE p. 107 n1.

48 *we ought to* . . . [etc.]: Hume, *Treatise*, I.III.VIII, in HT p. 149.

49 *but extremely difficult* . . . [etc.]: Ibid., I.III.XV, in HT p. 175.

50 *skeleton in the cupboard* . . . C. D. Broad, "The Philosophy of Francis Bacon," in *Ethics and the History of Philosophy*, Routledge, 1952, p. 142.

51 *the glory of science*: Ibid., p. 143.

52 *Induction raises perhaps* . . . Russell, *An Outline of Philosophy* (1927), George Allen & Unwin, 1970, p. 14.

53 current encyclopedia: *The Routledge Encyclopedia of Philosophy*, ed. Edward Craig, Routledge, 1998, vol. 4, p. 746.
54 *this operation of the mind* . . . Hume, *Enquiry . . . Understanding*, V.II, in HE p. 55.
55 *a kind of attraction*: Hume, *Treatise*, I.IV, in HT p. 12.
56 *Thoughts or Ideas*: Hume, *Enquiry . . . Understanding*, II, in HE p. 18.
57 *association of ideas*: Hume, *Abstract*, in HT p. 661.
58 *the only ties* . . . Ibid., p. 662.
59 talking nonsense: Ibid., pp. 648–649.
60 *Newtonian philosophy* . . . Hume, *Treatise*, appendix, note to I.II.V, in HT p. 639.
61 *confine our speculations* . . . Ibid., p. 638.
62 *the phenomena of* . . . [etc.]: Newton, *Principia*, general scholium to bk. III, in NPW p. 92.
63 *go beyond experience* . . . Hume, *Treatise*, introduction, in HT p. xvii.
64 *seemed to draw off* . . . Hume, *History of England*, vol. 6, ch. 71, in HHE vol. 6, p. 542.
65 *take more time* . . . Newton, letter to Richard Bentley, 17 Jan. 1692/3, in NPW p. 100.
66 Newton's conjectures about gravity: Newton, *Opticks* (2nd ed., 1718), query 21.
67 *more unfortunate* . . . Hume, *My Own Life* (1776), in EMPL p. 608.
68 *Heat of Youth & Invention*: Hume, letter to Gilbert Eliot, March or April 1751, in LDH vol. 1, p. 158.
69 *juvenile*: Hume, *Advertisement* (1775), in HE p. 2.
70 *sapping the Foundations* . . . Hume, *A Letter from a Gentleman* (1745), ed. E. C. Mossner and J. V. Price, Edinburgh University Press, 1967, p. 18.
71 *Principles leading to* . . . Ibid., p. 17.
72 *the propositions of morality* . . . Ibid., p. 30.
73 *the Truth of the* . . . Ibid., p. x.
74 *the manner than* . . . Hume, *My Own Life*, in EMPL p. 610.
75 *When we run* . . . Hume, *Enquiry . . . Understanding*, XII.III, in HE p. 165 (punctuation modernised).
76 *founded entirely* . . . [etc.]: Ibid., p. 164.
77 *foundation in reason*: Ibid., p. 165.
78 *Atheism is so senseless* . . . Newton, "A Short Schem of the True Religion" (post-1710), Keynes MS. 7, King's College, Cambridge, available at http://www.newtonproject.sussex.ac.uk/view/texts/normalized/THEM00007.
79 *a friend who loves* . . . Hume, *Enquiry . . . Understanding*, XI, in HE p. 132.
80 *If the cause* . . . Ibid., pp. 136–137 (punctuation modernised).

81 *there was probably* . . . [etc.]: Ibid., p. 144.
82 *Let your gods* . . . Ibid., p. 138.
83 *I flatter myself* . . . . . Ibid., X.I, in HE p. 110.
84 *external* [etc.]: Arnauld and Nicole, *Logic*, IV.13, in LAT p. 264. See Ian Hacking, *The Emergence of Probability*, Cambridge University Press, 1975, ch. 9.
85 *are full of so many* . . . [etc.]: Arnauld and Nicole, *Logic*, IV.14, in LAT p. 267.
86 *a violation* . . . [etc.]: Hume, *Enquiry* . . . *Understanding*, X.I, in HE p. 114.
87 one recent commentator: Peter Millican. See the introduction to Hume, *An Enquiry Concerning Human Understanding*, ed. Peter Millican, Oxford University Press, 2007, p. l n30.
88 *no testimony is sufficient* . . . Hume, *Enquiry* . . . *Understanding*, X.I, in HE pp. 115–116 (punctuation modernised).
89 *they are observed chiefly* . . . Ibid., X.II, in HE p. 119.
90 *passion of surprise* . . . Ibid., p. 117.
91 *depend in any way* . . . Francis Bacon, *The New Organon*, II.XXIX, in NO p. 149.
92 *and yet persevere* . . . [etc.]: Hume, *Enquiry* . . . *Understanding*, X.II, in HE p. 118.
93 *it is more probable* . . . Boswell, *Life of Johnson*, 22 Sept. 1777, p. 866.
94 *universal doubt*: Hume, *Enquiry* . . . *Understanding*, XII.I, in HE p. 149.
95 *entirely incurable*: Ibid., p. 150.
96 *nothing can ever* . . . [etc.]: Ibid., p. 152.
97 *admit of no answer* . . . Ibid., p. 155 n1.
98 *The great subverter* . . . Ibid., XII.II, in HE pp. 158–159.
99 *All discourse, all action* . . . Ibid., p. 160 (punctuation modernised).
100 *small tincture* . . . Ibid., XII.III, in HE p. 161.
101 *but custom* . . . Ibid., XII.II, in HE p. 159.
102 *the narrow capacity* . . . [etc.]: Ibid., XII.III, in HE p. 162.
103 *not so properly* . . . Ibid., p. 165.
104 *incomparably the best*: Hume, *My Own Life*, in EMPL p. 611.
105 *founded on fact* . . . Hume, *Enquiry* . . . *Morals*, I, in HE p. 175.
106 *personal merit*: Ibid., p. 173.
107 *foundation of ethics*: Ibid., p. 174.
108 *public utility*: Ibid., II.II, in HE p. 180.
109 *there never was* . . . Ibid., "A Dialogue," in HE p. 336.
110 *felt as if scales* . . . [etc.]: Bentham, *A Fragment on Government* (1776), I.36, ed. Wilfrid Harrison, Blackwell, 1948, p. 50 n2.
111 *the greatest happiness* . . . [etc.]: Ibid., preface, p. 3.
112 *a feeling for the happiness* . . . Hume, *Enquiry* . . . *Morals*, Appendix I, in HE p. 286.
113 *particular fabric* . . . Ibid., I, in HE p. 170.

114 *can instruct us* . . . Ibid., Appendix I, in HE p. 285.

115 *deduce the original* . . . Samuel Clarke, *A Discourse Concerning the Unchangeable Obligations of Natural Religion* (1706), 1, quoted in *British Moralists 1650–1800*, ed. D. D. Raphael, Clarendon Press, 1969, vol. 1, p. 216.

116 *In every system* . . . Hume, *Treatise*, III.I.I, in HT p. 469 (punctuation modernised).

117 *the distinction of vice* . . . Ibid., p. 470.

118 *ultimately derived* . . . Hume, *Enquiry* . . . *Morals*, Appendix I, in HE p. 294.

119 *false religion*: Ibid., IX.I, in HE p. 270.

120 undermine all the foundations of religion . . . [etc.]: I am indebted to Edward Craig, *Hume on Religion*, Indian Institute for Advanced Study, 1997, p. 57.

121 *not had the precaution* . . . Hume, letter to the Comtesse de Boufflers, 22 Jan. 1763, in LDH vol. 1, p. 374.

122 *it is the gospel* . . . Hume, "On the Immortality of the Soul," in EMPL p. 597.

123 *The providence* . . . Hume, "On Suicide," in EMPL p. 588.

124 *nothing can be more* . . . Hume, letter to Adam Smith, 15 Aug. 1776, in LDH vol. 2, p. 334.

125 *caved in*: Daniel Dennett, *Darwin's Dangerous Idea: Evolution and the Meanings of Life*, Penguin, 1995, p. 32.

126 *rigid inflexible* . . . [etc.]: Hume, *Dialogues Concerning Natural Religion*, Pamphilus to Hermippus, in DCNR p. 128.

127 *a sound, believing* . . . Ibid., XII, in DCNR p. 228.

128 *no one has a deeper* . . . Ibid., p. 214.

129 *If the whole* . . . Ibid., p. 227 (punctuation modernised).

130 *all the operations* . . . Ibid., p. 218 (emphasis added).

131 *Where then, cry I* . . . Ibid. (punctuation modernised).

132 *the greatest writer* . . . See E. C. Mossner, *The Life of David Hume*, Oxford University Press, 1980, p. 223.

133 Smith on Hume: *The Wealth of Nations* (1776), bk. 3, ch. 4.

134 number of atheists at d'Holbach's salon: See Alan Kors, *D'Holbach's Coterie: An Enlightenment in Paris*, Princeton University Press, 1976, ch. 2.

135 *They laughed at* . . . Edward Gibbon, *Memoirs of My Life* (1796), Penguin, 1984, p. 136.

136 *The Men of Letters* . . . Hume, letter to Hugh Blair, Dec. 1763, in LDH vol. 1, p. 419.

137 *both for the Force* . . . Hume, letter to Rousseau, 2 July 1762, in LDH vol. 1, p. 364.

138 *You don't know* . . . Mossner, *Life*, p. 515.

139 *most singular of all* . . . Hume, letter to Hugh Blair, 25 March 1766, in LDH vol. 2, pp. 29–30.

140 Rousseau's *Confessions*: Bk. XII, end.

141 *is plainly mad* . . . Hume, letter to Richard Davenport, 16 May 1767, in *New Letters of David Hume*, ed. R. Klibansky and E. C. Mossner, Oxford University Press, 1954, p. 164.

142 *too old, too fat* . . . Mossner, *Life*, p. 556.

8. 启蒙运动为我们带来了什么：伏尔泰、卢梭和启蒙思想家

1 *I hate you*: Rousseau, letter to Voltaire, 17 June 1760, quoted in Roger Pearson, *Voltaire Almighty*, Bloomsbury, 2005, p. 293.

2 *not very sociable*: Voltaire, "Pierre le Grand et J.-J. Rousseau," *Dictionnaire philosophique*, trans. in Leo Damrosch, *Jean-Jacques Rousseau: Restless Genius*, Mariner Books, 2007, p. 390.

3 *I have never* . . . Rousseau, *Reveries of the Solitary Walker* (1778), sixth walk, trans. Russell Goulbourne, Oxford University Press, 2011, p. 67.

4 *the greatest aversion* . . . *Rousseau, Judge of Jean-Jacques: Dialogues* (1772–1775), third dialogue, trans. Judith Bush, Christopher Kelly and Roger Masters, Dartmouth University Press, 1990, p. 213.

5 *Enlightened times* . . . Voltaire, letter to Nicolas Thieriot, 13 Jan. 1757, Electronic Enlightenment Correspondence, ed. Robert McNamee et al., University of Oxford, letter D7118 (my translation).

6 sunrise anecdote: René Pomeau, *La religion de Voltaire*, Librairie Nizet, 1956, pp. 410–411.

7 *is the source* . . . Voltaire, *Philosophical Dictionary*, "Religion," trans. Peter Gay, Basic Books, 1962, vol. 2, p. 448.

8 *religion of the Gospel* . . . Rousseau, *The Social Contract* (1762), IV.8, in SCD p. 299.

9 *man is naturally good* . . . Rousseau, letter to Malesherbes, 22 Jan. 1762, trans. in *Rousseau on Philosophy, Morality, and Religion*, ed. Christopher Kelly, Dartmouth College Press, 2007, p. 152.

10 *the existence of a mighty* . . . Rousseau, *Social Contract*, IV.8, in SCD p. 304.

11 *it is just to consider* . . . Joseph de Maistre, "On the Sovereignty of the People" (1794–1795), II.1, trans. Richard Lebrun, in Joseph de Maistre, *Against Rousseau*, McGill-Queen's University Press, 1996, p. 106.

12 *prepared the way* . . . See Damrosch, *Jean-Jacques Rousseau*, p. 352.

13 Robespierre and Rousseau: See Robespierre's speech to the National Convention on 7 May 1794, quoted in Maurice Cranston, *The Solitary Self: Jean-Jacques Rousseau in Exile and Adversity*, University of Chicago Press, 1999, p. 189.

14 *legitimate authority*: Rousseau, *Social Contract*, I.4, in SCD p. 185.

15 *Man is born free* . . . Ibid., I.1, in SCD p. 181.

16 *I am made unlike . . .* Rousseau, *Confessions* (1770), I, trans. J. M. Cohen, Penguin, 1953, p. 17.

17 *my terms rarely . . .* Rousseau, letter to Mme d'Épinay, March 1756, quoted in Peter Gay, *The Party of Humanity*, Norton, 1964, p. 222.

18 *multitude . . . often does not . . .* Rousseau, *Social Contract*, II.6, in SCD p. 211.

19 *be forced . . .* Ibid., I.7, in SCD p. 194.

20 *the inventor of the . . .* Russell, *History of Western Philosophy*, ch. 19, in HWP p. 660.

21 *made possible . . .* Ibid., p. 674.

22 *all that is nowadays . . .* Rousseau, *A Discourse on the Moral Effects of the Arts and Sciences* (1750), preface, in SCD p. 2.

23 *in a state still worse . . .* Ibid., p. 4.

24 *highly enlightened:* Ibid.

25 *our minds have been . . .* [etc.]: Ibid., p. 8.

26 *preserved from the contagion . . .* Ibid., p. 9.

27 *military discipline . . .* Ibid., p. 12.

28 *nourished by luxury . . .* [etc.]: Ibid., II, in SCD p. 15.

29 *futile in the objects . . .* [etc.]: Ibid., p. 16.

30 *the reasoning and philosophic . . .* Rousseau, *Émile* (1762), bk. 4, trans. Allan Bloom, Penguin, 1991, p. 312 n.

31 *dreadful art . . .* [etc.]: Rousseau, *Discourse*, II, in SCD p. 26.

32 *the happy state . . .* Ibid., I, in SCD p. 14.

33 Rousseau on Socrates: Ibid., p. 12.

34 *Almighty God! . . .* Ibid., II, in SCD pp. 26–27.

35 *thought they were living . . .* Dan Edelstein, *The Enlightenment: A Genealogy*, University of Chicago Press, 2010, p. 73.

36 *happy age . . .* Voltaire, *The Age of Louis XIV* (1751), ch. 31, trans. F. C. Green, Everyman's Library, 1961, p. 352.

37 *the most enlightened . . .* Ibid., ch. 1, p. 1.

38 *a philosophical . . .* [etc.]: See Edelstein, *Enlightenment*.

39 *principal geniuses . . .* Jean Le Rond d'Alembert, *Preliminary Discourse to the Encyclopedia of Diderot* (1751), II, trans. Richard Schwab, University of Chicago Press, 1995, p. 85.

40 *multitude of prejudices . . .* [etc.]: Ibid., p. 71.

41 *the inadequacy . . .* Ibid., pp. 86–87.

42 *We must . . .* [etc.]: Diderot, "Encyclopédie," in ECTP, available at http://hdl.handle.net/2027/spo.did2222.0000.004.

43 *he works at . . .* César Chesneau Du Marsais, "Philosophe," in ECTP, available at http://hdl.handle.net/2027/spo.did2222.0000.001.

44 *Only an atheist . . .* See Voltaire, *Poem on the Lisbon Disaster* (1756), preface, footnote, in CRT p. 96.

45 smallpox inoculation and vaccination: See David Wootton, *Bad Medicine: Doctors Doing Harm Since Hippocrates*, Oxford University Press, 2006, pp. 153–158.

46 anthology of Enlightenment texts: *The Enlightenment Reader*, ed. Isaac Kramnick, Viking Penguin, 1995.

47 *The inflated Enlightenment . . .* Robert Darnton, *George Washington's False Teeth: An Unconventional Guide to the Eighteenth Century*, Norton, 2003, p. 11.

48 blaming the Enlightenment: See Graeme Garrard, *Counter-Enlightenments: From the Eighteenth Century to the Present*, Routledge, 2006.

49 *any of the Enlightened thinkers . . .* Isaiah Berlin, letter to Mark Lilla, 13 Dec. 1993, in Isaiah Berlin, *Three Critics of the Enlightenment: Vico, Hamann, Herder*, ed. Henry Hardy, 2nd ed., Princeton University Press, 2013, p. 497.

50 *these thinkers . . .* Ibid., p. 496.

51 *the legacy of the . . .* John Gray, *Enlightenment's Wake: Politics and Culture at the Close of the Modern Age*, Routledge, 1995, p. 146.

52 *Oxford English Dictionary*: See James Schmidt, "Inventing the Enlightenment," *Journal of the History of Ideas*, vol. 64, no. 3 (July 2003), p. 421.

53 *They bled us white . . .* *Monty Python's Life of Brian*, dir. Terry Jones, HandMade Films, 1979, available at https://www.youtube.com/watch?v=ExWfh6sGyso.

54 *We will not reproach . . .* D'Alembert, *Preliminary Discourse*, II, p. 104.

图书在版编目（CIP）数据

启蒙之梦：现代哲学的兴起/［英］安东尼·戈特利布（Anthony Gottlieb）著；肖聿译．—北京：中国人民大学出版社，2019．9

书名原文：The Dream of Enlightenment：The Rise of Modern Philosophy

ISBN 978-7-300-27441-6

Ⅰ．①启… Ⅱ．①安…②肖… Ⅲ．①西方哲学-研究 Ⅳ．①B5

中国版本图书馆 CIP 数据核字（2019）第 207431 号

启蒙之梦

现代哲学的兴起

［英］安东尼·戈特利布（Anthony Gottlieb）　著

肖　聿　译

Qimeng zhi Meng

出版发行	中国人民大学出版社		
社　　址	北京中关村大街 31 号	**邮政编码**	100080
电　　话	010－62511242（总编室）		010－62511770（质管部）
	010－82501766（邮购部）		010－62514148（门市部）
	010－62515195（发行公司）		010－62515275（盗版举报）
网　　址	http://www.crup.com.cn		
经　　销	新华书店		
印　　刷	天津中印联印务有限公司		
规　　格	160 mm×235 mm　16 开本	**版　　次**	2019 年 12 月第 1 版
印　　张	19.75 插页 2	**印　　次**	2019 年 12 月第 1 次印刷
字　　数	243 000	**定　　价**	59.00 元